# 中国能源发展报告 2012

中国能源研究会

中国电力出版社
CHINA ELECTRIC POWER PRESS

**图书在版编目（CIP）数据**

中国能源发展报告．2012 / 中国能源研究会编．—北京：中国电力出版社，2012.8

ISBN 978-7-5123-3441-0

Ⅰ．①中… Ⅱ．①中… Ⅲ．①能源发展－研究报告－中国－2012 Ⅳ．①F426.2

中国版本图书馆CIP数据核字（2012）第201233号

中国电力出版社出版、发行

(北京市东城区北京站西街19号 100005 http://www.cepp.sgcc.com.cn)

北京瑞禾彩色印刷有限公司印刷

*

2012年8月第一版 2012年8月北京第一次印刷

787毫米×1092毫米 16开本 13印张 411千字

定价498.00元

# 本书编委会

# 本书编写组

**组　长**　俞燕山　林卫斌

**成　员**　（按姓氏笔画排序）

于　洁　王　芳　王怀明　王宝乐

王　勇　毛锡书　刘　岩　刘诗瑶

李建伟　李　根　李润生　李瑞峰

李　靖　辛耀旭　张生玲　张　克

陈卫东　陈新华　郑新刚　赵克宇

施发启　殷　立　傅　强　熊　伟

感谢美国能源基金会对本书出版的支持。

# 前言

中国能源研究会2011年首次出版《中国能源发展报告2011》，得到了政府、能源企业和相关机构的肯定，决定今后每年出版一部能源发展报告，以反映上一年能源行业的总体情况，帮助社会各界了解能源行业发展，并为制定相关法规、政策、标准、战略、规划提供依据和参考。

2011年是“十二五”开局之年。全年新增煤炭产能9500万吨，总计产量达到35.2亿吨；新增电力装机容量9000万千瓦，总装机容量达到10.5亿千瓦，能源供应保障能力明显提高。水电装机容量达到2.3亿千瓦，风电并网容量达到4700万千瓦，太阳能光伏发电装机容量达到300万千瓦，可再生能源发展迅速。能源发展有力地支撑了国民经济9%以上的增长，为“十二五”经济社会发展良好开局作出了积极贡献。

本报告以客观准确的数据、简要入理的分析，力求全面反映2011年中国能源行业发展的总体情况。报告共四篇二十章，分别从能源消费、能源投资与建设、能源生产与供应、能源价格与绩效等方面，对2011年中国能源发展进行了总结和分析。

本报告的编写、出版得到了政府有关部门、能源企业及专家学者的大力支持，在此表示衷心感谢！

本书编委会

2012年8月

# 目录

第一篇

# 能源消费

2011年，中国[1]能源消费总量34.78亿吨标准煤，同比增长7.0%；煤炭消费量34.25亿吨，同比增长9.7%；原油消费量4.4亿吨，同比增长2.7%；天然气消费量1205亿米$^3$，同比增长12.1%；非化石能源消费量2.85亿吨标准煤，同比增长1.6%；全社会用电量46928亿千瓦·时，同比增长11.7%。

2011年中国各能源消费量与增长率

| 项目 | 2010年 | 2011年 | 增长率（%） |
|---|---|---|---|
| 能源消费总量（亿吨标准煤） | 32.49 | 34.78 | 7.0 |
| 煤炭（亿吨） | 31.22 | 34.25 | 9.7 |
| 原油（亿吨） | 4.29 | 4.4 | 2.7 |
| 天然气（亿米$^3$） | 1075 | 1205 | 12.1 |
| 非化石能源（亿吨标准煤） | 2.8 | 2.85 | 1.6 |
| 全社会用电量（亿千瓦·时） | 41999 | 46928 | 11.7 |

2011年中国日均能源消费量

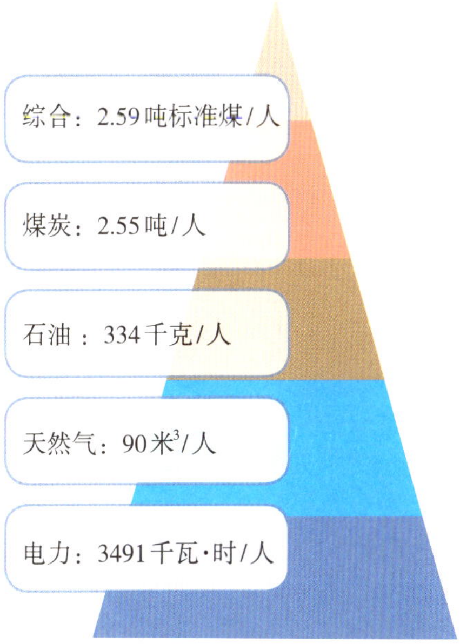

2011年中国人均能源消费量

[1] 本书中除特别指明，中国的数据均为中国内地数据，不含港、澳、台数据。

# 第一章 综合能源消费

## 一、能源消费总量近35亿吨标准煤，人均能源消费量达到世界平均水平

2011年中国能源消费总量34.78亿吨标准煤，比2010年增加2.29亿吨标准煤，同比增长7.0%。“十二五”开局之年能源消费增长率比“十一五”开局之年的增长率低2.6个百分点，但是比“十一五”期间年均增长率高0.4个百分点（如图1–1所示）。2011年人均能源消费量2.59吨标准煤/人，比2010年（2.43吨标准煤/人）增加0.16吨标准煤/人；日均能源消费量953万吨标准煤，比2010年（890万吨标准煤）增加63万吨标准煤。

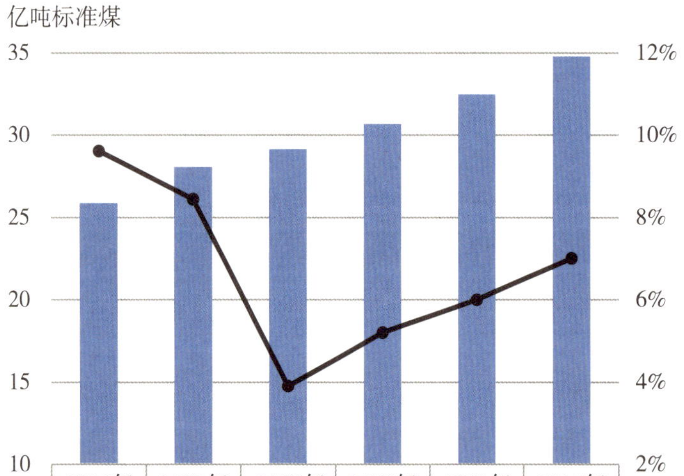


| | 2006年 | 2007年 | 2008年 | 2009年 | 2010年 | 2011年 |
|---|---|---|---|---|---|---|
| 能源消费总量（亿吨标准煤） | 25.87 | 28.05 | 29.14 | 30.66 | 32.49 | 34.78 |
| 增长率（%） | 9.6 | 8.4 | 3.9 | 5.2 | 6.0 | 7.0 |

**图1–1　2006～2011年中国能源消费总量与增长率**

数据来源：《中国能源统计年鉴2011》，2011年的数据来自于统计公报和统计摘要。

BP（英国石油公司）公布的2010年中国一次能源消费总量34.75亿吨标准煤（24.32亿吨标准油）。根据BP统计数据，2010年世界一次能源消费总量为171.46亿吨标准煤，中国一次能源消费量占世界一次能源消费总量的比重超过20%，如表1–1所示。

表1-1　2005～2010年世界及主要国家一次能源消费总量　单位：亿吨标准煤

| 国家/地区 | 2005年 | 2006年 | 2007年 | 2008年 | 2009年 | 2010年 | 占比（%） |
|---|---|---|---|---|---|---|---|
| 世界 | 154.30 | 158.40 | 162.83 | 164.80 | 162.33 | 171.46 | 100.0 |
| OECD国家 | 80.96 | 81.05 | 81.64 | 80.84 | 76.83 | 79.55 | 46.4 |
| 非OECD国家 | 73.34 | 77.35 | 81.20 | 83.96 | 85.50 | 91.92 | 53.6 |
| 中国 | 24.16 | 26.54 | 28.53 | 29.71 | 31.25 | 34.75 | 20.3 |
| 美国 | 33.59 | 33.32 | 33.90 | 33.15 | 31.49 | 32.65 | 19.0 |
| 俄罗斯 | 9.39 | 9.65 | 9.80 | 9.87 | 9.35 | 9.87 | 5.8 |
| 印度 | 5.20 | 5.45 | 5.92 | 6.35 | 6.86 | 7.49 | 4.4 |
| 日本 | 7.53 | 7.55 | 7.48 | 7.37 | 6.76 | 7.16 | 4.2 |
| 德国 | 4.76 | 4.85 | 4.63 | 4.67 | 4.39 | 4.56 | 2.7 |
| 加拿大 | 4.65 | 4.62 | 4.70 | 4.67 | 4.46 | 4.52 | 2.6 |
| 韩国 | 3.15 | 3.18 | 3.30 | 3.36 | 3.38 | 3.64 | 2.1 |
| 巴西 | 2.96 | 3.04 | 3.22 | 3.36 | 3.34 | 3.63 | 2.1 |
| 法国 | 3.73 | 3.70 | 3.67 | 3.68 | 3.49 | 3.61 | 2.1 |
| 伊朗 | 2.53 | 2.65 | 2.71 | 2.82 | 2.94 | 3.04 | 1.8 |
| 英国 | 3.26 | 3.22 | 3.12 | 3.07 | 2.91 | 2.99 | 1.7 |
| 沙特阿拉伯 | 2.18 | 2.26 | 2.36 | 2.57 | 2.68 | 2.87 | 1.7 |
| 意大利 | 2.66 | 2.65 | 2.61 | 2.58 | 2.40 | 2.46 | 1.4 |
| 墨西哥 | 2.27 | 2.36 | 2.40 | 2.45 | 2.39 | 2.42 | 1.4 |
| 西班牙 | 2.19 | 2.20 | 2.27 | 2.24 | 2.09 | 2.14 | 1.2 |
| 印度尼西亚 | 1.72 | 1.74 | 1.85 | 1.77 | 1.89 | 2.00 | 1.2 |
| 南非 | 1.62 | 1.65 | 1.69 | 1.66 | 1.70 | 1.73 | 1.0 |

注：OECD，即经济合作与发展组织（Organization for Economic Co-operation and Development）。
数据来源：根据BP，Statistical Review of World Energy 2011数据折算。

## 专栏一　第一大能源消费国之辩

中国是否已经超过美国成为世界上第一大能源消费国？这是近几年来国际社会广泛关注和饱受争议的一个焦点问题。

2011年中，IEA（International Energy Agency，国际能源署）首席经济学家法提赫·比罗尔（Fatih Birol）在接受采访时透露中美2009年能源消费的“预测数据”，并认为中国凭借2009年消费22.65亿吨标准油，超越美国的21.7亿吨标准油成为全球第一大能源消费国。此论一出，引发各界关注和讨论。对此，国家能源局相关人士予以反驳，认为按照国家统计局公布的数据换算，2009年中国能源消费总量为21.46亿吨标准油，少于EIA（Energy Information Administration，美国能源信息署）公布的2009年美国能源消费总量23.82亿吨标准油。但IEA在其2010年底发布的旗舰刊物《世界能源展望》中，依然保留了上述争议结论，其中的一个主要理由是中国能源消费统计中并未包含农村地区的传统薪柴使用情况，导致国家统计局公布的数据比实际的能源消费总量数字要小。

可见，中国是否超过美国成为第一大能源消费国，不同的统计机构依据不同的统计口径得出不同的结论。如果根据IEA统计数据，中国在2009年超过美国成为第一大能源消费国；如果根据BP统计数据，中国则在2010年超过美国成为第一大能源消费国。但是，如果根据中国和美国各自国家公布的统计数据，则中国的能源消费总量一直没有超过美国。即使2011年美国能源消费总量维持在2010年的水平（35.28亿吨标准煤），到2011年中国能源消费总量仍然没有超过美国，居世界第二。

**2006～2011年中国、美国能源消费总量对比** 单位：亿吨标准煤

| 统计机构 | 国家 | 2006年 | 2007年 | 2008年 | 2009年 | 2010年 | 2011年 |
|---|---|---|---|---|---|---|---|
| 国家统计局 | 中国 | 25.87 | 28.05 | 29.14 | 30.66 | 32.49 | 34.78 |
| EIA | 美国 | 35.86 | 36.49 | 35.74 | 34.01 | 35.28 | |
| IEA | 中国 | 26.36 | 28.06 | 30.25 | 32.24 | | |
| | 美国 | 32.9 | 33.43 | 32.63 | 31.03 | 31.93 | |
| BP | 中国 | 26.54 | 28.53 | 29.71 | 31.25 | 34.75 | 37.33 |
| | 美国 | 33.32 | 33.9 | 33.15 | 31.49 | 32.65 | 32.41 |

注：EIA公布的美国能源消费总量数据按照1英热单位=251.9958卡换算成标准煤。中国公布的能源消费总量数据小于BP统计数据，更小于IEA数据；而美国公布的能源消费总量数据则大于BP统计数据，更大于IEA数据。

2011年中国人均能源消费量2.59吨标准煤/人，相当于IEA公布的2009年世界人均能源供应量[1]。如表1-2所示，根据IEA统计数据，2009年世界人均能源供应量为2.57吨标准煤/人，而同期中国人均能源供应量为2.43吨标准煤/人，仅为同期美国人均能源供应量（10吨标准煤/人）的24%。

**表1-2 2005～2009年世界及主要国家和地区人均能源供应量** 单位：吨标准煤/人

| 国家/地区 | 2005年 | 2006年 | 2007年 | 2008年 | 2009年 |
|---|---|---|---|---|---|
| 世界 | 2.53 | 2.57 | 2.60 | 2.61 | 2.57 |
| OECD国家 | 6.79 | 6.63 | 6.64 | 6.51 | 6.11 |
| 加拿大 | 12.10 | 11.81 | 11.80 | 11.43 | 10.76 |

[1] 在统计中，能源消费量=能源供应量（Total Primary Energy Supply, TPES）—平衡误差（Statistical Difference）。

续表

| 国家/地区 | 2005年 | 2006年 | 2007年 | 2008年 | 2009年 |
|---|---|---|---|---|---|
| 美国 | 11.27 | 11.06 | 11.06 | 10.71 | 10.04 |
| 澳大利亚 | 8.43 | 8.43 | 8.40 | 8.64 | 8.47 |
| 比利时 | 8.41 | 8.27 | 7.67 | 7.81 | 7.57 |
| 瑞典 | 8.26 | 8.07 | 7.81 | 7.66 | 6.97 |
| 荷兰 | 7.21 | 7.00 | 7.00 | 6.93 | 6.76 |
| 韩国 | 6.31 | 6.40 | 6.54 | 6.67 | 6.71 |
| 法国 | 6.29 | 6.16 | 5.91 | 5.94 | 5.67 |
| 德国 | 5.99 | 6.04 | 5.79 | 5.83 | 5.56 |
| 日本 | 5.91 | 5.90 | 5.76 | 5.54 | 5.30 |
| 瑞士 | 5.14 | 5.33 | 4.83 | 4.94 | 4.94 |
| 英国 | 5.56 | 5.46 | 4.93 | 4.86 | 4.54 |
| 以色列 | 4.23 | 4.23 | 4.31 | 4.30 | 4.14 |
| 西班牙 | 4.77 | 4.69 | 4.59 | 4.34 | 3.93 |
| 意大利 | 4.53 | 4.47 | 4.31 | 4.20 | 3.91 |
| 墨西哥 | 2.43 | 2.41 | 2.39 | 2.41 | 2.33 |
| 非OECD国家 | 1.53 | 1.59 | 1.64 | 1.69 | 1.70 |
| 沙特阿拉伯 | 8.57 | 8.63 | 8.76 | 9.37 | 8.89 |
| 俄罗斯 | 6.50 | 6.73 | 6.76 | 6.91 | 6.29 |
| 中国台湾 | 6.46 | 6.57 | 6.87 | 6.57 | 6.29 |
| 伊朗 | 3.29 | 3.66 | 3.90 | 4.01 | 4.24 |
| 南非 | 3.86 | 3.89 | 4.01 | 3.94 | 4.17 |
| 委内瑞拉 | 3.20 | 3.21 | 3.30 | 3.27 | 3.37 |
| 中国香港 | 2.74 | 2.77 | 2.96 | 2.90 | 3.04 |
| 阿根廷 | 2.33 | 2.67 | 2.66 | 2.73 | 2.63 |
| 中国 | 1.86 | 2.01 | 2.13 | 2.29 | 2.43 |
| 泰国 | 2.20 | 2.14 | 2.21 | 2.27 | 2.17 |
| 巴西 | 1.64 | 1.70 | 1.77 | 1.84 | 1.77 |
| 印度尼西亚 | 1.13 | 1.16 | 1.20 | 1.24 | 1.26 |
| 埃及 | 1.20 | 1.16 | 1.20 | 1.24 | 1.24 |
| 印度 | 0.70 | 0.73 | 0.76 | 0.77 | 0.84 |

数据来源：根据《中国能源统计年鉴2011》折算。

如图 1–2 所示，尽管中国的能源消费总量位居世界前列，占世界一次能源消费总量的 20%，但由于中国人口数占世界人口总数的比重接近 20%，人均能源供应量仍然较低，为世界平均水平。2009 年中国的人均能源供应量不到美国的 1/4，不到 OECD 国家平均水平的 40%；在“金砖五国”中低于俄罗斯和南非，高于巴西和印度。

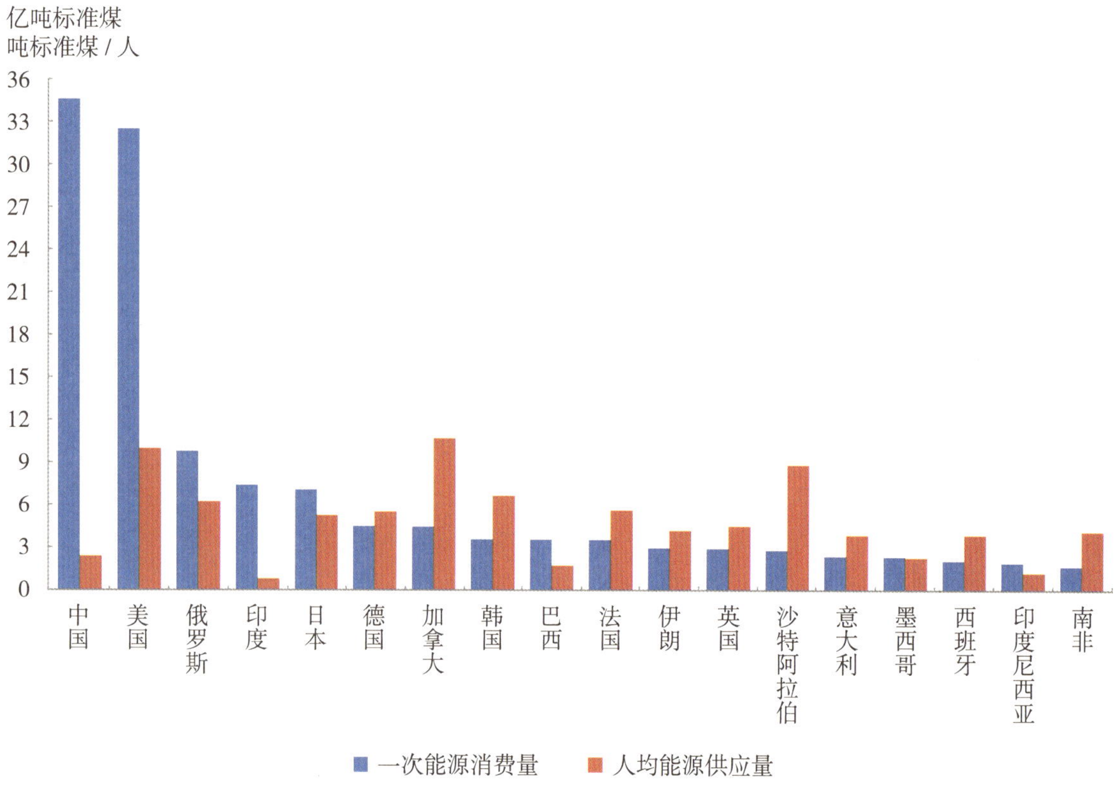


**图 1–2 部分国家一次能源消费量与人均能源供应量**

注：一次能源消费量为 2010 年数据，根据 BP 统计数据折算；
人均能源供应量为 2009 年数据，根据 IEA 统计数据折算。

从生活用能看，中国人均能源消费量相对更低。2009 年中国人均生活能源消费量为 0.25 吨标准煤 / 人，仅为美国的 1/5，不到世界平均水平的 60%，低于非 OECD 国家的平均水平；在“金砖五国”中，仅略高于印度和巴西，如图 1–3 所示。

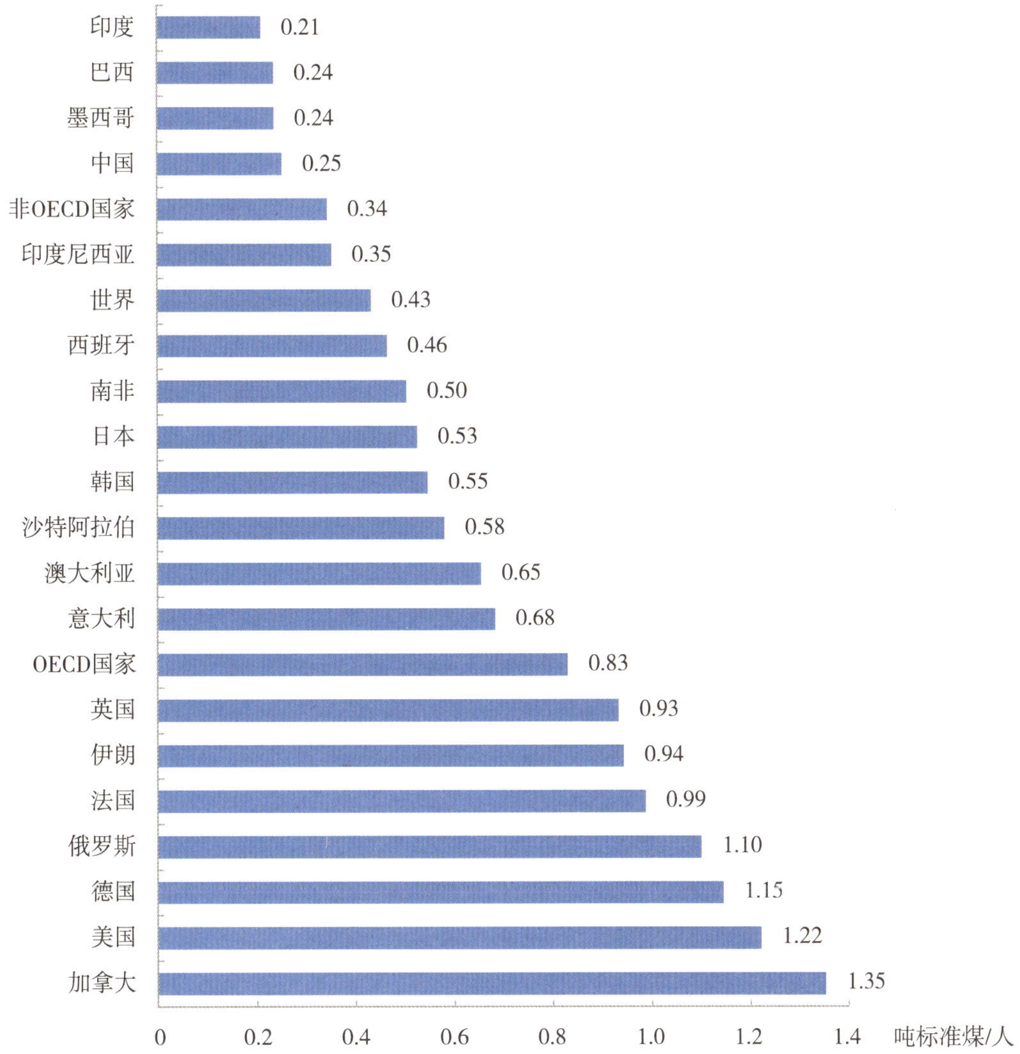


**图1–3　2009年世界及主要国家人均生活能源消费量**

数据来源：生活能源消费量根据IEA各国能源平衡表数据折算，年中人口数来自《中国能源统计年鉴2011》，中国数据来自《中国能源统计年鉴2011》。

## 二、煤炭、天然气比重提高，石油、非化石能源比重下降

2011年，中国煤炭消费量增长9.7%，原油消费增长2.7%，天然气消费增长12%。另外，水电、核电、风电和其他发电增长1.6%。煤炭和天然气消费量增长率高于能源消费总量增长率，而石油和非化石能源消费量增长率小于能源消费总量增长率，这意味着在能源消费结构中，煤炭和天然气消费比重有所提高，而石油和非化石能源消费比重则有所下降。根据各能源品种消费量增长率初步测算，2011年中国

能源消费总量中，煤炭占比 68.8%，石油占比 18.6%，天然气占比 4.6%，非化石能源占比 8%；煤炭和天然气比重分别提高 0.8 个、0.2 个百分点；石油和非化石能源比重分别下降 0.4 个和 0.6 个百分点，如图 1-4 所示。非化石能源比重下降的主要原因是 2011 年干旱导致水电发电量出现负增长。

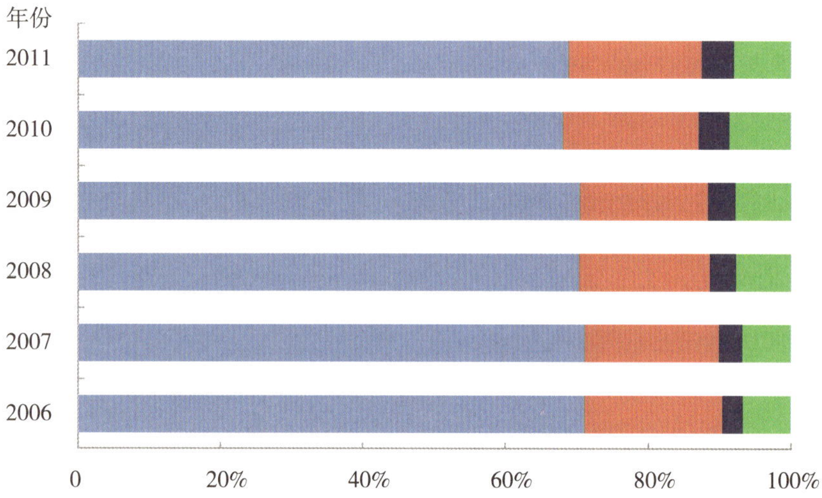


| | 2006年 | 2007年 | 2008年 | 2009年 | 2010年 | 2011年 |
|---|---|---|---|---|---|---|
| ■ 煤炭（%） | 71.1 | 71.1 | 70.3 | 70.4 | 68.0 | 68.8 |
| ■ 石油（%） | 19.3 | 18.8 | 18.3 | 17.9 | 19.0 | 18.6 |
| ■ 天然气（%） | 2.9 | 3.3 | 3.7 | 3.9 | 4.4 | 4.6 |
| ■ 其他（%） | 6.7 | 6.8 | 7.7 | 7.8 | 8.6 | 8.0 |

**图 1-4　2006 ~ 2011 年中国一次能源消费结构**

数据来源：《中国能源统计年鉴 2011》，2011 年的数据为预计数。

纵观国际一次能源消费结构，中国以煤为主导的能源消费结构特征十分突出。如图 1-5 所示，世界煤炭消费量占一次能源消费总量的比重不到 30%，这一比重在美国和 OECD 国家不到 25%。世界一次能源消费以油、气为主，接近 60%，美国和 OECD 国家油气消费比重在 65% 左右，而中国的油气消费比重仅为 22%，特别是天然气消费比重仅为 4.6%，大大低于 24% 的世界平均水平。非化石能源方面，中国的非化石能源比重低于 13% 的世界平均水平，主要是由于核电比重较低，世界核电的比重为 5.2%，而中国不到 1%。

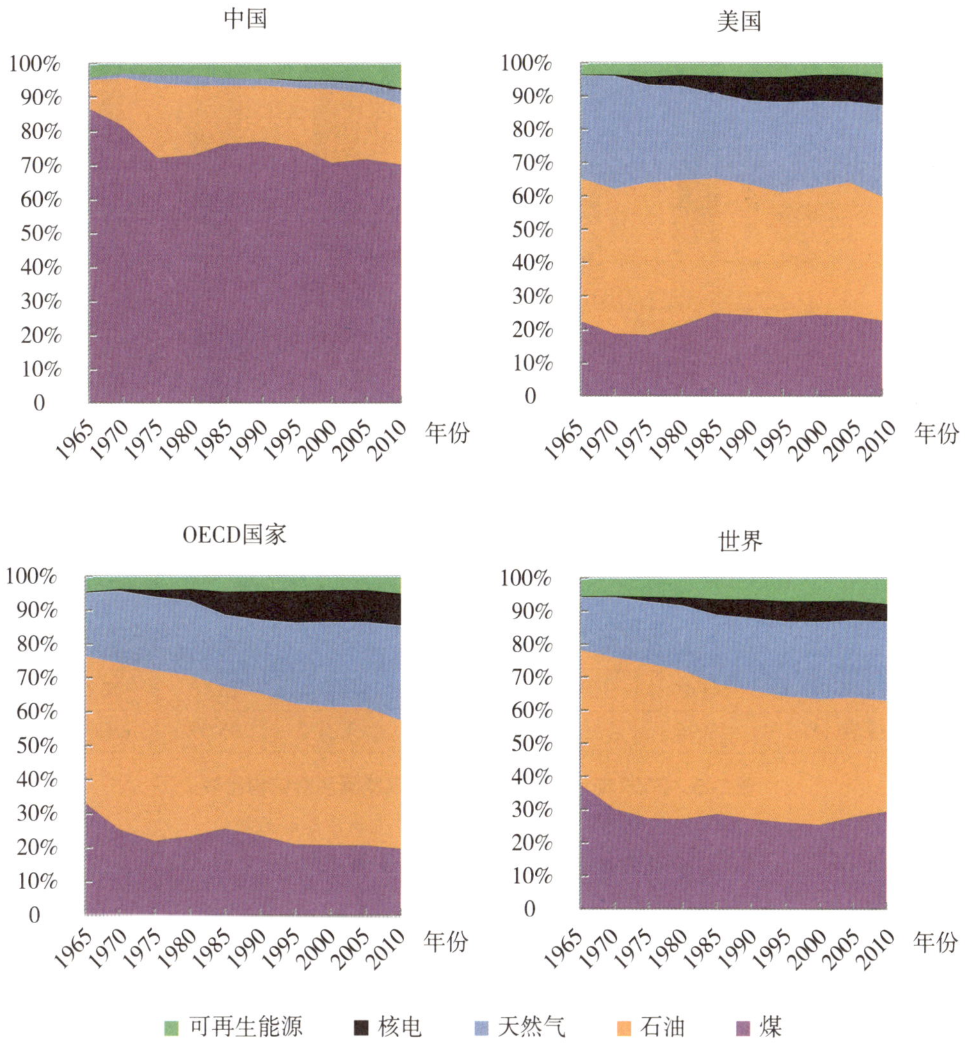


**图 1-5 世界及主要国家一次能源消费结构**

数据来源：根据BP，Statistical Review of World Energy 2011 计算。

从终端能源消费看，按照IEA的统计口径，2009年煤炭在中国终端能源消费中所占的比重为36.09%，远高于世界平均水平；这一比例在OECD国家为3.21%，在美国则仅为1.61%，如图1-6所示。按热当量核算，在世界终端能源消费中，油气占主导地位，2009年世界终端能源消费中油气所占比重为56.61%，这一比重在OECD国家为68.68%，在美国为71.97%，在中国仅为26.97%。

| | 世界 | 印度 | 非OECD国家 | OECD国家 | 中国 | 美国 |
|---|---|---|---|---|---|---|
| 其他（%） | 16.18 | 36.62 | 25.14 | 6.55 | 18.55 | 5.00 |
| 电力（%） | 17.26 | 13.44 | 15.06 | 21.56 | 18.39 | 21.42 |
| 天然气（%） | 15.16 | 4.72 | 12.54 | 19.78 | 3.49 | 21.33 |
| 石油（%） | 41.45 | 28.71 | 31.11 | 48.90 | 23.48 | 50.64 |
| 煤炭（%） | 9.96 | 16.51 | 16.14 | 3.21 | 36.09 | 1.61 |

**图1-6　2009年世界及主要国家终端能源消费结构比较**

注：其他能源包括热力、地热能、生物质能和垃圾。

数据来源：根据IEA各国能源平衡表计算。

## 三、地区间能源消费量差异较大

分地区看，中国的能源消费主要集中在东部地区重工业较为发达的省份。2010年能源消费量排名前六名的省区分别是山东、河北、广东、江苏与河南，这些地区的能源消费量都超过2亿吨标准煤。海南、青海、宁夏、甘肃、江西、天津和北京排在后七位，其能源消费量低于7000万吨标准煤。其中能源消费量最大的山东是能源消费量最小的海南的25倍[1]。

从人均能源消费量看，排名前七的是内蒙古、宁夏、天津、上海、辽宁、山西和青海，这些地区2010年人均能源消费量在4吨标准煤以上；排名后五名的是江西、海南、安徽、广西和云南，这些地区2010年人均能源消费量均低于2吨标准煤，如图1-7所示。能源消费总量排名第一的山东，其人均能源消费量排名第十。

[1] 由于数据缺失，部分中国分地区能源消费分析中没有西藏相关数据。

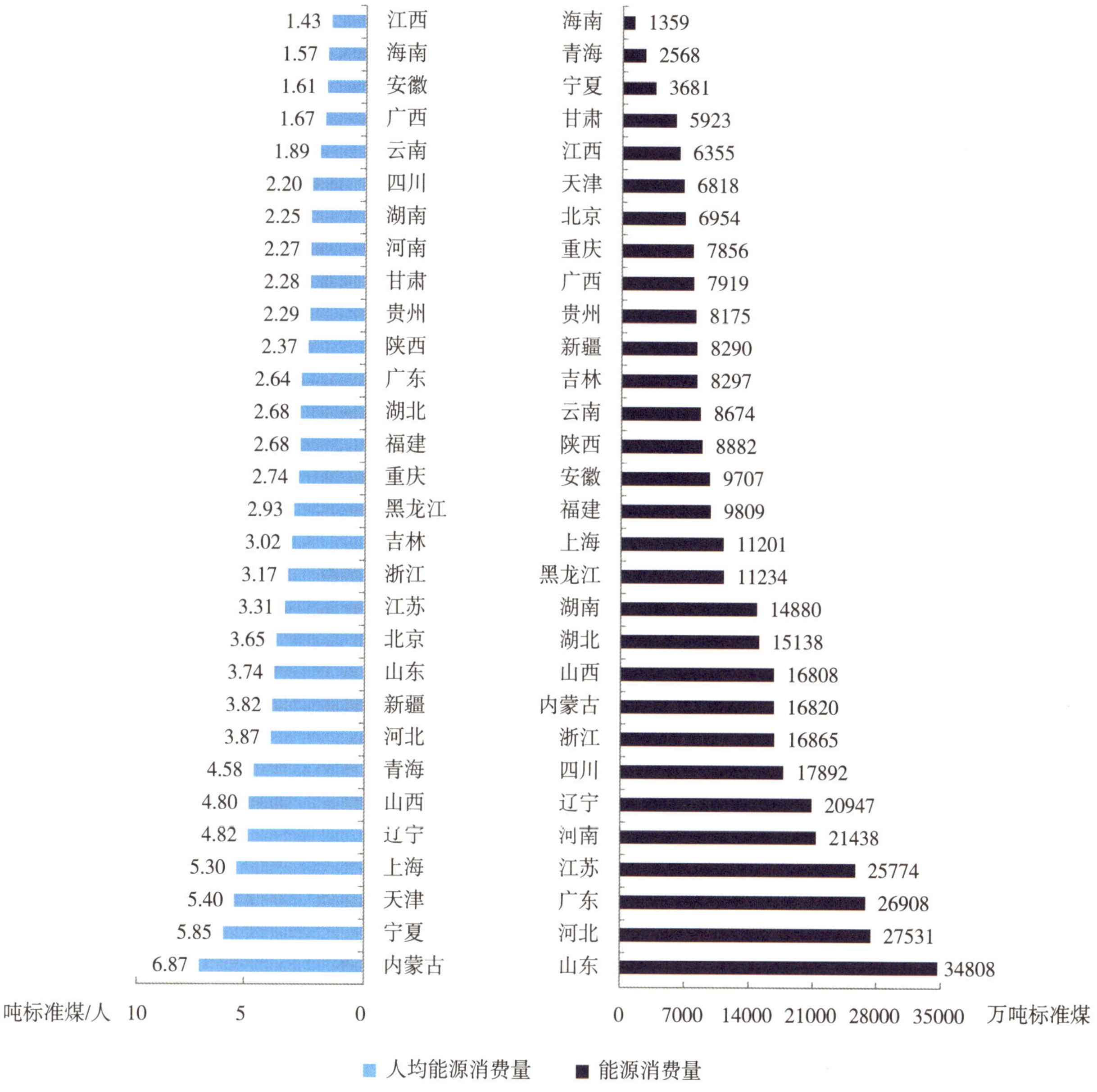


**图1-7 2010年中国分地区能源消费量与人均能源消费量**

数据来源：能源消费量数据来自《中国能源统计年鉴2011》，人口数来自《中国统计年鉴2011》。

## 四、工业用能占主导，六大高耗能行业占比超50%

分行业看，中国能源消费主要集中在工业领域，工业用能占能源消费总量70%以上，钢铁、化工、建材、电力、石油加工和有色金属等六大高耗能行业所占能源消费比重超过50%。2010年，第一产业、第三产业和居民生活能源消费量占能源消费总量的比重分别为2.0%、14.3%和10.6%，如表1-3所示。

表 1–3　2005～2010 年中国分行业能源消费结构　单位：%

| 行业 | 2005年 | 2006年 | 2007年 | 2008年 | 2009年 | 2010年 |
|---|---|---|---|---|---|---|
| 农、林、牧、渔业 | 2.6 | 2.4 | 2.2 | 2.1 | 2.0 | 2.0 |
| 工业 | 71.5 | 71.5 | 71.5 | 71.8 | 71.5 | 71.1 |
| 采掘业 | 5.9 | 5.5 | 5.4 | 5.9 | 5.7 | 5.7 |
| 制造业 | 58.1 | 58.5 | 58.8 | 59.1 | 58.9 | 58.0 |
| 纺织业 | 2.2 | 2.4 | 2.3 | 2.2 | 2.0 | 1.9 |
| 石油加工、炼焦及核燃料加工业 | 5.1 | 4.8 | 4.8 | 4.7 | 5.0 | 5.1 |
| 化学原料及化学制品制造业 | 10.1 | 10.0 | 10.2 | 9.9 | 9.4 | 9.1 |
| 非金属矿物制品业 | 9.0 | 8.8 | 8.2 | 8.7 | 8.8 | 8.5 |
| 黑色金属冶炼及压延加工业 | 16.8 | 17.3 | 17.9 | 17.8 | 18.4 | 17.7 |
| 有色金属冶炼及压延加工业 | 3.1 | 3.4 | 3.9 | 3.9 | 3.7 | 4.0 |
| 金属制品业 | 1.0 | 1.0 | 1.0 | 1.0 | 1.0 | 1.1 |
| 通用设备制造业 | 0.9 | 0.9 | 0.9 | 0.9 | 1.0 | 1.0 |
| 交通运输设备制造业 | 0.9 | 0.9 | 0.9 | 0.9 | 1.0 | 1.2 |
| 电力、煤气及水生产和供应业 | 7.5 | 7.5 | 7.3 | 6.9 | 6.9 | 7.4 |
| 建筑业 | 1.4 | 1.5 | 1.5 | 1.3 | 1.5 | 1.9 |
| 交通运输、仓储和邮政业 | 7.8 | 7.8 | 7.8 | 7.9 | 7.7 | 8.0 |
| 批发、零售业和住宿、餐饮业 | 2.1 | 2.1 | 2.0 | 2.0 | 2.1 | 2.1 |
| 其他行业 | 3.9 | 4.0 | 4.0 | 4.0 | 4.1 | 4.2 |
| 生活消费 | 10.7 | 10.7 | 11.0 | 10.9 | 11.0 | 10.6 |

数据来源：根据《中国能源统计年鉴2011》计算。

以工业为主导的能源消费结构还体现在终端能源消费中[1]。如图 1–8 所示，2009 年在中国终端能源消费[2]中，工业所占比重为 56%，而工业用能占终端能源消费总量的比重，世界平均水平为 36%，在 OECD 国家为 31%，在美国仅为 27%。在 OECD 国家的终端能源消费中，工业、交通运输业和居民、商业等其他行业的能源消费各占 1/3 左右，2009 年三者的比重分别为 31%、33% 和 36%。在发展中国家工业用能比重偏高，交通运输用能比重偏低。

❶ 按照 IEA 的统计口径，中国的终端能源消费量占能源消费总量的比重为 63%，这一比重的世界平均水平为 68% 左右，美国的也是 68%。
❷ IEA 统计的终端能源消费不包括能源部门自身的能源消费。

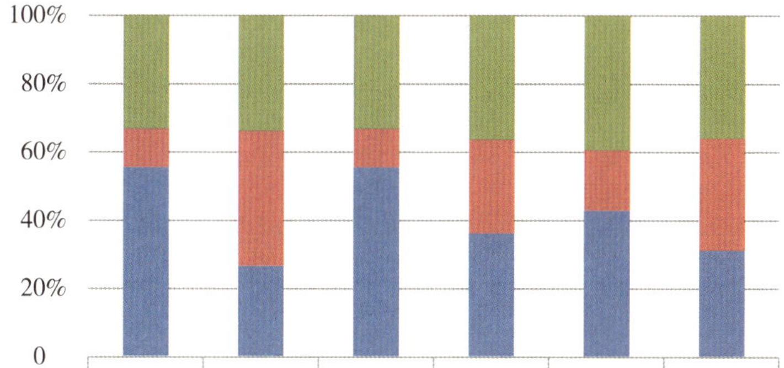


| | 中国 | 美国 | 印度 | 世界 | 非OECD国家 | OECD国家 |
|---|---|---|---|---|---|---|
| 其他（%） | 33 | 33 | 33 | 36 | 39 | 36 |
| 交通（%） | 11 | 40 | 11 | 28 | 18 | 33 |
| 工业（%） | 56 | 27 | 56 | 36 | 43 | 31 |

**图1-8　2009年主要国家和地区终端能源消费结构**

注："工业"包括非能源用途，即作为工业原料的能源消费。"其他"包括居民、第一产业和除交通外的第三产业。

数据来源：根据IEA各国能源平衡表计算。

## 五、能耗强度下降2%，节能减排形势较为严峻

2011年，中国能源消费弹性系数为0.77，能耗强度下降2%。按照2005年的价格计算，每万元GDP能源消耗量为1.01吨标准煤；按照2010年的价格计算，则每万元GDP的能源消耗量为0.79吨标准煤，如表1-4所示。按照"十二五"规划中提出的能耗强度下降16%的目标，平均每年能耗强度需要降低3.4%，2011年能耗强度下降幅度没有满足规划目标，节能减排形势较为严峻。

"十一五"以来，国家实施"节能减排"的战略举措，能耗强度从2005年的1.28吨标准煤/万元下降到2010年的1.03吨标准煤/万元，累计下降19%，年均下降4%，基本实现了"十一五"既定的能耗强度下降20%的目标。但是"十二五"开局之年，能源消费弹性系数出现反弹，能源消费弹性系数上升到0.77，为2006年以来的最高水平，2011年能耗强度下降2%，是自2006年以来下降幅度最小的一年，如图1-9所示。

分地区看，根据国家发展改革委发布的"各地区2011年前三季度节能目标完成情况晴雨表"，与"十二五"节能工作进度要求相比较，内蒙古、江苏、浙江、江西、海南、青海、宁夏、新疆等地区预警等级为一级，即节能形势十分严峻；河北、河南、广东、广西、甘肃等地区预警等级为二级，即节能形势比较严峻；北京、天津、山西、辽宁、吉林、黑龙江、上海、安徽、福建、山东、湖北、湖南、重庆、四川、贵州、云南、陕西等地区预警等级为三级，即节能进展基本顺利，如表1-5和图1-10所示。

表 1-4　　2001～2011 年中国每万元 GDP 能源消耗量

| 价格标准 | 年份 | 能源消耗总量（吨标准煤/万元） | 煤炭（吨/万元） | 焦炭（吨/万元） | 石油（吨/万元） | 原油（吨/万元） | 燃料油（吨/万元） | 电力（万千瓦·时/万元） |
|---|---|---|---|---|---|---|---|---|
| GDP按2000年不变价格 | 2001 | 1.40 | 1.35 | 0.11 | 0.21 | 0.20 | 0.04 | 0.14 |
| | 2002 | 1.36 | 1.30 | 0.11 | 0.21 | 0.19 | 0.03 | 0.14 |
| | 2003 | 1.43 | 1.40 | 0.12 | 0.21 | 0.19 | 0.03 | 0.15 |
| | 2004 | 1.50 | 1.46 | 0.13 | 0.22 | 0.20 | 0.03 | 0.15 |
| | 2005 | 1.49 | 1.47 | 0.16 | 0.21 | 0.19 | 0.03 | 0.16 |
| GDP按2005年不变价格 | 2005 | 1.28 | 1.25 | 0.14 | 0.18 | 0.16 | 0.02 | 0.13 |
| | 2006 | 1.24 | 1.22 | 0.13 | 0.17 | 0.15 | 0.02 | 0.14 |
| | 2007 | 1.18 | 1.15 | 0.12 | 0.15 | 0.14 | 0.02 | 0.14 |
| | 2008 | 1.12 | 1.08 | 0.11 | 0.14 | 0.14 | 0.01 | 0.13 |
| | 2009 | 1.08 | 1.04 | 0.11 | 0.13 | 0.13 | 0.01 | 0.13 |
| | 2010 | 1.03 | 0.99 | 0.11 | 0.14 | 0.14 | 0.01 | 0.13 |
| | 2011 | 1.01 | | | | | | |

数据来源：《中国能源统计年鉴2011》。

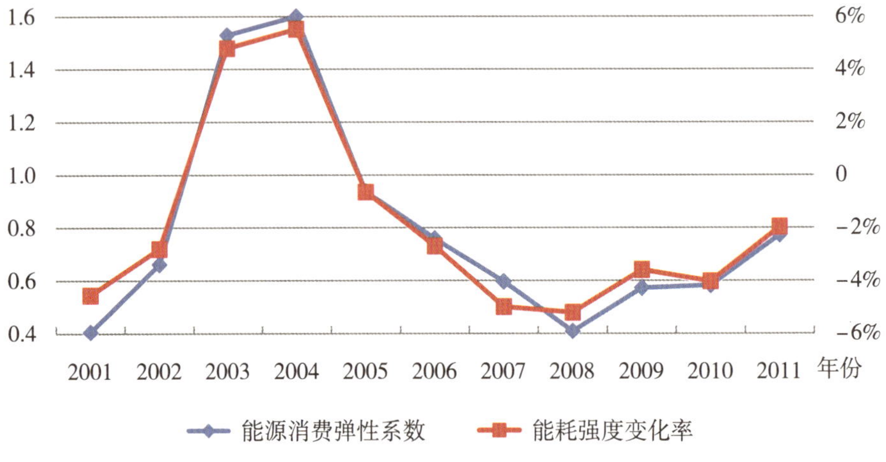


**图 1-9　2001～2011 年中国能源消费弹性系数与能耗强度变化率**

数据来源：根据《中国能源统计年鉴2011》计算。

表1-5　　各地区2011年前三季度节能目标完成情况晴雨表

| 时间<br>地区 | 一季度<br>预警等级 | 上半年<br>预警等级 | 前三季度<br>预警等级 | “十二五”进度<br>预警等级 |
|---|---|---|---|---|
| 北京 | 🟢 | 🟢 | 🟢 | 🟢 |
| 天津 | 🟢 | 🟢 | 🟢 | 🟢 |
| 河北 | 🟢 | 🟡 | 🟡 | 🟡 |
| 山西 | 🟢 | 🟢 | 🟢 | 🟢 |
| 内蒙古 | 🔴 | 🔴 | 🔴 | 🔴 |
| 辽宁 | 🟢 | 🟢 | 🟢 | 🟢 |
| 吉林 | 🟢 | 🟢 | 🟢 | 🟢 |
| 黑龙江 | 🟢 | 🟢 | 🟡 | 🟢 |
| 上海 | 🟢 | 🟢 | 🟢 | 🟢 |
| 江苏 | 🔴 | 🟡 | 🟡 | 🔴 |
| 浙江 | 🟡 | 🟡 | 🟡 | 🔴 |
| 安徽 | 🟢 | 🟢 | 🟢 | 🟢 |
| 福建 | 🟡 | 🟡 | 🟡 | 🟢 |
| 江西 | 🔴 | 🔴 | 🟡 | 🔴 |
| 山东 | 🟢 | 🟢 | 🟢 | 🟢 |
| 河南 | 🟢 | 🔴 | 🟡 | 🟡 |
| 湖北 | 🟢 | 🟡 | 🟡 | 🟢 |
| 湖南 | 🟢 | 🟢 | 🟢 | 🟢 |
| 广东 | 🟢 | 🟡 | 🟢 | 🟡 |
| 广西 | 🟢 | 🟡 | 🟡 | 🟡 |
| 海南 | 🔴 | 🔴 | 🔴 | 🔴 |
| 重庆 | 🟢 | 🟢 | 🟢 | 🟢 |
| 四川 | 🟢 | 🟢 | 🟢 | 🟢 |
| 贵州 | 🟢 | 🟢 | 🟢 | 🟢 |
| 云南 | 🟢 | 🟢 | 🟢 | 🟢 |
| 陕西 | 🟡 | 🟡 | 🟡 | 🟢 |
| 甘肃 | 🔴 | 🔴 | 🟡 | 🟡 |
| 青海 | 🔴 | 🔴 | 🔴 | 🔴 |
| 宁夏 | 🔴 | 🔴 | 🔴 | 🔴 |
| 新疆 | 🔴 | 🔴 | 🔴 | 🔴 |

注：🔴为一级预警，即节能形势十分严峻；🟡为二级预警，即节能形势比较严峻；🟢为三级预警，即节能进展基本顺利。

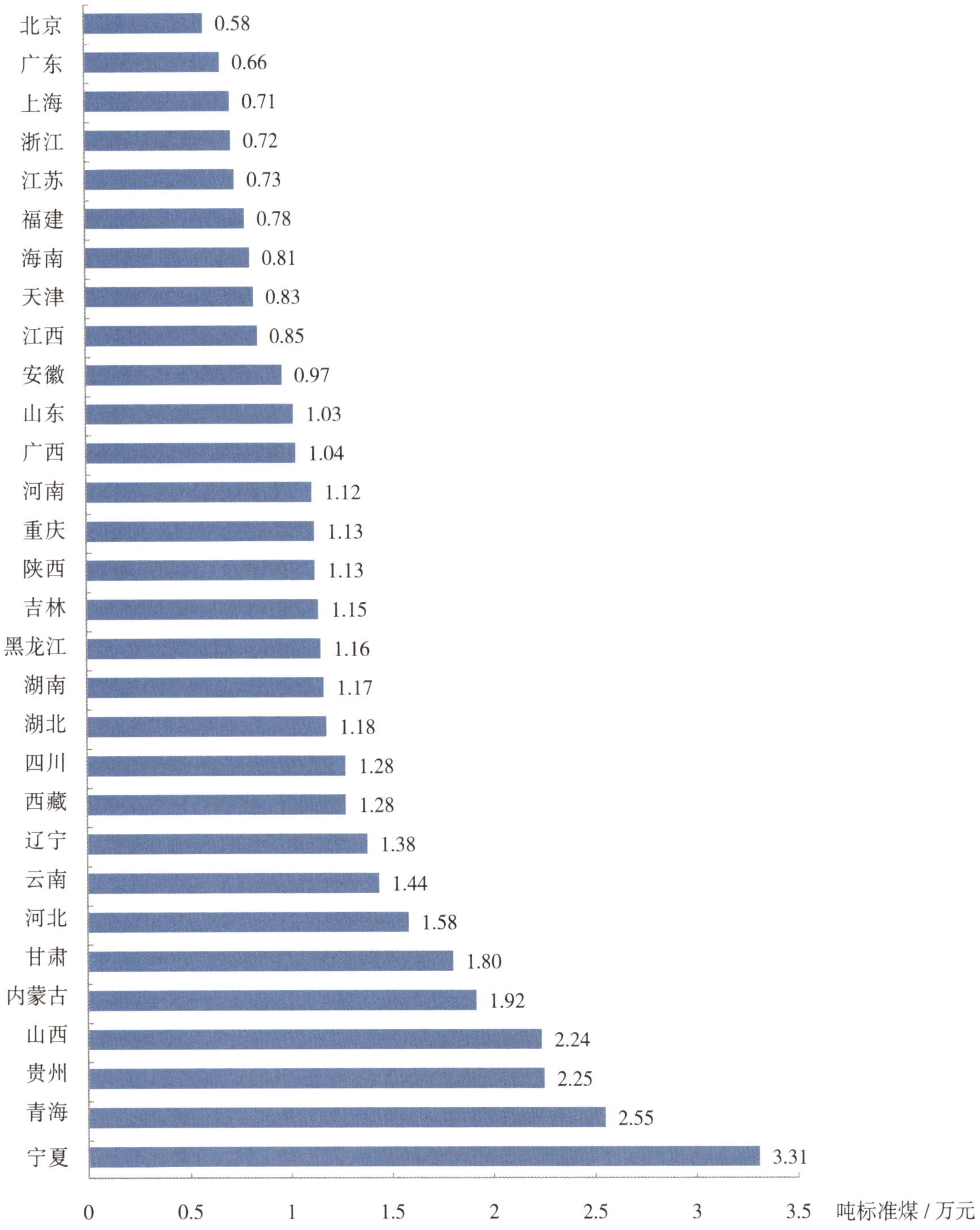


**图1-10　2010年中国各地区能耗强度**

注：1. 地区生产总值按2005年价格计算。

2. 新疆另行考核。

# 第二章 煤炭消费

## 一、煤炭消费增量超3亿吨，人均煤炭消费量2.55吨/人

2011年，中国煤炭消费量34.25亿吨，比2010年（31.22亿吨）增加超过3亿吨，同比增长9.7%，增长率比2010年提高4.2个百分点，接近“十一五”开局之年的10%（如图2-1所示）。平均每天消费煤炭938万吨，比2010年（855万吨）增加83万吨。

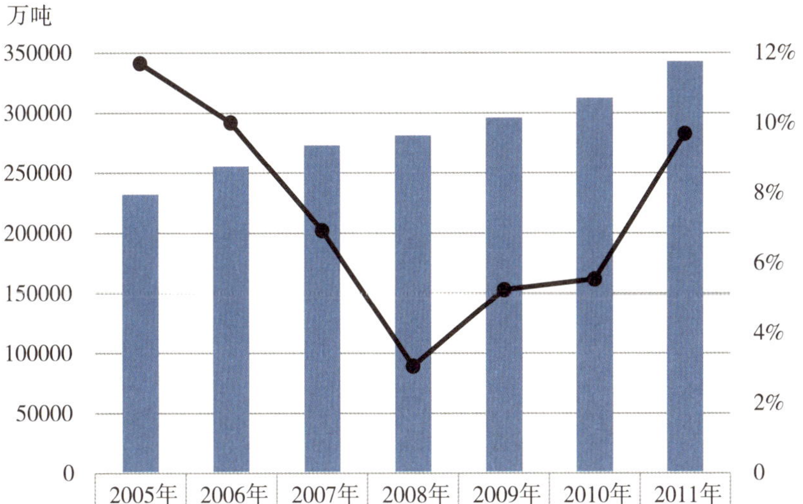


| | 2005年 | 2006年 | 2007年 | 2008年 | 2009年 | 2010年 | 2011年 |
|---|---|---|---|---|---|---|---|
| 煤炭消费量（万吨） | 231851 | 255065 | 272745 | 281095 | 295833 | 312236 | 342523 |
| 增长率（%） | 11.7 | 10.0 | 6.9 | 3.1 | 5.2 | 5.5 | 9.7 |

图2-1 2005~2011年中国煤炭消费总量与增长率

数据来源：《中国能源统计年鉴2011》，2011年数据根据统计公报计算。

根据BP的统计数据，2010年全世界煤炭消费总量为35.56亿吨标准油，换算成实物量大概为70亿吨，中国的煤炭消费量占世界煤炭消费总量近一半，是第二大煤炭消费国美国煤炭消费量的3.3倍，是所有OECD国家合计煤炭消费量的1.6倍，是欧盟的6.4倍、日本的13.9倍、俄罗斯的18倍、南非的19倍、澳大利亚的39倍，如表2-1所示。

表2-1　　2005～2010年世界主要国家和地区煤炭消费量　　单位：百万吨标准油

| 国家/地区 | 2005年 | 2006年 | 2007年 | 2008年 | 2009年 | 2010年 | 2010年占比（%） |
|---|---|---|---|---|---|---|---|
| 世界 | 3012.9 | 3164.5 | 3305.6 | 3341.7 | 3305.6 | 3555.8 | 100.0 |
| OECD国家 | 1179.7 | 1179.8 | 1200.2 | 1171.5 | 1049.5 | 1103.6 | 31.0 |
| 非OECD国家 | 1833.2 | 1984.7 | 2105.4 | 2170.2 | 2256.1 | 2452.2 | 69.0 |
| 中国 | 1218.7 | 1343.9 | 1438.4 | 1479.3 | 1556.8 | 1713.5 | 48.2 |
| 美国 | 574.2 | 565.7 | 573.3 | 564.1 | 496.2 | 524.6 | 14.8 |
| 印度 | 184.4 | 195.4 | 210.3 | 230.4 | 250.6 | 277.6 | 7.8 |
| 欧盟 | 310.4 | 317.7 | 316.7 | 294.4 | 259.9 | 269.7 | 7.6 |
| 日本 | 121.3 | 119.1 | 125.3 | 128.7 | 108.8 | 123.7 | 3.5 |
| 俄罗斯 | 94.2 | 96.7 | 93.5 | 100.4 | 91.9 | 93.8 | 2.6 |
| 南非 | 82.9 | 84.0 | 85.1 | 84.7 | 87.7 | 88.7 | 2.5 |
| 德国 | 82.1 | 83.5 | 85.7 | 80.1 | 71.7 | 76.5 | 2.2 |
| 韩国 | 54.8 | 54.8 | 59.7 | 66.1 | 68.6 | 76.0 | 2.1 |
| 波兰 | 55.7 | 58.0 | 57.9 | 56.0 | 51.9 | 54.0 | 1.5 |
| 澳大利亚 | 53.6 | 55.6 | 54.2 | 51.8 | 51.7 | 43.4 | 1.2 |
| 印度尼西亚 | 25.4 | 30.1 | 37.8 | 30.1 | 34.6 | 39.4 | 1.1 |
| 乌克兰 | 37.5 | 39.8 | 39.7 | 40.3 | 35.0 | 36.4 | 1.0 |
| 哈萨克斯坦 | 27.2 | 28.1 | 30.8 | 34.0 | 31.7 | 36.1 | 1.0 |
| 土耳其 | 26.1 | 28.8 | 31.0 | 31.3 | 32.0 | 34.4 | 1.0 |

数据来源：BP，Statistical Review of World Energy 2011。

从人均消费看，2011年中国人均煤炭消费量2.55吨/人，比2010年增加214千克/人。根据IEA统计数据，2009年世界人均煤炭消费量为0.49吨标准油/人（约1吨煤炭实物量），据此推算，2011年中国人均煤炭消费量大概相当2009年世界平均水平的2.5倍。中国人均煤炭消费量低于澳大利亚（2.52吨标准油/人）、南非（2.01吨标准油/人）、美国（1.58吨标准油/人）和韩国（1.33吨标准油/人），如图2-2所示。

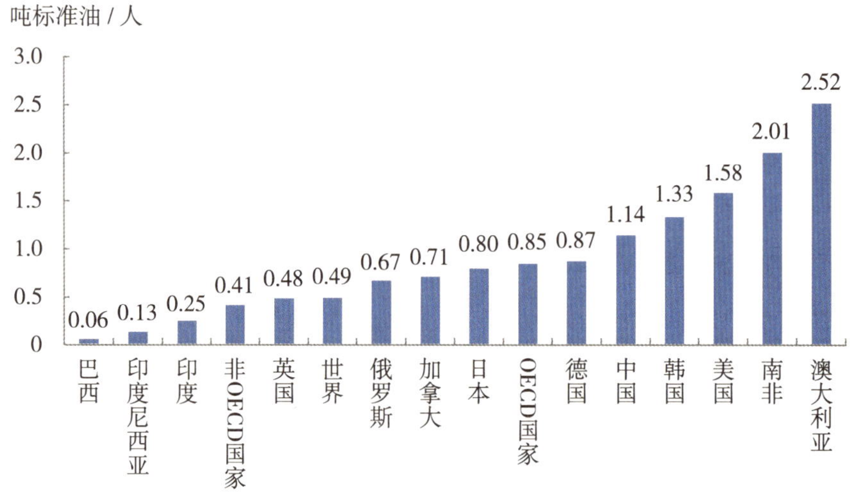


图2-2　2009年主要国家和地区人均煤炭供应量

数据来源：根据《中国能源统计年鉴2011》计算。

## 二、发电用煤比例超一半，终端煤炭消费占比有所下降

2011年，以实物量衡量，预计中国用于发电的煤炭量超过17亿吨，占煤炭消费总量的比重超过50%，比2010年的49.5%提高0.7个百分点，如图2-3所示。而煤炭用于终端消费的比重则从2010年的27%下降到26.5%左右，预计终端煤炭消费量略高于9亿吨。另外，随着煤炭入洗率的提高，洗选损耗比例会有所提高，占煤炭消费总量的3%左右，而用于炼焦、制气的比重继续维持在15%上下，用于供热的比重为5%左右。

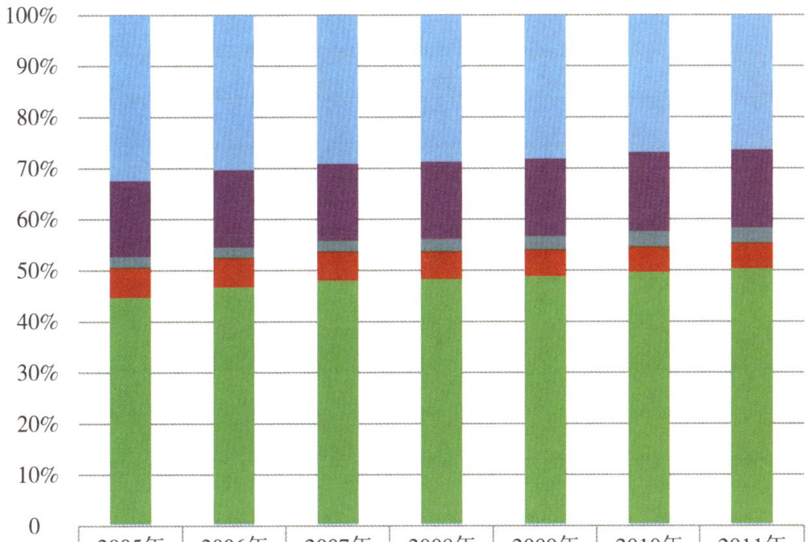


| | 2005年 | 2006年 | 2007年 | 2008年 | 2009年 | 2010年 | 2011年 |
|---|---|---|---|---|---|---|---|
| 终端消费（万吨） | 75382.7 | 77532.6 | 79676.6 | 81089.2 | 83700.5 | 84350.9 | 90863.9 |
| 炼焦制气（万吨） | 34444.0 | 38707.2 | 41150.8 | 42688.9 | 44842.4 | 48403.8 | 52406.019 |
| 洗选损耗（万吨） | 4982.1 | 5279.3 | 5754.6 | 6757.8 | 7765.5 | 9686.2 | 10275.7 |
| 供热（万吨） | 13542.0 | 14561.4 | 15394.2 | 15029.2 | 15359.7 | 15253.1 | 17126.1 |
| 发电（万吨） | 103263.5 | 118763.9 | 130548.8 | 135351.7 | 143967.3 | 154542.5 | 171851.2 |

**图2-3 2005～2011年中国分用途煤炭消费结构**

数据来源：2005～2010年数据来源于《中国能源统计年鉴2011》，2011年为预计数。

发电用煤比重的提高体现了煤炭资源利用方式的转变，这一趋势还会持续下去。在发达国家，煤炭的主要用途就是用于发电。根据IEA统计数据，2009年OECD国家发电用煤占煤炭消费总量比重为82%，仅有11%用于终端消费；在美国，93%的煤炭用于发电，仅有5%用于终端消费。而同期中国发电用煤比重则为49%，低于62%的世界平均水平；用于终端消费的比重为34%[1]，高于25%的世界平均水平，如

[1] IEA的能源平衡表与国家统计局的能源平衡表对终端消费的统计口径不同，在IEA的能源平衡表中，终端煤炭消费不包括能源部门自身消费的能源，但是包括炼焦用煤；而国家统计局的数据中终端煤炭消费则不包括炼焦用煤，而包括煤炭部门自身消耗的煤炭。

图 2-4 所示。据此可以预测，未来中国的煤炭资源利用方式还将发生深刻转变，用于发电比重会逐步提高，而用于终端消费比重则会趋于下降。

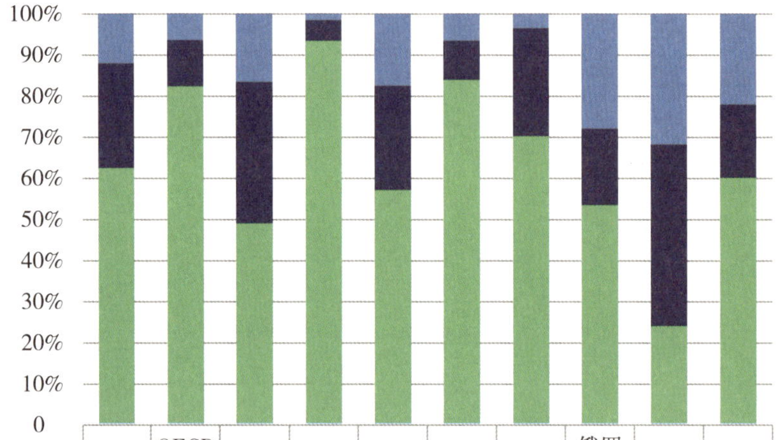


| | 世界 | OECD国家 | 中国 | 美国 | 日本 | 德国 | 印度 | 俄罗斯 | 巴西 | 南非 |
|---|---|---|---|---|---|---|---|---|---|---|
| ■ 其他（%） | 12 | 7 | 17 | 2 | 18 | 7 | 4 | 28 | 32 | 22 |
| ■ 终端消费（%） | 25 | 11 | 34 | 5 | 25 | 9 | 26 | 19 | 44 | 18 |
| ■ 发电（%） | 62 | 82 | 49 | 93 | 57 | 84 | 70 | 53 | 24 | 60 |

**图 2-4　2009 年分用途煤炭消费结构的国际比较**

注："发电"包括热电联产，"其他"包括供热、制气、煤炭转换、液化、能源部门自用和损失等。

数据来源：根据 IEA 各国能源平衡表计算。

## 三、电力、冶金、建材、化工四行业用煤比重占八成

分行业看，工业用煤占煤炭消费总量近 95%，而建筑业、第一产业、第三产业与居民生活用煤比重则仅占 5%，其中民用煤比重占 3%，如表 2-2 所示。电力、冶金、建材与化工是四大耗煤行业，四行业煤炭消费量占煤炭消费总量 80%。2011 年，电力、建材和化工煤炭消费量增长率高于煤炭消费总量增长率，冶金行业煤炭消费量增长率低于煤炭消费总量增长率。总体上，四大高耗煤行业用煤比重进一步提高。

**表 2-2　2006～2010 年中国分行业煤炭消费量**　　单位：万吨

| 行业 | 2006年 | 2007年 | 2008年 | 2009年 | 2010年 | 2010年占比（%） |
|---|---|---|---|---|---|---|
| 消费总量 | 255065.45 | 272745.88 | 281095.92 | 295833.08 | 312236.50 | 100.0 |
| 工业 | 238510.23 | 256202.76 | 265574.20 | 279888.52 | 296031.63 | 94.8 |
| 电力、煤气及水生产和供应业 | 122541.19 | 135228.67 | 137896.33 | 146154.67 | 152571.52 | 48.9 |
| 制造业 | 99084.39 | 102002.35 | 108176.80 | 112005.84 | 118821.50 | 38.1 |

续表

| 行业 | 2006年 | 2007年 | 2008年 | 2009年 | 2010年 | 2010年占比（%） |
|---|---|---|---|---|---|---|
| 石油加工、炼焦及核燃料加工业 | 22944.00 | 25000.49 | 26437.72 | 27204.87 | 29780.84 | 9.5 |
| 黑色金属冶炼及压延加工业 | 22551.56 | 22846.70 | 24126.17 | 26553.24 | 28221.59 | 9.0 |
| 非金属矿物制品业 | 20708.53 | 20416.79 | 23049.05 | 23753.51 | 23508.83 | 7.5 |
| 化学原料及化学制品制造业 | 13654.69 | 14187.95 | 15067.46 | 15014.41 | 14703.88 | 4.7 |
| 有色金属冶炼及压延加工业 | 2711.14 | 2918.68 | 3301.39 | 3086.63 | 5714.93 | 1.8 |
| 造纸及纸制品业 | 3823.24 | 3819.31 | 3858.05 | 4006.28 | 4281.61 | 1.4 |
| 采掘业 | 16884.65 | 18971.74 | 19501.07 | 21728.00 | 24638.61 | 7.9 |
| 批发、零售业和住宿、餐饮业 | 1791.46 | 1868.27 | 1791.39 | 1977.89 | 1969.87 | 0.6 |
| 农、林、牧、渔业 | 1502.60 | 1519.57 | 1522.57 | 1582.11 | 1711.10 | 0.5 |
| 建筑业 | 651.99 | 615.33 | 603.18 | 635.59 | 718.91 | 0.2 |
| 交通运输、仓储和邮政业 | 769.94 | 735.89 | 665.41 | 640.89 | 639.23 | 0.2 |
| 其他行业 | 1802.90 | 2043.43 | 1791.56 | 1986.14 | 2006.59 | 0.6 |
| 生活消费 | 10036.34 | 9760.61 | 9147.61 | 9121.95 | 9159.17 | 2.9 |

数据来源：《中国能源统计年鉴2011》。

## 四、东南沿海地区消费量占比1/4，西部地区增速较快

分地区看，2010年煤炭消费量排名前六的省区分别是山东、山西、河北、内蒙古、河南与江苏，这些地区的煤炭消费量均超过2亿吨，如表2–3所示。海南、青海、北京和天津煤炭消费量排名靠后，消费量均低于5000万吨。消费量第一的山东是消费量最后一名海南的58倍，如图2–5所示。

表2–3　　2005～2010年中国分地区煤炭消费量　　单位：万吨

| 地区 | 2005年 | 2006年 | 2007年 | 2008年 | 2009年 | 2010年 | 2010年占比（%） |
|---|---|---|---|---|---|---|---|
| 北京 | 3069 | 3056 | 2985 | 2748 | 2665 | 2635 | 0.7 |
| 天津 | 3801 | 3809 | 3927 | 3973 | 4120 | 4807 | 1.3 |
| 河北 | 20542 | 21360 | 24681 | 24419 | 26516 | 27465 | 7.2 |
| 山西 | 25872 | 28605 | 29645 | 28373 | 27762 | 29865 | 7.8 |
| 内蒙古 | 13954 | 22242 | 18607 | 22242 | 24047 | 27004 | 7.1 |

续表

| 地区 | 2005年 | 2006年 | 2007年 | 2008年 | 2009年 | 2010年 | 2010年占比（%） |
|---|---|---|---|---|---|---|---|
| 辽宁 | 12710 | 13837 | 14712 | 15347 | 16033 | 16908 | 4.4 |
| 吉林 | 6447 | 6937 | 7312 | 8367 | 8589 | 9583 | 2.5 |
| 黑龙江 | 8524 | 9030 | 9857 | 11204 | 11050 | 12219 | 3.2 |
| 上海 | 5306 | 5142 | 5223 | 5464 | 5305 | 5876 | 1.5 |
| 江苏 | 17159 | 18692 | 20237 | 20737 | 21003 | 23100 | 6.1 |
| 浙江 | 9681 | 11334 | 13024 | 13041 | 13276 | 13950 | 3.7 |
| 安徽 | 8323 | 8793 | 9766 | 11377 | 12666 | 13376 | 3.5 |
| 福建 | 4717 | 5342 | 6117 | 6596 | 7109 | 7026 | 1.8 |
| 江西 | 4243 | 4592 | 5171 | 5267 | 5356 | 6246 | 1.6 |
| 山东 | 26056 | 29838 | 32719 | 34390 | 34795 | 37328 | 9.8 |
| 河南 | 18468 | 20999 | 23180 | 23868 | 24445 | 26050 | 6.8 |
| 湖北 | 8873 | 9910 | 10792 | 10196 | 11100 | 13470 | 3.5 |
| 湖南 | 8739 | 9401 | 10277 | 10169 | 10751 | 11323 | 3.0 |
| 广东 | 9853 | 10948 | 12430 | 13298 | 13647 | 15984 | 4.2 |
| 广西 | 3619 | 3980 | 4671 | 4676 | 5199 | 6207 | 1.6 |
| 海南 | 326 | 332 | 426 | 472 | 537 | 647 | 0.2 |
| 重庆 | 4196 | 4690 | 5110 | 5273 | 5782 | 6397 | 1.7 |
| 四川 | 8513 | 9160 | 10191 | 10727 | 12147 | 11520 | 3.0 |
| 贵州 | 7921 | 8995 | 9573 | 9732 | 10912 | 10908 | 2.9 |
| 云南 | 6682 | 7482 | 7620 | 7916 | 8886 | 9349 | 2.5 |
| 陕西 | 6049 | 7598 | 8082 | 8941 | 9497 | 11639 | 3.1 |
| 甘肃 | 3751 | 3959 | 4469 | 4683 | 4479 | 5390 | 1.4 |
| 青海 | 949 | 1082 | 1291 | 1316 | 1310 | 1271 | 0.3 |
| 宁夏 | 3277 | 3519 | 4089 | 4287 | 4781 | 5765 | 1.5 |
| 新疆 | 3854 | 4436 | 4944 | 5709 | 7418 | 8106 | 2.1 |

数据来源：《中国能源统计年鉴2011》。

东南沿海地区是中国经济最发达的地区，也是火力发电、钢铁生产以及混凝土生产较为集中的地区，该地区煤炭消费量约占全国消费总量的1/4。2011年，上海、江苏、浙江、福建、山东和广东等地区煤炭消费量为10.3亿吨左右。

从增速上看，中西部地区煤炭消费量增速较快。“三西”地区（山西、陕西和内蒙古西部）是主要产煤区，也是中国能源和重工业产业生产较为集中的地区，煤炭消费量占全国总消费量近1/5。2011年，山西、陕西、内蒙古三省区合计火力发电占全国的15%以上，焦炭产量占到全国的1/3左右。随着近年来煤炭主产区加快煤炭就地加工转化进程，煤炭消费量较快增加。2011年上述三省区煤炭消费量达7.3亿吨左右。

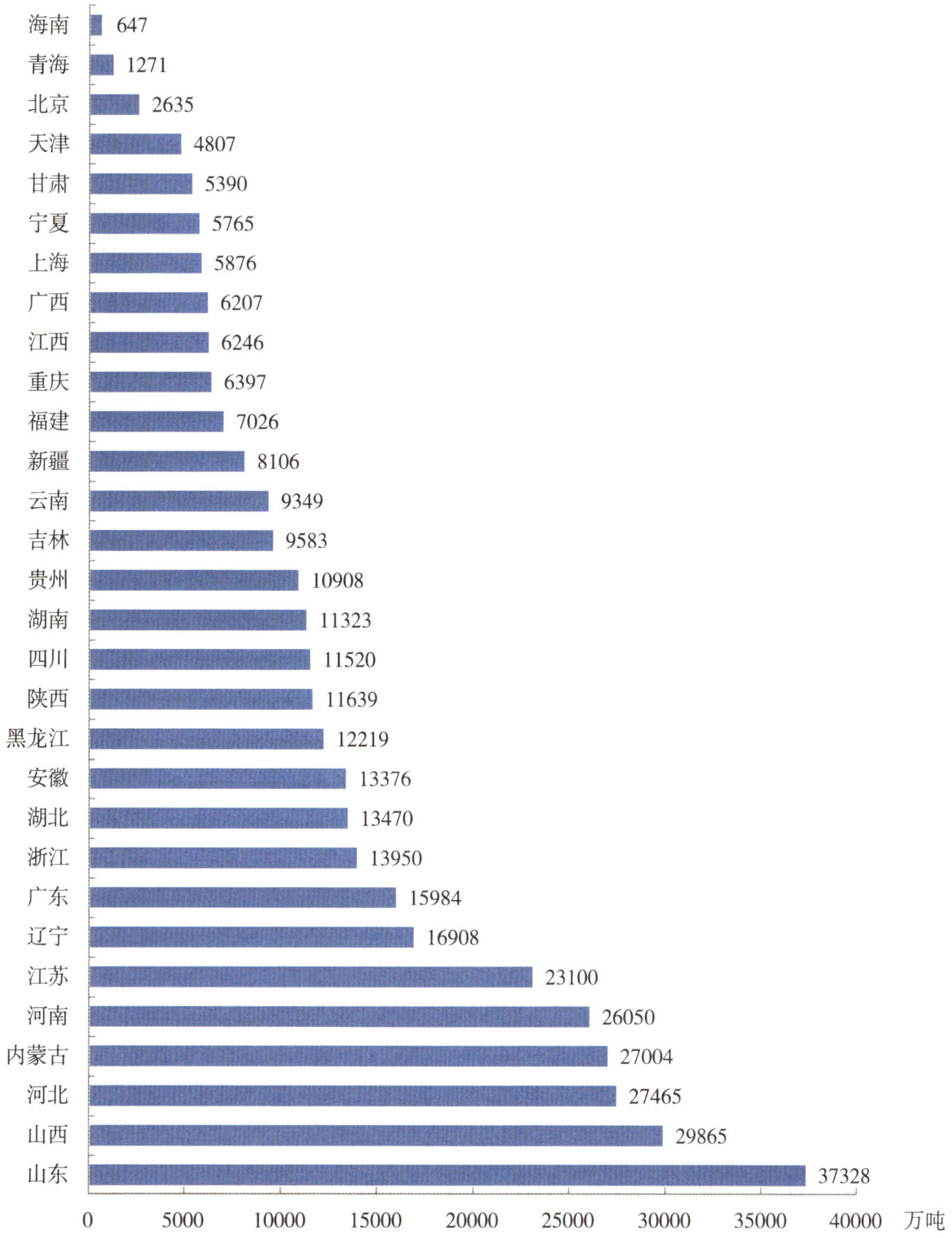


图2-5　2010年中国分地区煤炭消费量排序

# 第三章 石油消费

## 一、石油消费总量4.5亿吨，人均石油消费量较低

2011年，受宏观调控与汽车消费减速的影响，中国石油需求呈现初步放缓的趋势，全年石油消费量4.5亿吨左右，比2010年增加1700万吨左右，同比增长4%，如图3-1所示。增长率较2010年下滑近9个百分点，低于“十一五”期间的平均增长率。2011年中国原油消费量4.4亿吨，比2010年增加1150万吨，同比增长2.7%，增长率比2010年下降9.7个百分点，比“十一五”期间的平均增长率低4.6个百分点，如图3-2所示。

根据BP的统计数据，2010年全球石油消费总量为40.3亿吨，如表3-1所示。中国从2002年开始超过日本成为仅次于美国的世界第二大石油消费国。2010年中国石油消费量占世界石油消费总量的比重略高于10%，略高于美国石油消费量的50%，是第三大石油消费国日本石油消费量的两倍。

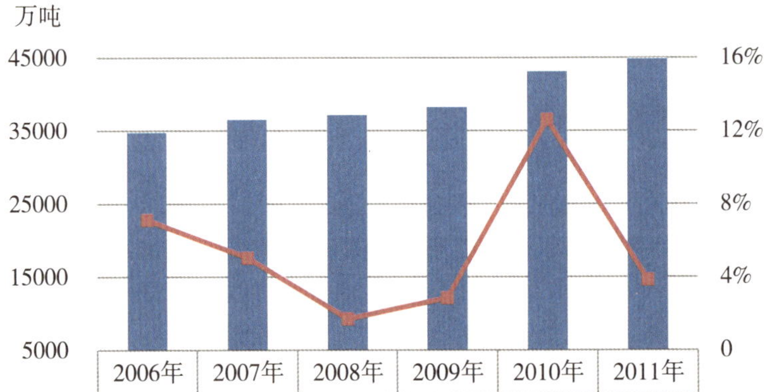


| | 2006年 | 2007年 | 2008年 | 2009年 | 2010年 | 2011年 |
|---|---|---|---|---|---|---|
| 石油消费总量（万吨） | 34876.21 | 36658.74 | 37302.85 | 38384.52 | 43245.15 | 44931.72 |
| 增长率（%） | 7.2 | 5.1 | 1.8 | 2.9 | 12.7 | 3.9 |

**图3-1　2006~2011年中国石油消费总量与增长率**

数据来源：2006~2010年数据来自《中国能源统计年鉴2011》，2011年数据为预计数。

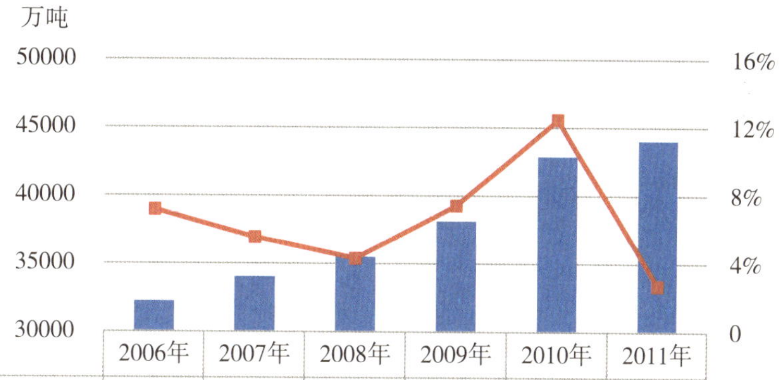


| | 2006年 | 2007年 | 2008年 | 2009年 | 2010年 | 2011年 |
|---|---|---|---|---|---|---|
| 原油消费总量（万吨） | 32245.2 | 34031.6 | 35498.2 | 38128.6 | 42874.6 | 44032.2 |
| 增长率（%） | 7.2 | 5.5 | 4.3 | 7.4 | 12.4 | 2.7 |

图3-2　2006～2011年中国原油消费总量与增长率

数据来源：2006～2010年数据来自《中国能源统计年鉴2011》，2011年数据来自统计公报。

表3-1　2005～2010年世界主要国家和地区石油消费总量　单位：百万吨

| 国家/地区 | 2005年 | 2006年 | 2007年 | 2008年 | 2009年 | 2010年 | 2010年占比（%） |
|---|---|---|---|---|---|---|---|
| 世界 | 3908.5 | 3945.3 | 4007.3 | 3996.5 | 3908.7 | 4028.1 | 100.0 |
| OECD国家 | 2303.6 | 2289.7 | 2276.3 | 2210.5 | 2094.8 | 2113.8 | 52.5 |
| 非OECD国家 | 1604.9 | 1655.6 | 1731.0 | 1786.0 | 1813.9 | 1914.3 | 47.5 |
| 美国 | 939.8 | 930.7 | 928.8 | 875.8 | 833.2 | 850.0 | 21.1 |
| 中国 | 327.8 | 351.2 | 369.3 | 376.0 | 388.2 | 428.6 | 10.6 |
| 日本 | 244.8 | 238.0 | 229.7 | 222.1 | 198.7 | 201.6 | 5.0 |
| 印度 | 119.6 | 120.4 | 133.4 | 144.1 | 151.0 | 155.5 | 3.9 |
| 俄罗斯 | 129.9 | 135.8 | 135.7 | 141.4 | 135.2 | 147.6 | 3.7 |
| 沙特阿拉伯 | 88.1 | 92.3 | 98.2 | 107.2 | 117.2 | 125.5 | 3.1 |
| 巴西 | 94.0 | 95.1 | 100.6 | 107.1 | 107.0 | 116.9 | 2.9 |
| 德国 | 122.4 | 123.6 | 112.5 | 118.9 | 113.9 | 115.1 | 2.9 |
| 韩国 | 104.4 | 104.5 | 107.1 | 101.9 | 103.0 | 105.6 | 2.6 |
| 加拿大 | 100.3 | 100.5 | 103.8 | 102.5 | 97.1 | 102.3 | 2.5 |
| 墨西哥 | 90.9 | 89.8 | 92.1 | 91.7 | 88.5 | 87.4 | 2.2 |
| 伊朗 | 78.4 | 82.4 | 82.5 | 87.4 | 85.1 | 86.0 | 2.1 |
| 法国 | 93.1 | 93.0 | 91.4 | 90.8 | 87.5 | 83.4 | 2.1 |
| 西班牙 | 80.4 | 79.7 | 80.7 | 79.0 | 75.7 | 74.5 | 1.8 |
| 英国 | 83.0 | 82.3 | 79.2 | 77.9 | 74.4 | 73.7 | 1.8 |
| 意大利 | 86.7 | 86.7 | 84.0 | 80.4 | 75.1 | 73.1 | 1.8 |

续表

| 国家/地区 | 2005年 | 2006年 | 2007年 | 2008年 | 2009年 | 2010年 | 2010年占比（%） |
|---|---|---|---|---|---|---|---|
| 新加坡 | 42.3 | 45.1 | 49.0 | 52.0 | 56.1 | 62.2 | 1.5 |
| 印度尼西亚 | 61.2 | 58.3 | 59.5 | 59.1 | 59.2 | 59.6 | 1.5 |
| 泰国 | 50.6 | 50.1 | 49.2 | 49.0 | 49.9 | 50.2 | 1.2 |
| 荷兰 | 50.6 | 52.0 | 53.5 | 51.1 | 49.4 | 49.8 | 1.2 |
| 中国台湾 | 49.1 | 48.4 | 50.2 | 45.0 | 44.1 | 46.2 | 1.1 |
| 澳大利亚 | 40.2 | 41.5 | 41.8 | 42.5 | 42.2 | 42.6 | 1.1 |

数据来源：BP，Statistical Review of World Energy 2011。

从人均水平看，中国人均石油消费量仍然较低。2011年中国人均石油消费量为334千克/人。根据BP统计数据，2009年世界人均石油消费量为581千克，而中国人均石油消费量仅为292千克/人，相当于世界平均水平的1/2，是美国的1/10，不到日本的1/5，如图3-3所示。2011年中国人均石油消费量为2009年世界人均石油消费量的57%、OECD国家的19%、美国的12%。

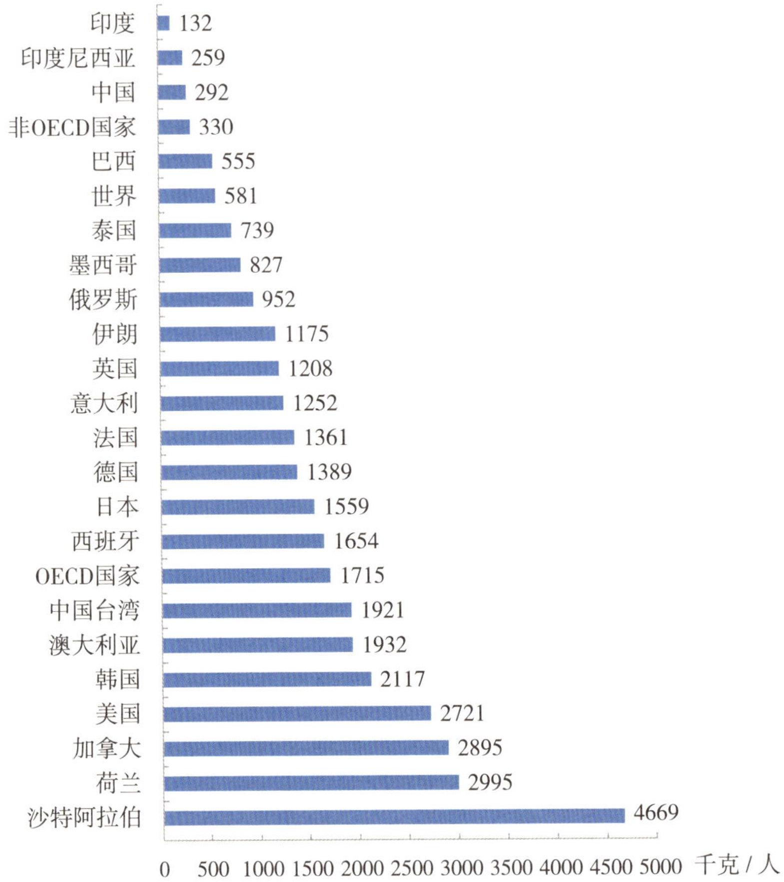


图3-3 2009年世界主要国家和地区人均石油消费量

数据来源：石油消费量数据来自BP，年中人口数来自《中国能源统计年鉴》。

## 二、成品油消费增速放缓，柴汽比有所下降

2011年，中国成品油消费量为2.47亿吨，比2010年增加1420万吨，同比增长6%左右，较2010年的增长率低近3个百分点，也低于“十一五”期间的平均增长水平（6.6%），如表3–2和图3–4所示。其中，汽油消费量7437万吨，同比增长8%左右；柴油消费量15479.3万吨，同比增长5.8%左右；煤油消费量1767万吨，同比增长1.3%左右。

表3–2　　中国部分年份成品油消费量

| 年份 | 成品油（万吨） | 汽油（万吨） | 煤油（万吨） | 柴油（万吨） | 柴汽比 |
|---|---|---|---|---|---|
| 1995 | 7743.1 | 2909.6 | 512.1 | 4321.4 | 1.49 |
| 2000 | 11182.4 | 3504.6 | 871.6 | 6806.2 | 1.94 |
| 2005 | 16903.9 | 4854.9 | 1076.8 | 10972.2 | 2.26 |
| 2006 | 18202.7 | 5242.5 | 1124.7 | 11835.4 | 2.26 |
| 2007 | 19259.5 | 5519.1 | 1243.7 | 12496.7 | 2.26 |
| 2008 | 20972.1 | 6145.5 | 1294.0 | 13532.6 | 2.20 |
| 2009 | 21368.7 | 6172.7 | 1439.4 | 13756.6 | 2.23 |
| 2010 | 23264.1 | 6886.2 | 1744.1 | 14633.8 | 2.13 |
| 2011 | 24683.2 | 7437.1 | 1766.8 | 15479.3 | 2.08 |

数据来源：2010年前的数据来自《中国能源统计年鉴2011》，2011年为预计数。

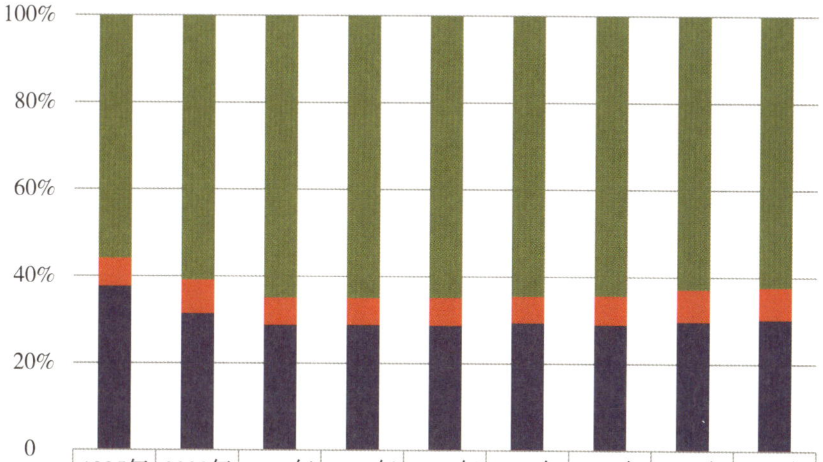


| | 1995年 | 2000年 | 2005年 | 2006年 | 2007年 | 2008年 | 2009年 | 2010年 | 2011年 |
|---|---|---|---|---|---|---|---|---|---|
| 柴油（%） | 55.8 | 60.9 | 64.9 | 65.0 | 64.9 | 64.5 | 64.4 | 62.9 | 62.4 |
| 煤油（%） | 6.6 | 7.8 | 6.4 | 6.2 | 6.5 | 6.2 | 6.7 | 7.5 | 7.5 |
| 汽油（%） | 37.6 | 31.3 | 28.7 | 28.8 | 28.7 | 29.3 | 28.9 | 29.6 | 30.1 |

图3–4　中国部分年份分品种成品油消费结构

2011 年，成品油消费增速下滑的主要原因是受宏观调控和外部经济环境影响，国民经济及相关用油产业增速放缓，全年成品油消费增速呈逐季下滑态势。一季度成品油消费量增长率高于 10%，二、三季度回落到6%左右，到四季度则下滑2%左右。

相对于汽油，柴油消费增速下滑幅度更大。主要是因为：一方面 2011 年柴油车销售量同比下降 3.6%，而汽油车销售量同比增加 4.7%；另一方面，铁路运输继续推进电气化，全年替换 300 台内燃机，铁路运输用油同比下降 2% 左右；此外，高油价也抑制了用油行业的柴油消费，部分企业甚至降低开工率或者停工，工业生产用油增长缓慢。柴油消费增速低于汽油导致了成品油消费中柴汽比进一步降低。2011 年柴汽比为2.08，比2010年降低0.05个百分点。

## 三、工业、交通运输业用油占主导，工农业用油比重趋于下降

分行业看，石油消费主要集中在工业和交通运输业。2010 年，第一产业用油比重为 3.2%，工业和建筑业用油比重分别为40.3% 和 7.0%，交通运输、仓储和邮政业用油比重为 34.4%，商业和生活用油比重则分别为7.0% 和8.0%，如表3–3所示。

表 3–3　2006～2010 年中国分行业石油消费量与比重　单位：万吨

| 项目 | 2006年 | | 2007年 | | 2008年 | | 2009年 | | 2010年 | |
|---|---|---|---|---|---|---|---|---|---|---|
| | 消费量 | 比重 | 消费量 | 比重 | 消费量 | 比重 | 消费量 | 比重 | 消费量 | 比重 |
| 农、林、牧、渔业 | 1540 | 4.4% | 1400 | 3.8% | 1266 | 3.4% | 1308 | 3.4% | 1383 | 3.2% |
| 工业 | 14804 | 42.4% | 14905 | 40.7% | 15603 | 41.8% | 15693 | 40.9% | 17449 | 40.3% |
| 建筑业 | 1649 | 4.7% | 1823 | 5.0% | 1517 | 4.1% | 1942 | 5.1% | 3045 | 7.0% |
| 交通运输、仓储和邮政业 | 11849 | 34.0% | 12907 | 35.2% | 13279 | 35.6% | 13549 | 35.3% | 14870 | 34.4% |
| 批发、零售业和住宿、餐饮业 | 392 | 1.1% | 427 | 1.2% | 366 | 1.0% | 430 | 1.1% | 481 | 1.1% |
| 其他 | 2078 | 6.0% | 2216 | 6.0% | 2354 | 6.3% | 2296 | 6.0% | 2557 | 5.9% |
| 生活消费 | 2564 | 7.4% | 2981 | 8.1% | 2917 | 7.8% | 3167 | 8.3% | 3461 | 8.0% |
| 消费总量 | 34876.2 | | 36658.7 | | 37302.9 | | 38384.5 | | 43245.2 | |

数据来源：《中国能源统计年鉴2011》。

纵观中国历年来分行业石油消费结构，工农业用油比重趋于下降，而建筑、交通则趋于上升，居民生活用油有升有降，维持在8%左右的水平，如图3–5所示。国际上，石油消费主要集中在交通运输领域。按照 IEA 统计口径，2009 年在世界石油消费中，交通运输用油比重为 62%，工业用油比重为 26%；OECD 国家中交通运输用油比重为63%，工业用油比重为25%。在美国，交通运输用油比重高达73%，工业用油比重仅占20%。而同期中国交通运输用油比重为46%，工业用油比重为37%。工业用油比重不仅高于世界平均水平，也高于非OECD国家的平均水平（33%），如表3–4和图3–6所示。

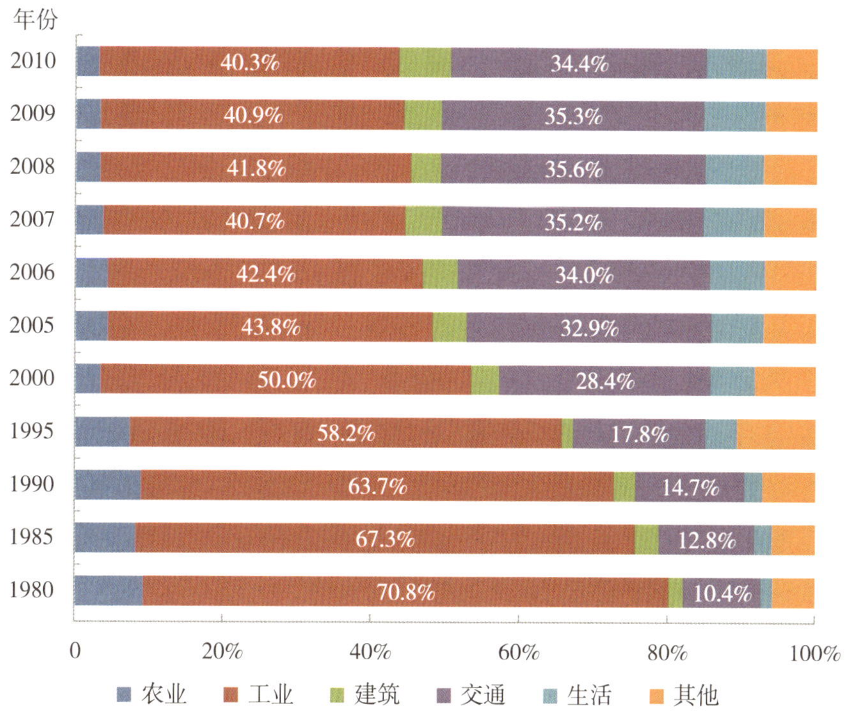


图3-5 中国部分年份分行业石油消费结构

表3-4 2009年世界主要国家及地区分行业石油消费结构 单位：%

| 国家/地区 | 工业 | 交通运输 | 其他 |
|---|---|---|---|
| 世界 | 26 | 62 | 13 |
| OECD国家 | 25 | 63 | 12 |
| 非OECD国家 | 33 | 51 | 16 |
| 美国 | 20 | 73 | 7 |
| 加拿大 | 26 | 60 | 14 |
| 日本 | 37 | 43 | 20 |
| 英国 | 22 | 71 | 7 |
| 德国 | 25 | 52 | 23 |
| 法国 | 23 | 56 | 21 |
| 伊朗 | 35 | 47 | 19 |
| 巴西 | 30 | 56 | 15 |
| 俄罗斯 | 39 | 52 | 9 |
| 南非 | 20 | 70 | 10 |
| 印度 | 39 | 37 | 24 |
| 中国 | 37 | 46 | 17 |

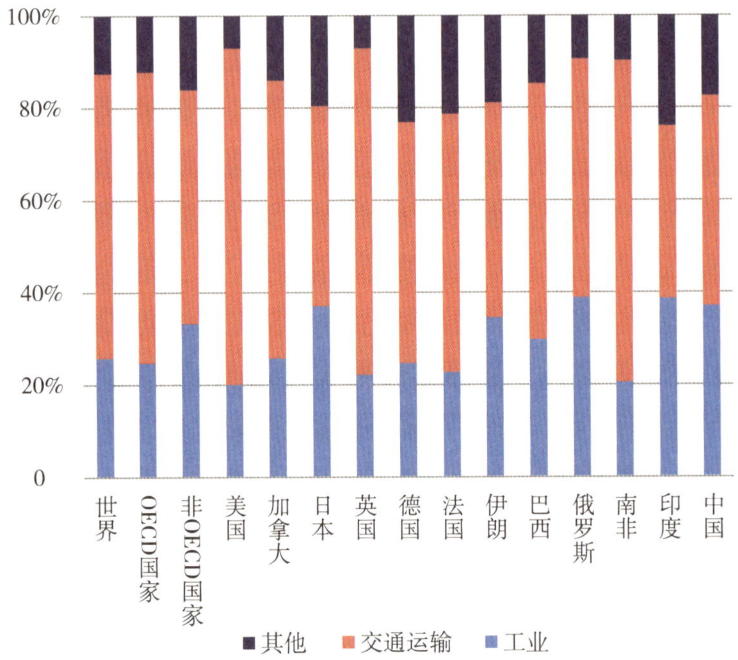


**图3-6 分行业石油消费结构的国际比较**

注："工业"包括用于工业原料的非能源用途，"其他"包括居民用、第一产业和除交通运输外的第三产业。

数据来源：根据IEA各国能源平衡表计算。

具体到石油制产品，中国汽油消费主要集中在交通运输、商业和生活领域，2010年所占比重分别为46.5%、19.3%和17.6%，工业汽油消费比重为10.0%；柴油消费主要集中在交通运输、工业、农业，所占比重分别为58.2%、14.8%、8.2%，生活消费柴油比重为5.3%；煤油消费绝大多数集中在交通运输，占91.8%；燃料油消费主要集中在工业和交通运输业，比重分别为63.3%和35.3%。从总体趋势上看，成品油消费用于交通运输的比重不断提高，而用于其他领域的比重则趋于下降，如表3-5和表3-6所示。

**表3-5 2010年中国主要石油产品分行业消费结构** 单位：%

| 行业 | 汽油 | 煤油 | 柴油 | 燃料油 |
|---|---|---|---|---|
| 农、林、牧、渔业 | 2.5 | 0.1 | 8.2 | 0 |
| 工业 | 10.0 | 2.3 | 14.8 | 63.3 |
| 制造业 | 8.6 | 2.0 | 10.3 | 59.1 |
| 建筑业 | 4.0 | 0.5 | 3.3 | 0.8 |
| 交通运输、仓储和邮政业 | 46.5 | 91.8 | 58.2 | 35.3 |
| 批发、零售业和住宿、餐饮业 | 2.4 | 2.0 | 1.3 | 0.2 |
| 其他行业 | 16.9 | 2.2 | 8.8 | 0.4 |
| 生活消费 | 17.6 | 1.1 | 5.3 | 0 |

数据来源：《中国能源统计年鉴2011》。

表3-6　　中国成品油消费结构变化趋势　　单位：%

| 项目 | | 2000年 | 2005年 | 2010年 | 2011年 |
|---|---|---|---|---|---|
| 汽油消费 | 汽油车与摩托车 | 94 | 96 | 97 | 98 |
| | 其他领域 | 6 | 4 | 3 | 3 |
| 柴油消费 | 柴油车与农用车 | 53 | 61 | 72 | 73 |
| | 农业渔业 | 14 | 12 | 8 | 7 |
| | 铁路水运 | 12 | 9 | 6 | 5 |
| | 工矿与建筑 | 21 | 18 | 14 | 14 |
| | 其他领域 | 1 | 1 | 1 | 1 |
| 煤油消费（含保税） | 民航 | 66 | 78 | 81 | 84 |
| | 其他领域 | 34 | 22 | 20 | 16 |

数据来源：中石化经济技术研究院市场调查数据。

## 四、原油消费集中在沿海地区，西部地区柴油消费增速较快

分地区看，中国的原油消费主要集中在资源丰富、交通运输便利和靠近成品油消费市场的沿海地区。2010年地区原油消费量排名前五的是辽宁、山东、广东、江苏和浙江，其中辽宁、山东的原油消费量均超过5500万吨，辽宁消费量更是高达6559万吨，两省原油消费量占全国原油消费总量的25%以上。地区原油消费量排名后五位的分别是广西、四川、宁夏、内蒙古和青海，2010年这五个省（自治区）的原油消费量加总占全国原油消费量比例不足3%。值得注意的是，中国“北油南运”的传统格局将逐渐弱化，随着海上进口原油比例的增加，新建和扩建炼厂主要在南方沿海，广西钦州、广东惠州等炼厂建成以及镇海石化、广州石化等炼厂扩能，这些将为东部沿海和南方发达省份扩大原油消费能力奠定坚实的基础。四川省也有望在“十二五”期间建成一个千万吨级的炼油基地和80万吨的乙烯生产基地，从而更好地满足西南地区的石油化工产品的需求。除此以外，资源丰富的地区，例如陕西、东北地区、新疆等也将会继续保持较快发展，尤其是东北地区和新疆将分别承接来自俄罗斯和中亚的进口原油，消费能力将会有较大发展。

2010年中国新增原油消费主要集中在天津、辽宁、上海、江苏、浙江、福建、山东、广东、广西等沿海地区，以及陕西、新疆等石油资源丰富的西部地区，如表3-7和图3-7所示。

表3-7　　2005～2010年中国分地区原油消费量　　单位：万吨

| 地区 | 2005年 | 2006年 | 2007年 | 2008年 | 2009年 | 2010年 | 2010年新增 |
|---|---|---|---|---|---|---|---|
| 北京 | 799.60 | 796.12 | 950.91 | 1116.76 | 1162.93 | 1116.3 | -47 |
| 天津 | 863.14 | 900.49 | 950.14 | 790.33 | 844.64 | 1566.8 | 722 |

续表

| 地区 | 2005年 | 2006年 | 2007年 | 2008年 | 2009年 | 2010年 | 2010年新增 |
|---|---|---|---|---|---|---|---|
| 河北 | 1003.29 | 1046.69 | 1124.77 | 1357.63 | 1379.12 | 1396.7 | 18 |
| 内蒙古 | 131.83 | 189.25 | 142.82 | 189.25 | 191.76 | 140.7 | -51 |
| 辽宁 | 5410.89 | 5555.04 | 5893.46 | 5945.19 | 5873.05 | 6558.9 | 686 |
| 吉林 | 967.67 | 913.44 | 934.17 | 915.24 | 851.89 | 940.0 | 88 |
| 黑龙江 | 1785.01 | 1850.06 | 1886.02 | 1735.97 | 2065.13 | 2106.5 | 41 |
| 上海 | 1967.00 | 1832.84 | 1719.57 | 1951.55 | 1937.18 | 2126.5 | 189 |
| 江苏 | 2264.76 | 2302.70 | 2454.00 | 2313.13 | 2661.44 | 2998.6 | 337 |
| 浙江 | 2113.04 | 2114.73 | 2248.73 | 2287.35 | 2505.80 | 2835.4 | 330 |
| 安徽 | 414.49 | 445.40 | 451.08 | 426.34 | 454.13 | 477.6 | 23 |
| 福建 | 348.40 | 375.03 | 352.33 | 310.96 | 706.01 | 1141.7 | 436 |
| 江西 | 368.02 | 417.99 | 396.47 | 411.00 | 451.68 | 469.9 | 18 |
| 山东 | 3300.36 | 3878.27 | 4075.67 | 4626.97 | 5142.9 | 5593.4 | 451 |
| 河南 | 668.82 | 696.57 | 713.83 | 704.22 | 785.82 | 835.1 | 49 |
| 湖北 | 822.13 | 851.10 | 913.00 | 884.26 | 946.60 | 1033.9 | 87 |
| 湖南 | 660.86 | 574.49 | 671.67 | 614.11 | 565.77 | 587.6 | 22 |
| 广东 | 2388.37 | 2805.71 | 2940.10 | 3046.21 | 3709.44 | 4455.3 | 746 |
| 广西 | 97.71 | 118.21 | 152.98 | 133.30 | 163.03 | 396.0 | 233 |
| 海南 | 11.46 | 230.10 | 816.28 | 796.83 | 835.68 | 859.2 | 23 |
| 重庆 | 2.86 | 3.17 | 0.13 | 0.02 | 0.01 | | 0 |
| 四川 | 140.81 | 174.94 | 239.95 | 285.49 | 315.68 | 351.8 | 36 |
| 云南 | 0.07 | 0.07 | 0.11 | 0.06 | 0.07 | 0.1 | 0 |
| 陕西 | 1242.42 | 1488.94 | 1608.85 | 1764.73 | 1870.10 | 2104.6 | 235 |
| 甘肃 | 1229.26 | 1323.38 | 1432.87 | 1394.36 | 1440.79 | 1400.2 | -41 |
| 青海 | 95.05 | 104.29 | 110.15 | 109.20 | 82.03 | 128.0 | 46 |
| 宁夏 | 167.05 | 174.42 | 156.78 | 183.75 | 182.65 | 175.8 | -7 |
| 新疆 | 1628.77 | 1813.64 | 1873.37 | 1940.53 | 1997.90 | 2308.4 | 311 |

数据来源：《中国能源统计年鉴2011》。

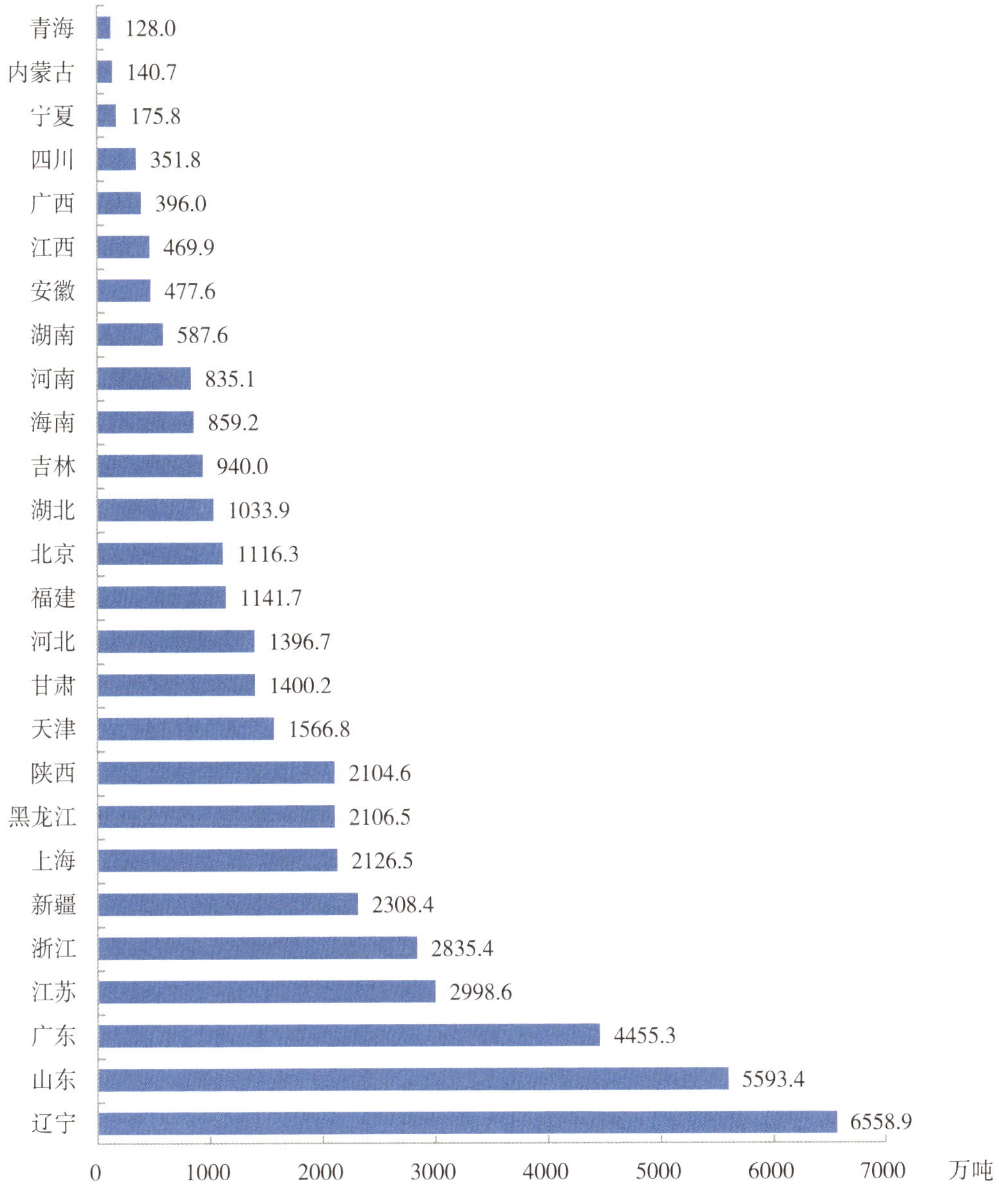


图3-7　2010年中国分地区原油消费排序

分地区看，中国的汽油消费主要集中在经济总量大、物流运输便利和轿车使用比较集中的东部省份。随着“十一五”期间轿车进入家庭速度的加快，东部沿海省份的轿车拥有量急速增加，同时，这些地区作为国内最重要的制造业发展带，物流运输规模不断增加，都提高了对汽油的需求。2010 年地区汽油消费量排名前五的分别是广东、山东、江苏、辽宁和浙江，其中广东的消费量超过千万吨，其余四个省份的汽油消费量也均超过 500 万吨，这五个省份占全国汽油消费总量的四成。地区汽油消费量排名后五的分别是宁夏、青海、海南、甘肃和重庆，这五个省（自治区、直辖市）都是经济总量小或者不发达省份，2010年汽油消费量总和不足300万吨，如表3–8和图3–8所示。

**表 3–8　　2005～2010 年中国分地区汽油消费量　　单位：万吨**

| 地区 | 2005年 | 2006年 | 2007年 | 2008年 | 2009年 | 2010年 |
|---|---|---|---|---|---|---|
| 北京 | 235 | 278 | 325 | 341 | 364 | 372 |
| 天津 | 123 | 128 | 140 | 149 | 181 | 205 |
| 河北 | 222 | 264 | 249 | 211 | 212 | 239 |
| 山西 | 146 | 170 | 195 | 237 | 262 | 228 |
| 内蒙古 | 192 | 261 | 236 | 261 | 280 | 326 |
| 辽宁 | 357 | 394 | 439 | 410 | 464 | 593 |
| 吉林 | 111 | 111 | 112 | 130 | 138 | 167 |
| 黑龙江 | 312 | 345 | 376 | 279 | 319 | 364 |
| 上海 | 224 | 262 | 304 | 340 | 389 | 415 |
| 江苏 | 420 | 450 | 488 | 562 | 586 | 750 |
| 浙江 | 369 | 402 | 444 | 475 | 509 | 587 |
| 安徽 | 86 | 98 | 115 | 127 | 140 | 157 |
| 福建 | 200 | 208 | 264 | 250 | 264 | 333 |
| 江西 | 64 | 66 | 71 | 76 | 77 | 155 |
| 山东 | 444 | 478 | 529 | 589 | 641 | 802 |
| 河南 | 235 | 250 | 211 | 192 | 196 | 297 |
| 湖北 | 344 | 421 | 555 | 624 | 560 | 458 |
| 湖南 | 205 | 236 | 272 | 232 | 246 | 262 |
| 广东 | 706 | 771 | 838 | 887 | 957 | 1086 |
| 广西 | 140 | 174 | 191 | 202 | 216 | 248 |
| 海南 | 21 | 27 | 32 | 39 | 48 | 53 |
| 重庆 | 78 | 86 | 86 | 97 | 91 | 103 |
| 四川 | 224 | 269 | 330 | 376 | 463 | 542 |
| 贵州 | 72 | 81 | 106 | 123 | 130 | 143 |

续表

| 地区 | 2005年 | 2006年 | 2007年 | 2008年 | 2009年 | 2010年 |
|---|---|---|---|---|---|---|
| 云南 | 123 | 128 | 158 | 179 | 193 | 232 |
| 陕西 | 197 | 178 | 287 | 219 | 248 | 255 |
| 甘肃 | 87 | 88 | 88 | 50 | 50 | 57 |
| 青海 | 13 | 15 | 18 | 21 | 23 | 26 |
| 宁夏 | 24 | 19 | 19 | 21 | 21 | 23 |
| 新疆 | 107 | 118 | 125 | 124 | 122 | 131 |

数据来源:《中国能源统计年鉴2011》。

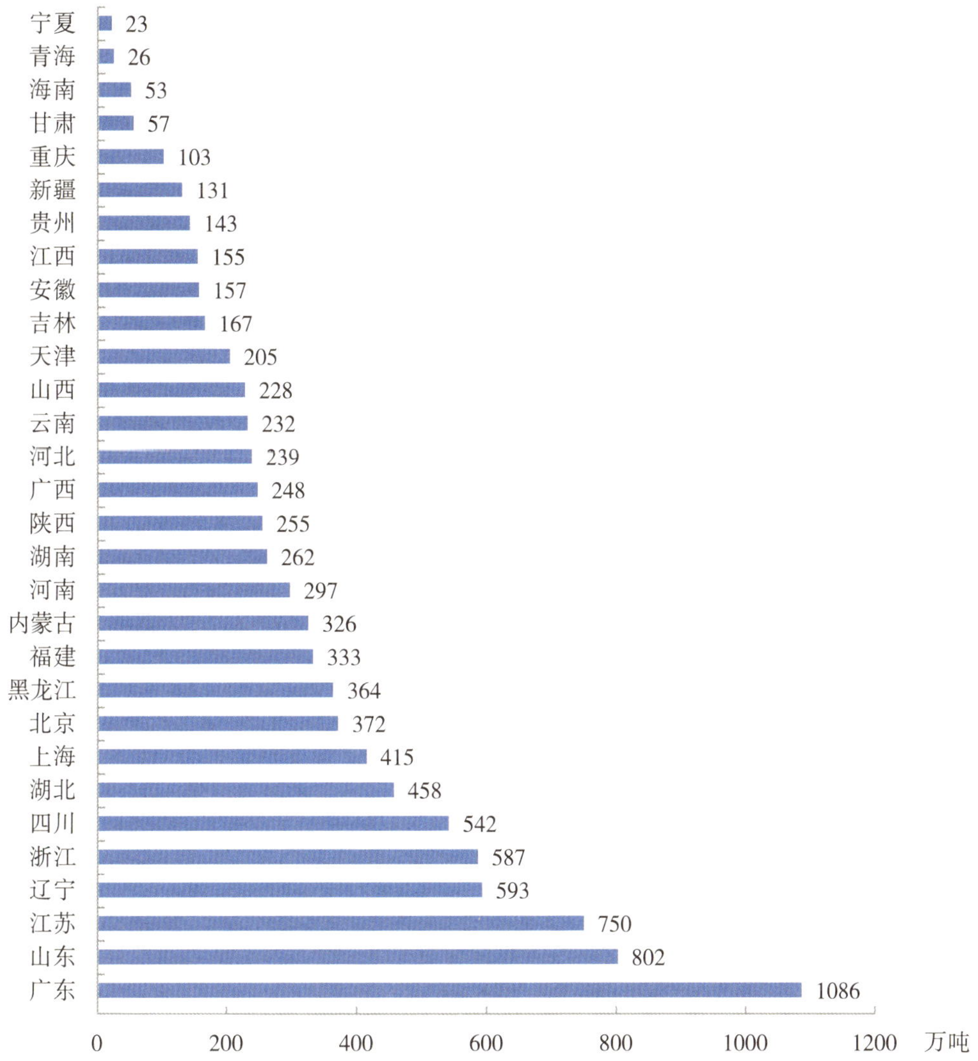


图3-8 2010年中国分地区汽油消费排序

分地区看，中国的柴油消费区域分布特点与汽油比较相似，主要集中在经济总量大、物流运输便利的东部省区。随着“十一五”期间东部沿海省份重化工业的快速发展和物流运输规模的不断增加，对柴油的需求不断增加。2010年地区柴油消费量排名前五的分别是广东、山东、浙江、辽宁和湖北，其中广东、山东的消费量都远远超过千万吨，其余三个省份柴油消费量也都接近或超过900万吨，五个省份占全国柴油消费总量的36%。地区汽油消费量排名后五位分别是青海、宁夏、海南、甘肃和北京，这五个省（自治区、直辖市）都是经济总量小或不发达省份，2010年的柴油消费量总和不到800万吨，如表3-9和图3-9所示。

表3-9　　2005～2010年中国分地区柴油消费量　　单位：万吨

| 地 区 | 2005年 | 2006年 | 2007年 | 2008年 | 2009年 | 2010年 |
|---|---|---|---|---|---|---|
| 北京 | 141 | 177 | 192 | 227 | 240 | 237 |
| 天津 | 221 | 235 | 256 | 290 | 304 | 334 |
| 河北 | 444 | 484 | 533 | 532 | 522 | 692 |
| 山西 | 266 | 317 | 375 | 473 | 507 | 474 |
| 内蒙古 | 380 | 686 | 579 | 686 | 739 | 864 |
| 辽宁 | 464 | 588 | 661 | 778 | 810 | 964 |
| 吉林 | 249 | 269 | 301 | 313 | 328 | 363 |
| 黑龙江 | 473 | 478 | 498 | 441 | 513 | 598 |
| 上海 | 313 | 345 | 380 | 427 | 483 | 509 |
| 江苏 | 515 | 587 | 608 | 646 | 656 | 728 |
| 浙江 | 803 | 842 | 871 | 899 | 897 | 958 |
| 安徽 | 210 | 240 | 259 | 310 | 329 | 366 |
| 福建 | 369 | 391 | 476 | 433 | 413 | 511 |
| 江西 | 302 | 314 | 295 | 288 | 293 | 369 |
| 山东 | 1057 | 1101 | 1188 | 1258 | 1334 | 1448 |
| 河南 | 329 | 346 | 461 | 543 | 526 | 561 |
| 湖北 | 420 | 515 | 625 | 613 | 791 | 649 |
| 湖南 | 336 | 364 | 395 | 376 | 432 | 503 |
| 广东 | 1307 | 1368 | 1438 | 1519 | 1568 | 1669 |
| 广西 | 295 | 309 | 337 | 356 | 414 | 442 |
| 海南 | 63 | 75 | 85 | 94 | 106 | 140 |
| 重庆 | 180 | 187 | 234 | 258 | 274 | 339 |
| 四川 | 287 | 355 | 394 | 474 | 538 | 525 |
| 贵州 | 132 | 172 | 184 | 226 | 235 | 265 |

续表

| 地 区 | 2005年 | 2006年 | 2007年 | 2008年 | 2009年 | 2010年 |
|---|---|---|---|---|---|---|
| 云南 | 284 | 332 | 382 | 412 | 438 | 562 |
| 陕西 | 284 | 312 | 280 | 444 | 493 | 531 |
| 甘肃 | 115 | 118 | 114 | 169 | 186 | 211 |
| 青海 | 62 | 62 | 73 | 78 | 87 | 90 |
| 宁夏 | 68 | 82 | 88 | 97 | 99 | 106 |
| 新疆 | 303 | 341 | 378 | 335 | 332 | 364 |

数据来源：《中国能源统计年鉴2011》。

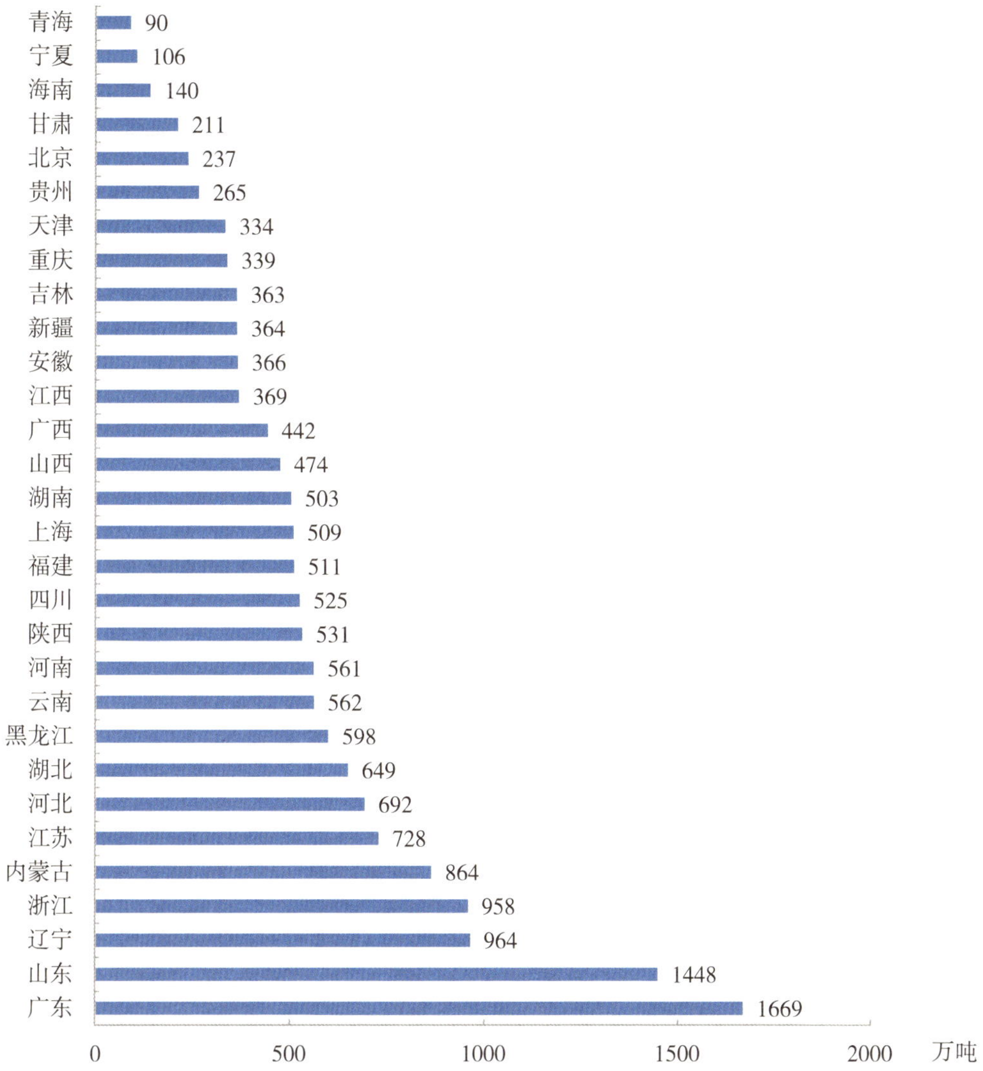


图3-9 2010年中国分地区柴油消费排序

分地区看，中国的煤油消费主要集中于几个大的航空运输的节点区域，煤油90%以上的需求都在航空业。2010年地区煤油消费量排名前五的分别是上海、北京、广东、四川和海南，其中上海、北京的消费量都接近400万吨，五个省（直辖市）占全国煤油消费总量的近七成。地区煤油消费量排名后五的分别是青海、吉林、广西、甘肃和宁夏，这五个省（自治区）航空业普遍不发达，煤油需求市场很小，2010年这五个省（自治区）的煤油消费量不足15万吨，如表3-10和图3-10所示。

表3-10　2005～2010年中国分地区煤油消费量　单位：万吨

| 地区 | 2005年 | 2006年 | 2007年 | 2008年 | 2009年 | 2010年 |
|---|---|---|---|---|---|---|
| 北京 | 189.36 | 233.86 | 277.10 | 318.39 | 341.93 | 392.6 |
| 天津 | 15.12 | 16.36 | 19.38 | 18.13 | 20.73 | 21.4 |
| 河北 | 3.21 | 5.88 | 6.22 | 7.37 | 6.25 | 7.3 |
| 山西 | 8.45 | 10.43 | 11.90 | 14.67 | 16.28 | 14.7 |
| 内蒙古 | 0.40 | 7.24 | 6.44 | 7.24 | 8.28 | 9.4 |
| 辽宁 | 26.40 | 34.89 | 38.15 | 24.99 | 20.62 | 23.3 |
| 吉林 | 1.04 | 1.09 | 0.89 | 1.18 | 1.15 | 1.2 |
| 黑龙江 | 7.28 | 10.25 | 3.85 | 0.51 | 0.31 | 24.1 |
| 上海 | 223.00 | 262.01 | 295.48 | 321.47 | 353.11 | 399.1 |
| 江苏 | 21.55 | 18.41 | 20.79 | 21.45 | 21.18 | 35.7 |
| 浙江 | 40.98 | 46.47 | 49.48 | 54.91 | 62.90 | 70.4 |
| 安徽 | 10.52 | 10.60 | 11.34 | 11.02 | 13.23 | 8.4 |
| 福建 | 32.77 | 36.99 | 49.09 | 51.95 | 50.96 | 56.5 |
| 江西 | 7.14 | 7.95 | 7.80 | 8.01 | 7.65 | 8.5 |
| 山东 | 21.99 | 23.88 | 32.02 | 30.73 | 35.41 | 38.6 |
| 河南 | 13.91 | 16.03 | 17.03 | 16.50 | 25.63 | 30.6 |
| 湖北 | 16.08 | 34.61 | 35.98 | 49.70 | 47.43 | 40.4 |
| 湖南 | 20.48 | 22.83 | 24.50 | 25.41 | 30.44 | 30.3 |
| 广东 | 153.72 | 157.40 | 171.14 | 183.07 | 192.12 | 202.4 |
| 广西 | 6.80 |  | 0.27 | 16.05 | 0.09 | 2.7 |
| 海南 | 62.83 | 66.27 | 75.24 | 80.16 | 90.03 | 87.4 |
| 重庆 | 12.30 | 23.01 | 27.01 | 30.44 | 34.06 | 41.8 |
| 四川 | 93.56 | 105.83 | 128.62 | 126.61 | 155.07 | 173.3 |
| 贵州 | 2.64 | 9.63 | 3.57 | 2.95 | 2.95 | 8.9 |
| 云南 | 28.71 | 35.06 | 36.18 | 38.19 | 37.24 | 47.4 |
| 陕西 | 34.81 | 34.80 | 1.78 | 15.65 | 8.48 | 8.9 |

续表

| 地区 | 2005年 | 2006年 | 2007年 | 2008年 | 2009年 | 2010年 |
|---|---|---|---|---|---|---|
| 甘肃 | 4.61 | 4.68 | 5.48 | 5.51 | 5.45 | 5.0 |
| 青海 | 0.01 | 0.00 | 2.06 | 0.40 | 0.16 | 0.2 |
| 宁夏 | 2.01 | 2.25 | 2.81 | 3.72 | 4.23 | 5.2 |
| 新疆 | 26.12 | 30.88 | 33.28 | 38.15 | 31.40 | 33.3 |

数据来源：《中国能源统计年鉴2011》。

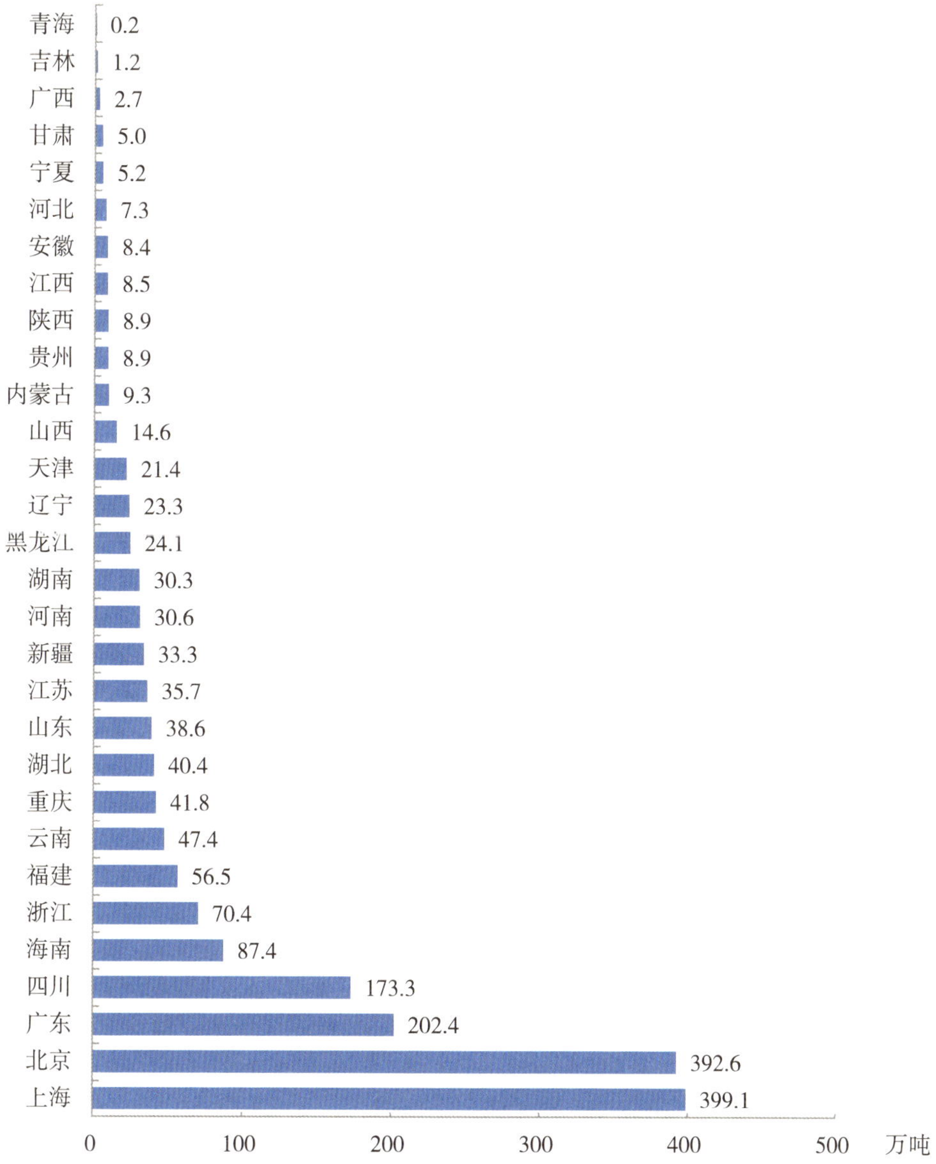


图3–10　2010年中国分地区煤油消费排序

分地区看，中国的燃料油消费主要集中于东部经济发达省份，以工业和交通运输业使用为主。2010年地区燃料油消费量排名前五的分别是山东、上海、广东、辽宁和浙江，其中山东的消费量超过1200万吨，五个省（直辖市）占全国燃料油消费总量的七成多，其中山东省的地方炼厂由于原油供应不足而存在使用燃料油炼制成品油的需求，如表3-11和图3-11所示。

表3-11 2005～2010年中国分地区燃料油消费量 单位：万吨

| 地区 | 2005年 | 2006年 | 2007年 | 2008年 | 2009年 | 2010年 |
|---|---|---|---|---|---|---|
| 北京 | 65.88 | 48.05 | 42.85 | 25.62 | 42.40 | 66.7 |
| 天津 | 112.69 | 107.12 | 89.63 | 92.49 | 94.65 | 143.7 |
| 河北 | 60.78 | 59.33 | 48.31 | 65.82 | 59.76 | 38.5 |
| 山西 | 8.95 | 10.10 | 14.39 | 12.09 | 12.06 | 12.3 |
| 内蒙古 | 25.34 | 13.75 | 7.20 | 13.75 | 19.66 | 15.2 |
| 辽宁 | 189.88 | 230.73 | 224.22 | 379.66 | 299.94 | 356.4 |
| 吉林 | 42.43 | 34.28 | 30.62 | 39.84 | 38.44 | 40.0 |
| 黑龙江 | 39.89 | 44.34 | 47.19 | 69.86 | 88.18 | 88.9 |
| 上海 | 767.95 | 805.29 | 848.61 | 788.73 | 742.79 | 744.3 |
| 江苏 | 257.72 | 201.06 | 236.59 | 218.00 | 217.10 | 157.7 |
| 浙江 | 303.66 | 240.95 | 227.29 | 219.86 | 289.53 | 330.5 |
| 安徽 | 23.88 | 21.62 | 13.24 | 15.60 | 14.26 | 11.7 |
| 福建 | 161.62 | 173.48 | 124.94 | 142.32 | 165.83 | 182.8 |
| 江西 | 31.08 | 26.50 | 20.95 | 26.98 | 22.04 | 23.7 |
| 山东 | 354.43 | 346.31 | 386.24 | 355.43 | 404.87 | 1286.8 |
| 河南 | 78.46 | 70.37 | 62.78 | 46.08 | 25.93 | 18.3 |
| 湖北 | 88.87 | 125.99 | 123.54 | 106.97 | 108.88 | 92.1 |
| 湖南 | 48.09 | 42.04 | 40.20 | 41.41 | 68.39 | 75.2 |
| 广东 | 1600.05 | 1573.72 | 1316.44 | 1077.76 | 894.99 | 646.9 |
| 广西 | 32.96 | 24.07 | 20.85 | 9.92 | 7.38 | 34.6 |
| 海南 | 5.24 | 11.28 | 20.18 | 29.55 | 26.82 | 30.5 |
| 重庆 | 3.61 | 2.66 | 7.84 | 8.14 | 7.59 | 8.6 |
| 四川 | 8.08 | 9.50 | 7.17 | 12.60 | 13.34 | 62.8 |
| 贵州 | 10.39 | 12.01 | 21.19 | 23.16 | 13.47 | 14.4 |
| 云南 | 3.91 | 4.72 | 5.04 | 5.20 | 5.16 | 5.6 |
| 陕西 | 4.43 | 0.99 | 1.13 | 5.93 | 0.03 | 0.1 |
| 甘肃 | 16.03 | 14.05 | 14.33 | 12.73 | 13.39 | 14.6 |

续表

| 地区 | 2005年 | 2006年 | 2007年 | 2008年 | 2009年 | 2010年 |
|---|---|---|---|---|---|---|
| 青海 | 0.02 | 0.06 | 0.22 | 0.13 | 0.16 | 0.1 |
| 宁夏 | 1.80 | 0.98 | 0.53 | 1.98 | 0.52 | 39.8 |
| 新疆 | 17.32 | 19.31 | 22.26 | 27.34 | 22.37 | 15.0 |

数据来源：《中国能源统计年鉴2011》。

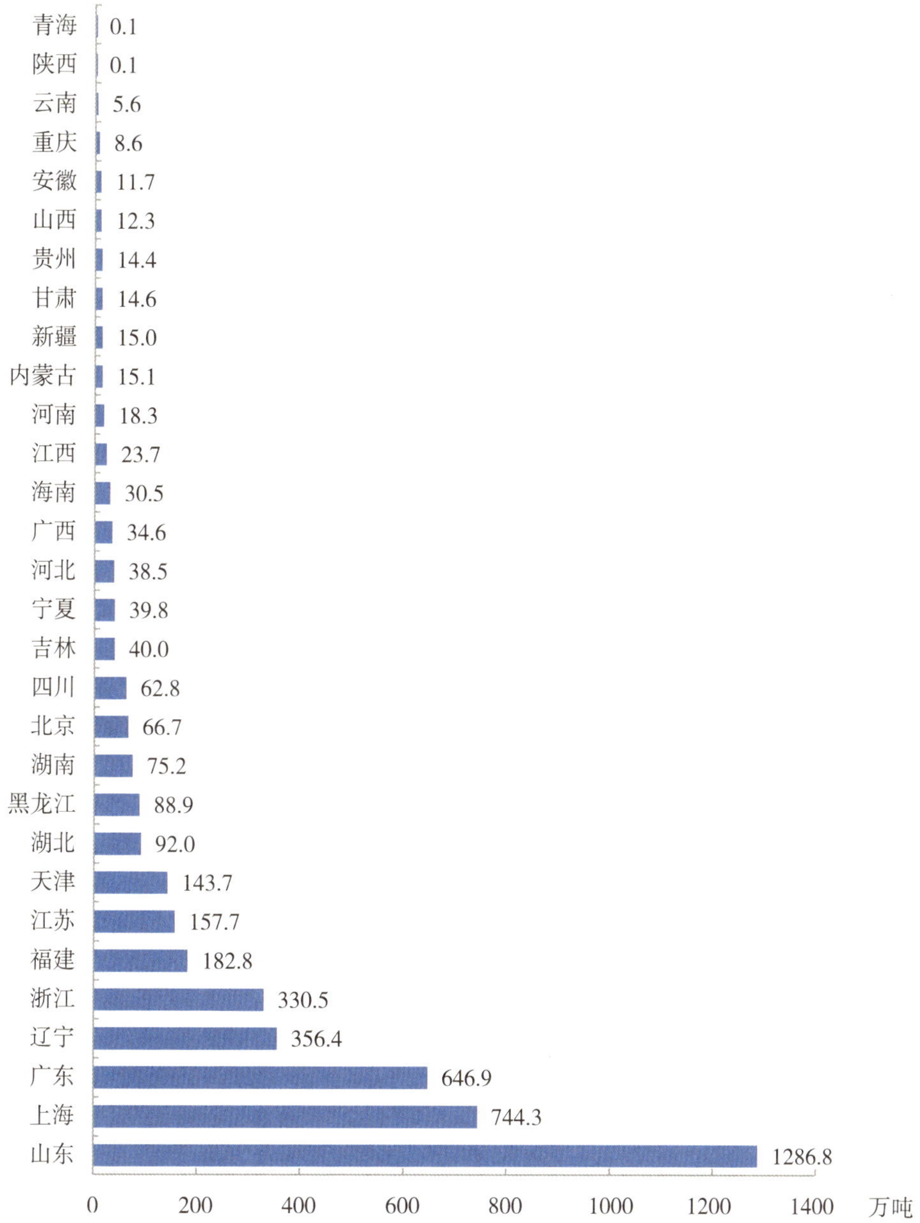


图3-11 2010年中国分地区燃料油消费排序

## 五、石油消费弹性系数较低，消费强度下降5%

从石油消费弹性系数来看，中国年度数据波动较大，而五年平均值从2000年以后呈现逐渐下降的态势，2011年约为0.43，低于“十一五”期间年均0.64，如表3-12所示。其中，在经济危机发生的年份，石油消费的弹性系数出现过相对较低的情况，例如1997～1998年亚洲金融危机期间为0.60，2008～2009年国际金融危机期间为0.57。

表3-12　　1995～2011年中国石油消费弹性系数

| 年份 | GDP年均增长率（%） | 石油消费年均增长率（%） | 弹性系数 |
|---|---|---|---|
| 1995～2000 | 8.6 | 7.3 | 0.84 |
| 2000～2005 | 9.8 | 7.3 | 0.74 |
| 2005～2010 | 11.2 | 7.1 | 0.64 |
| 2011 | 9.2 | 4 | 0.43 |

石油消费强度也是表征石油消费相对大小的指标之一，其定义指石油消费总量与国内生产总值的比例。随着经济的发展及第三产业比重的上升，世界大多数国家或地区的能源效率逐渐提高，石油消费强度逐渐下降。“十一五”期间，我国政府提出了节能减排的目标，各行业的单位产值能耗均有不同程度的下降。根据2011年相关数据测算，每生产一万元GDP要消费约0.13吨石油，比2010年下降5%左右，如图3-12所示。

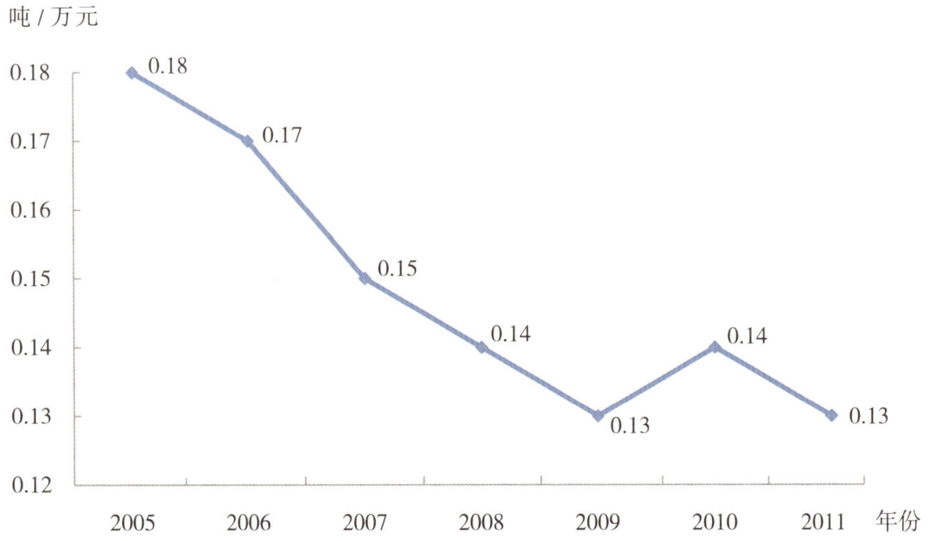


图3-12　2005年以来的中国石油消费强度走势

注：GDP按2005年可比价格计算。

数据来源：《中国能源统计年鉴2011》，2011年数据为预计数。

# 第四章 天然气消费

## 一、天然气消费继续保持较快增长，总量超过1200亿米$^3$

2011 年中国天然气继续保持较快的增长速度，根据国家统计局发布的统计公报，2011 年天然气消费量同比增长 12%，比同期能源消费总量的增长率高 5 个百分点。据此计算，2011 年天然气消费总量为 1204.8 亿米$^3$，比 2010 年的 1075.8 亿米$^3$增加 129 亿米$^3$。尽管 2011 年中国天然气消费保持较快增长，但是与 2010 年相比回落了 8.2 个百分点，较“十一五”期间的平均增长率（18%）低 6 个百分点，如图 4-1 所示。

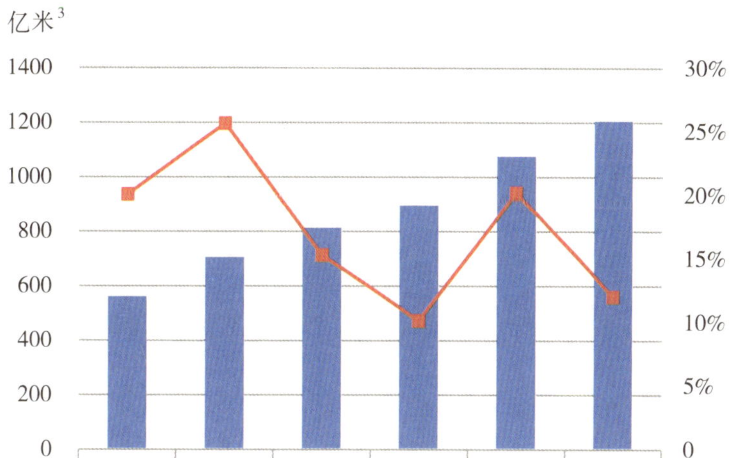


| | 2006年 | 2007年 | 2008年 | 2009年 | 2010年 | 2011年 |
|---|---|---|---|---|---|---|
| 天然气消费总量（亿米$^3$） | 561.4 | 705.2 | 812.9 | 895.2 | 1075.8 | 1204.8 |
| 增长率（%） | 20.1 | 25.6 | 15.3 | 10.1 | 20.2 | 12.0 |

图 4-1 2006～2011 年中国天然气消费总量与增长率

数据来源：2006～2010 年数据来自《中国能源统计年鉴 2011》，2011 年数据为初步计算数。

根据 BP 统计数据，2010 年全球天然气消费总量为 31690 亿米$^3$，中国天然气消费量占全球天然消费总量的比重为 3.4%，略高于日本天然气消费量占世界天然气消费总量的比重，在世界天然气消费量排名中居美国、俄罗斯、伊朗之后排名第四（如表 4-1 所示）。

表 4–1　2005～2010 年世界主要国家和地区天然气消费总量　单位：十亿米$^3$

| 国家/地区 | 2005年 | 2006年 | 2007年 | 2008年 | 2009年 | 2010年 | 2010年占比（%） |
|---|---|---|---|---|---|---|---|
| 世界 | 2781.8 | 2842.4 | 2947.4 | 3026.4 | 2950.2 | 3169.0 | 100.0 |
| OECD国家 | 1422.5 | 1425.3 | 1475.9 | 1500.4 | 1453.0 | 1546.2 | 48.9 |
| 非OECD国家 | 1359.2 | 1417.1 | 1471.5 | 1526.0 | 1497.2 | 1622.8 | 51.1 |
| 美国 | 623.3 | 614.1 | 654.0 | 658.9 | 646.7 | 683.4 | 21.7 |
| 俄罗斯 | 400.3 | 408.5 | 422.1 | 416.0 | 389.6 | 414.1 | 13.0 |
| 伊朗 | 105.0 | 108.7 | 113.0 | 119.3 | 131.4 | 136.9 | 4.3 |
| 中国 | 46.8 | 56.1 | 70.5 | 81.3 | 89.5 | 109.0 | 3.4 |
| 日本 | 78.6 | 83.7 | 90.2 | 93.7 | 87.4 | 94.5 | 3.0 |
| 英国 | 95.0 | 90.1 | 91.1 | 93.8 | 86.7 | 93.8 | 3.0 |
| 加拿大 | 97.8 | 96.9 | 95.2 | 95.5 | 94.4 | 93.8 | 3.0 |
| 沙特阿拉伯 | 71.2 | 73.5 | 74.4 | 80.4 | 78.5 | 83.9 | 2.6 |
| 德国 | 86.2 | 87.2 | 82.9 | 81.2 | 78.0 | 81.3 | 2.6 |
| 意大利 | 79.1 | 77.4 | 77.8 | 77.8 | 71.5 | 76.1 | 2.4 |
| 墨西哥 | 53.8 | 60.9 | 62.8 | 66.4 | 66.6 | 68.9 | 2.2 |
| 印度 | 35.7 | 37.3 | 40.1 | 41.3 | 51.0 | 61.9 | 1.9 |
| 阿拉伯联合酋长国 | 42.1 | 43.4 | 49.2 | 59.5 | 59.1 | 60.5 | 1.9 |
| 乌克兰 | 69.0 | 67.0 | 63.2 | 60.0 | 47.0 | 52.1 | 1.6 |
| 法国 | 44.0 | 42.1 | 42.4 | 43.8 | 42.2 | 46.9 | 1.5 |
| 乌兹别克斯坦 | 42.7 | 41.9 | 45.9 | 48.7 | 43.5 | 45.5 | 1.4 |
| 埃及 | 31.6 | 36.5 | 38.4 | 40.8 | 42.5 | 45.1 | 1.4 |
| 泰国 | 32.5 | 33.3 | 35.4 | 37.4 | 39.2 | 45.1 | 1.4 |
| 荷兰 | 39.3 | 38.1 | 37.0 | 38.6 | 38.9 | 43.6 | 1.4 |
| 阿根廷 | 40.4 | 41.8 | 43.9 | 44.4 | 43.2 | 43.3 | 1.4 |
| 韩国 | 30.4 | 32.0 | 34.7 | 35.7 | 33.9 | 42.9 | 1.4 |
| 印度尼西亚 | 33.2 | 33.2 | 31.3 | 33.3 | 37.4 | 40.3 | 1.3 |
| 巴基斯坦 | 35.5 | 36.1 | 36.8 | 37.5 | 38.4 | 39.5 | 1.2 |
| 土耳其 | 26.9 | 30.5 | 36.1 | 37.5 | 35.7 | 39.0 | 1.2 |
| 马来西亚 | 31.4 | 33.7 | 33.4 | 33.8 | 33.7 | 35.7 | 1.1 |
| 西班牙 | 32.4 | 33.7 | 35.1 | 38.6 | 34.6 | 34.4 | 1.1 |
| 委内瑞拉 | 27.4 | 31.5 | 29.6 | 31.5 | 30.5 | 30.7 | 1.0 |
| 澳大利亚 | 22.0 | 25.3 | 27.6 | 28.8 | 30.7 | 30.4 | 1.0 |

数据来源：BP，Statistical Review of World Energy 2011。

尽管中国已是全球第四大天然气消费国，但不管是从总量上还是从人均消费量上看，中国天然气消费水平也依然较低。2010 年中国天然气消费总量仅为美国的 16%、俄罗斯的 26%。从人均消费水平看，2011 年中国人均天然气消费量为 90 米$^3$/ 人，仅为 2009 年世界平均水平（439 米$^3$/ 人）的 20%、OECD 国家平均水平（1190 米$^3$/ 人）的 7.5%、美国（2112 米$^3$/ 人）的 4%、加拿大（2815 米$^3$/ 人）3%、沙特阿拉伯（3125 米$^3$/ 人）的 2.9%，如图 4-2 所示。

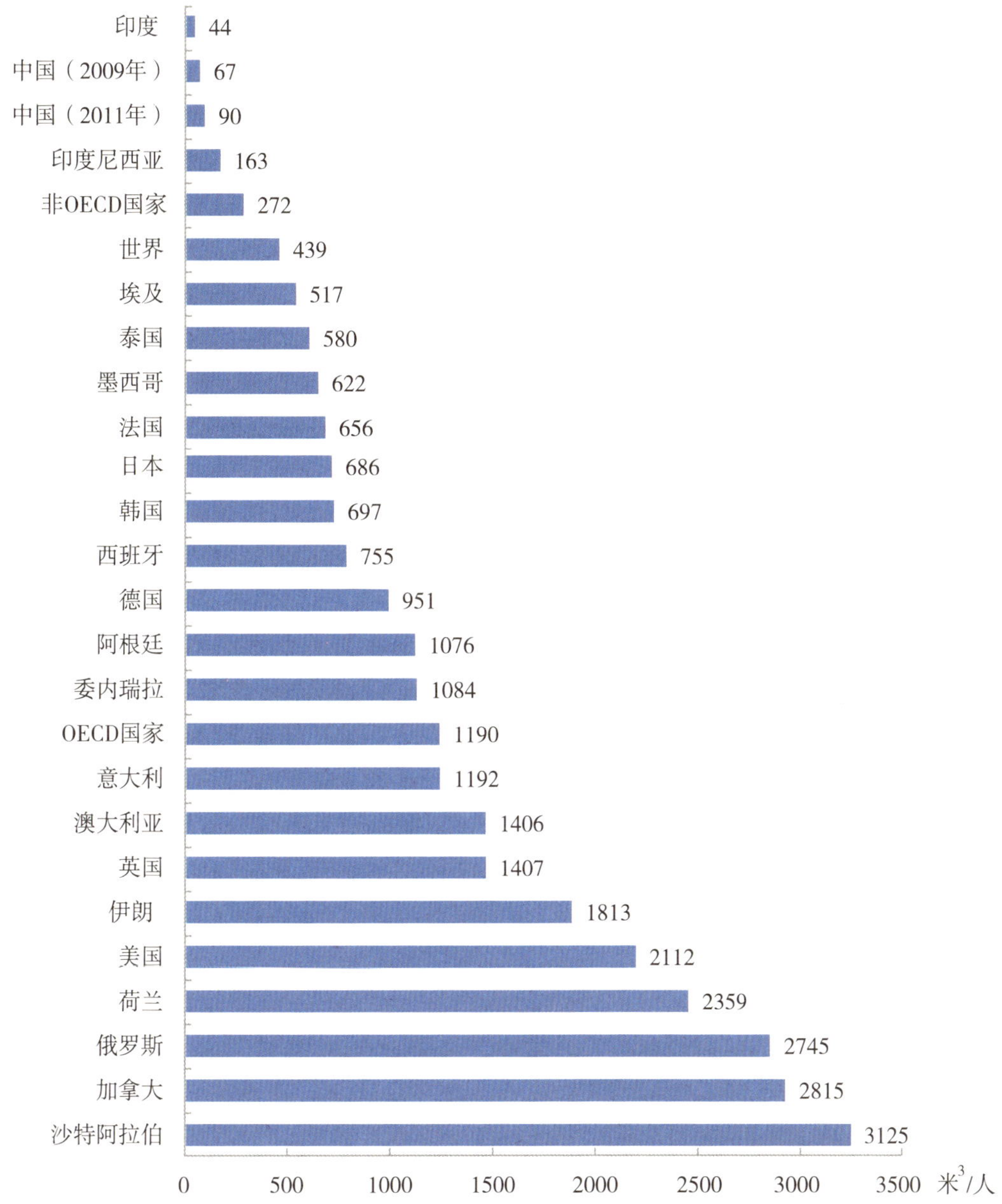


**图 4-2　2009 年世界主要国家和地区人均天然气消费量比较**

数据来源：人均天然气消费量来自 BP，年中人口数来自 IEA。

## 二、天然气消费结构多元化发展，工业用气比重下降

分行业看，中国的天然气消费主要集中在石油开采、化工、电力、交通运输和居民生活等领域。2010年，其用气比重分别为12.3%、17.4%、16.8%、9.9%和21.1%，累计占比77.5%，如表4-2所示。

表4-2　　2005～2010年中国分行业天然气消费量　　单位：亿米$^3$

| 行业 | 2005年 | 2006年 | 2007年 | 2008年 | 2009年 | 2010年 | 2010年占比（%） |
|---|---|---|---|---|---|---|---|
| 消费总量 | 467.63 | 561.41 | 705.23 | 812.94 | 895.20 | 1075.75 | |
| 工业 | 328.79 | 383.97 | 479.67 | 531.60 | 577.90 | 687.25 | 63.9 |
| 采掘业 | 83.26 | 81.72 | 90.97 | 109.67 | 122.93 | 137.20 | 12.8 |
| 石油和天然气开采业 | 78.88 | 77.44 | 85.89 | 104.41 | 117.40 | 132.61 | 12.3 |
| 制造业 | 219.37 | 263.12 | 309.08 | 337.92 | 321.14 | 357.70 | 33.3 |
| 石油加工、炼焦及核燃料加工业 | 18.26 | 21.03 | 25.00 | 26.03 | 26.72 | 40.04 | 3.7 |
| 化学原料及化学制品制造业 | 141.44 | 177.42 | 207.05 | 200.03 | 176.84 | 187.28 | 17.4 |
| 非金属矿物制品业 | 23.81 | 23.78 | 28.91 | 43.75 | 44.62 | 42.72 | 4.0 |
| 黑色金属冶炼及压延加工业 | 9.76 | 11.22 | 13.15 | 17.06 | 18.81 | 20.42 | 1.9 |
| 交通运输设备制造业 | 4.92 | 5.65 | 6.62 | 11.62 | 12.18 | 12.97 | 1.2 |
| 电力、煤气及水生产和供应业 | 26.16 | 39.13 | 79.62 | 84.01 | 133.82 | 192.35 | 17.9 |
| 电力、热力的生产和供应业 | 18.78 | 29.49 | 70.74 | 73.92 | 127.91 | 180.80 | 16.8 |
| 燃气生产和供应业 | 7.33 | 9.58 | 8.80 | 9.99 | 5.79 | 11.36 | 1.1 |
| 交通运输、仓储和邮政业 | 38.01 | 47.24 | 46.88 | 71.55 | 91.07 | 106.70 | 9.9 |
| 批发、零售业和住宿、餐饮业 | 10.79 | 13.16 | 17.11 | 17.75 | 23.96 | 27.24 | 2.5 |
| 其他行业 | 9.12 | 12.77 | 16.09 | 20.92 | 23.64 | 26.00 | 2.4 |
| 生活消费 | 79.43 | 102.62 | 143.39 | 170.12 | 177.67 | 226.90 | 21.1 |

数据来源：《中国能源统计年鉴2011》。

2000 年以来，随着陕京线、“西气东输”、“川气东送”等长距离输气管道的建成投产和城市配气管网等基础设施的完善，中国的天热气消费结构由原来的以化工用气和油气田工业生产燃料用气为主转向多元化发展，城市燃气成为增长最快的用气部门。2000～2009 年，城市燃气比重由 18% 快速增长至 35%，工业燃料由 41% 降至 29%，化工用气由 37% 降至 20%，发电用气由 4% 增至 15%。2005～2010 年中国天然气消费重点部门消费结构变化，如图 4-3 所示。

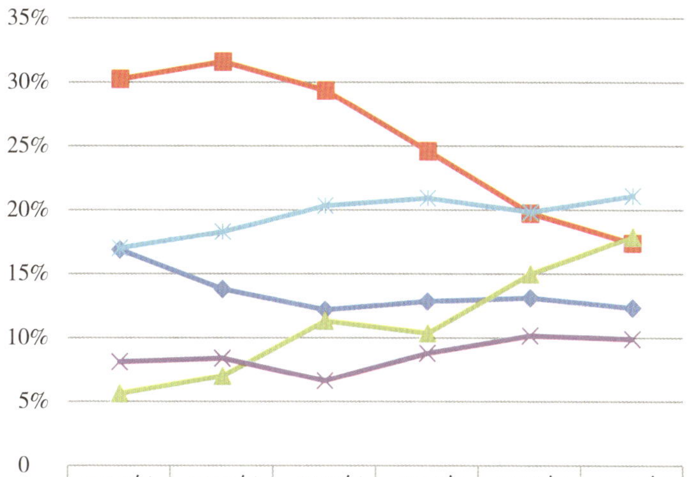


| | 2005年 | 2006年 | 2007年 | 2008年 | 2009年 | 2010年 |
|---|---|---|---|---|---|---|
| 化工消费（%） | 30.2 | 31.6 | 29.4 | 24.6 | 19.8 | 17.4 |
| 油气开采消费（%） | 16.9 | 13.8 | 12.2 | 12.8 | 13.1 | 12.3 |
| 发电供热消费（%） | 5.6 | 7.0 | 11.3 | 10.3 | 14.9 | 17.9 |
| 交通消费（%） | 8.1 | 8.4 | 6.6 | 8.8 | 10.2 | 9.9 |
| 生活消费（%） | 17.0 | 18.3 | 20.3 | 20.9 | 19.8 | 21.1 |

图 4-3　2005～2010 年中国天然气消费重点部门消费结构变化

2011 年，由于城市燃气用户不断增多，城市燃气消费量继续保持增长，比重小幅上涨。发电用气大幅增加，受夏季气温较高影响，江苏、浙江、广东等地的天然气发电利用率提高带动发电用气大幅增加，日均用气量仅次于冬季采暖期。随着中国天然气供应的增加，为了缓解节能减排压力，多地工业企业实施“油改气”或“煤改气”工程，工业用气稳定增长。化工企业受资源供应和价格制约，经营状况不佳化工用气比重持续下降。

与世界平均水平特别是发达国家比较，中国天然气消费中，工业染料和化工等非燃料用途的比例偏高，而用于发电和城市染料的比重偏低，如图 4–4 所示。天然气消费结构多元化发展仍然是今后一段时期天然气消费的特征。特别是随着各省区城市管网的快速推进，中国城市燃气替代液化石油气（Liquefied Petroleum Gas，LPG）和人工煤气的步伐将加快，城市燃气利用将保持快速增长。另外，随着车用燃油价格的上涨以及加气站等基础设施的不断完善，天然气的清洁、环保和经济性将充分体现，汽车用气将快速增长。与此同时，陶瓷、玻璃和电子等领域的工业用气以及化工用气的比重将进一步下降。

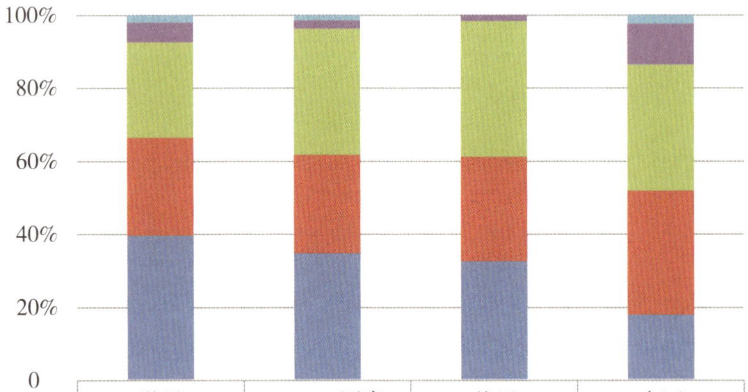


| | 世界 | OECD国家 | 美国 | 中国 |
|---|---|---|---|---|
| 其他（%） | 2.0 | 1.5 | 0.0 | 2.4 |
| 非燃料用途（%） | 5.4 | 2.2 | 1.7 | 11.3 |
| 居民、商业（%） | 26.2 | 34.6 | 37.2 | 34.4 |
| 工业（%） | 26.8 | 26.9 | 28.6 | 33.9 |
| 发电供热（%） | 39.6 | 34.7 | 32.5 | 17.9 |

**图 4–4　2009 年分用途天然气消费结构的国际比较**

注：“工业”包括能源部门自身消费的天气然，“其他”包括第一产业终端消费和液化等中间消耗等。

数据来源：根据 IEA 各国能源平衡表计算。

## 三、天然气消费区域进一步扩大，东部经济发达地区占主导

随着陕京线、“西气东输”、涩宁兰、忠武线、“川气东送”等长输管道的建成，川渝、塔里木、长庆、青海四大气区的天然气实现了全面外输，天然气消费地区也逐渐由油气田周边向中东部经济发达地区转移，继而在全国范围内扩展。截至目前，中国 31 个省（自治区、直辖市）已全部使用天然气。长三角、环渤海、东南沿海等东部经济发达地区天然气消费量超过全国消费总量的 40%。2011 年 10 月 26 日，

中国石油在西藏拉萨建设的第一座天然气站工程建成投产，结束了拉萨市作为省会城市唯一没有使用天然气的历史。西藏城市燃气工程分三期建设，一期工程包括拉萨天然气站1座，加气站2座，每年将向拉萨市供应3000万米$^3$天然气，替代3.6万吨标准煤，减少7万吨二氧化碳及2.45万吨粉尘排放，解决拉萨市1/3人口的生活用气、拉萨市所有出租车和公交车用气及拉萨经济技术开发区企业用气。

从中国天然气地区消费分布来看，各地区差别较大。2010年，华东地区天然气消费量居首位，为240.83亿米$^3$，西南地区消费量略低于华东地区，为239.47亿米$^3$。华北地区和西北地区的天然气消费量也较大，分别为201.41亿米$^3$和192.75亿米$^3$。相比之下，华南、华中和东北地区天然气消费量较低，如图4-5所示。

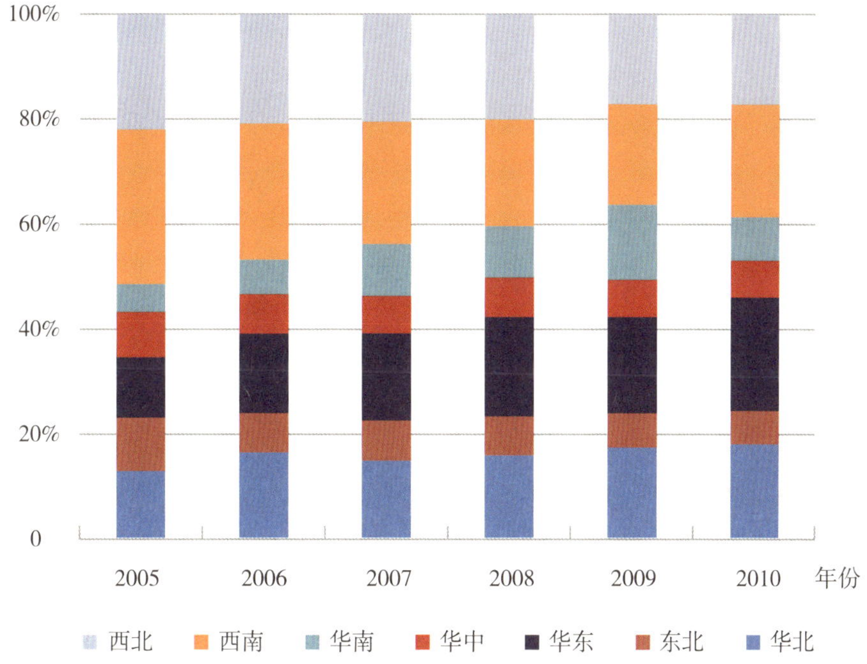


图4-5　2005～2010年中国各地区天然气消费量对比

具体到省区，2010年，全国各省份中天然气消费量最大的是四川，为175.26亿米$^3$，天然气消费量最小是广西仅为1.70亿米$^3$。从人均天然气消费量来看，青海人均消费量最高，为423.51米$^3$/人；广西最低，仅为3.59米$^3$/人，如图4-6所示。

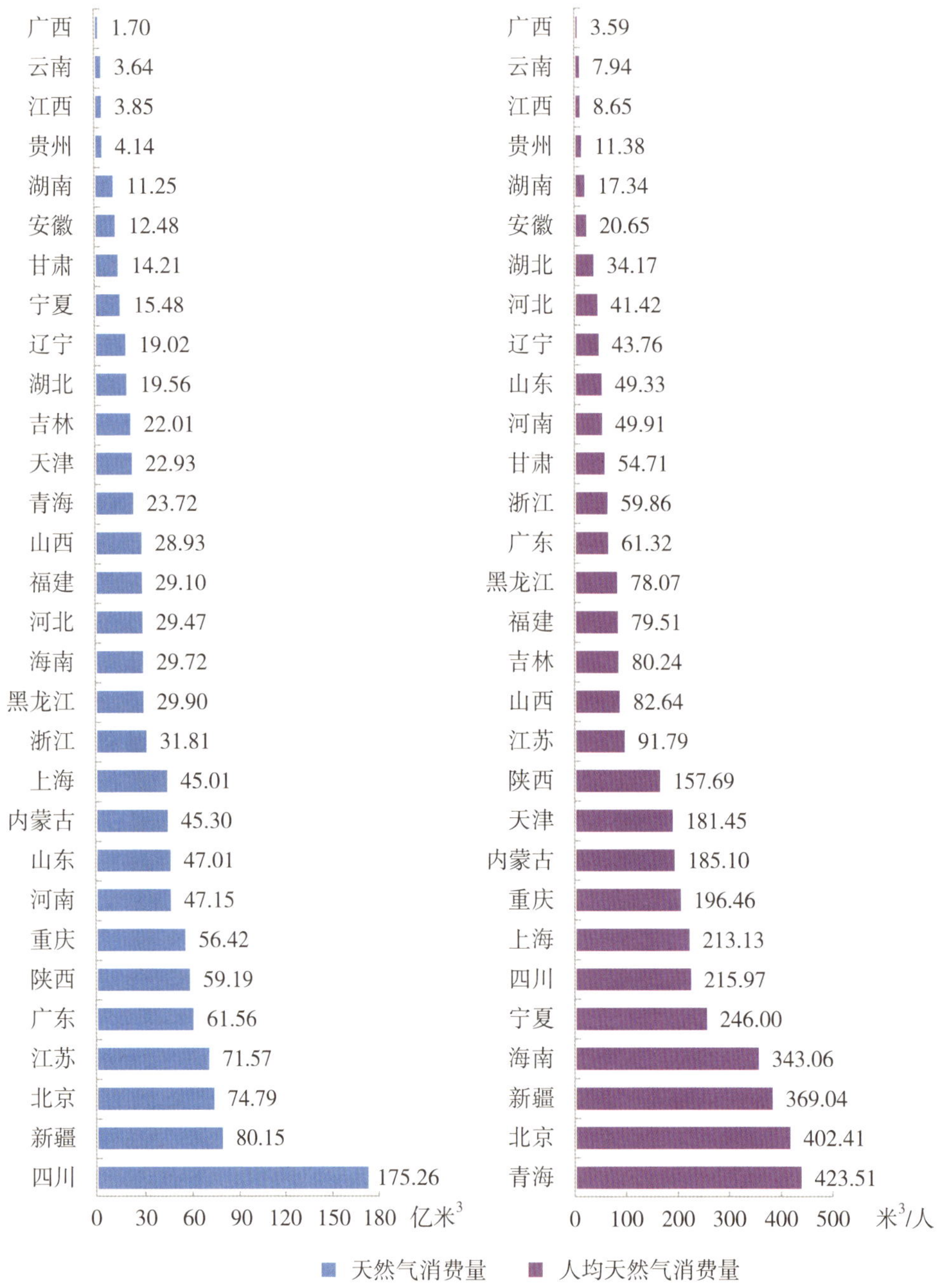


**图4-6　2010年分地区天然气消费量与人均天然气消费量**

注：由于西藏天然气消费量较小，未在图中显示。

数据来源：天然气消费量数据来自《中国能源统计年鉴2011》，人口数来自《中国统计年鉴2010》和《中国统计年鉴2011》。

# 第五章 电力消费

## 一、全社会用电量跃居世界第一，人均电力消费量仍然较低

2011年，中国全社会用电量达到4.7万亿千瓦·时，比2010年的4.2万亿千瓦·时增加近5000亿千瓦·时，同比增长11.7%，增长率比2010年降低3.1个百分点，但比“十一五”期间的年均增长率高0.46个百分点，如图5-1所示。日均全社会用电量129亿千瓦·时，比2010年增加13.5亿千瓦·时。

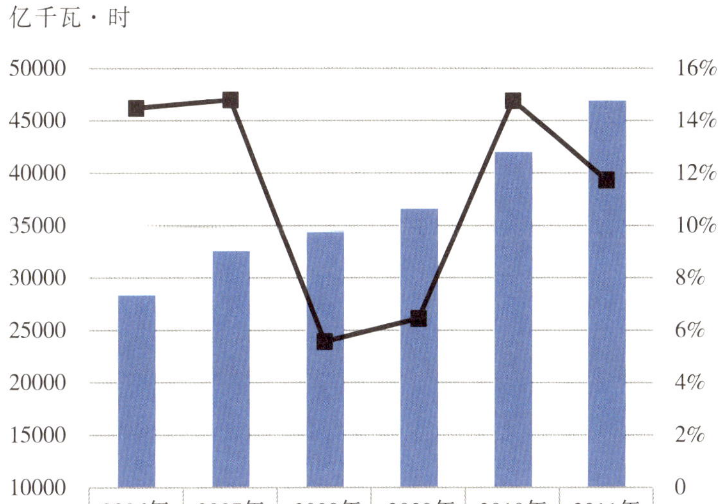


| | 2006年 | 2007年 | 2008年 | 2009年 | 2010年 | 2011年 |
|---|---|---|---|---|---|---|
| 全社会用电总量(亿千瓦·时) | 28368 | 32565 | 34380 | 36598 | 41999 | 46928 |
| 增长率(%) | 14.5 | 14.8 | 5.6 | 6.5 | 14.8 | 11.7 |

**图5-1 2006~2011年中国电力消费总量与增长率**

数据来源：中国电力企业联合会。

根据EIA 2011年4月发布的《短期能源展望》，2010年美国全社会用电量为4.35万亿千瓦·时，预计2011年美国全社会用电量为4.4万亿千瓦·时左右，如图5-2所示。据此推算，2011年中国全社会用电量跃居世界第一，超过美国（3000亿千瓦·时）。这在中国电力工业发展史上具有重要的标志性意义。

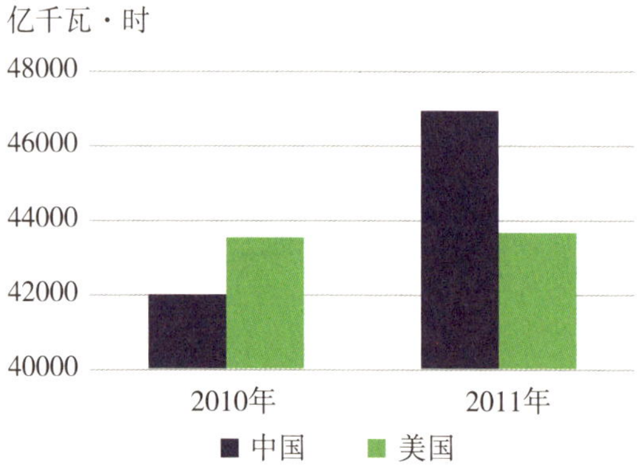


图5-2　2010、2011年中国、美国全社会用电量比较

尽管从总量上看，中国已成为世界上第一大电力消费国，但是从人均水平上看，中国的电力消费仍处于一个较低的水平。2011年中国人均全社会用电量为3491千瓦·时/人，比2010年的3135千瓦·时/人增加356千瓦·时/人。按照国际上计算人均用电量的惯例，扣除线损电量后，2011年中国人均用电量约为3300千瓦·时/人，比2010年增加近350千瓦·时/人。

根据IEA统计数据，2009年世界人均用电量为2730千瓦·时/人。加拿大人均用电量最高，为15467千瓦·时/人；美国次之，为12884千瓦·时/人。2011年中国人均用电量相当于2009年世界人均用电量的1.2倍，为加拿大的21%、美国的25%、OECD国家平均水平的40%。在“金砖”国家中低于俄罗斯和南非，高于巴西和印度，如图5-3所示。

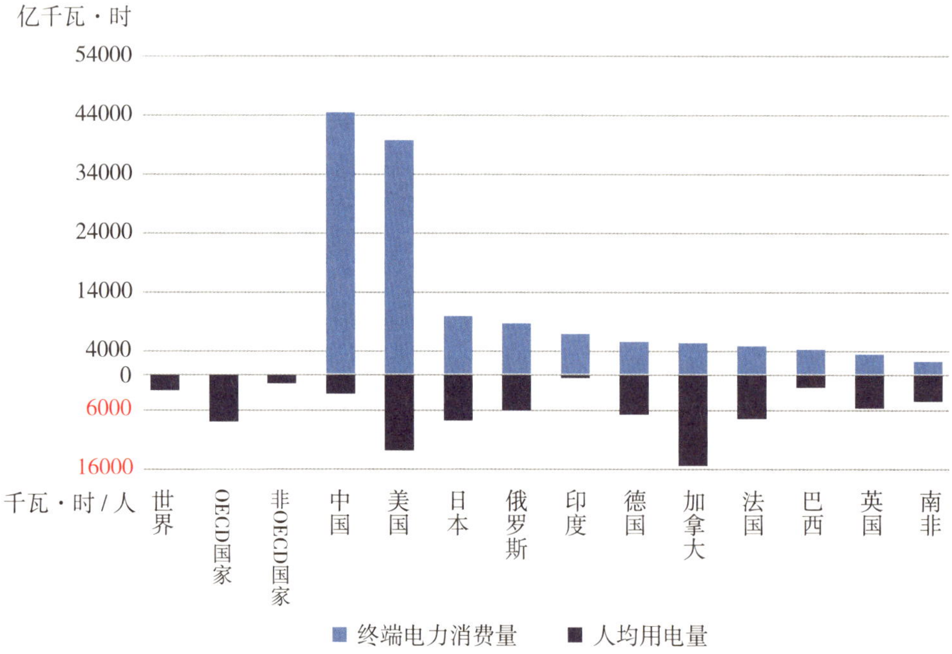


图5-3　2009年部分国家和地区终端电力消费量与人均电力消费量比较

注：终端电力消费量为全社会用电量减去线损电量；人均电力消费量为终端电力消费量除以年中人口数。

数据来源：根据IEA各国能源平衡表计算，中国数据为2011年数，其他国家和地区为2009年数。

从生活用电看，中国人均电力消费水平更低。2011 年中国人均生活用电量为 420 千瓦·时 / 人。根据 IEA 统计数据，2009 年世界人均生活用电量为 700 千瓦·时 / 人，加拿大人均生活用电量最高，为 4751 千瓦·时 / 人，美国次之，为 4431 千瓦·时 / 人。2011 年中国人均生活用电量相当于 2009 年世界人均水平的 60%、加拿大的 8.8%、美国的 9.5%、OECD 国家的 18%。在“金砖”国家中，低于南非、俄罗斯、巴西，高于印度，约为印度的4倍，如图5-4所示。

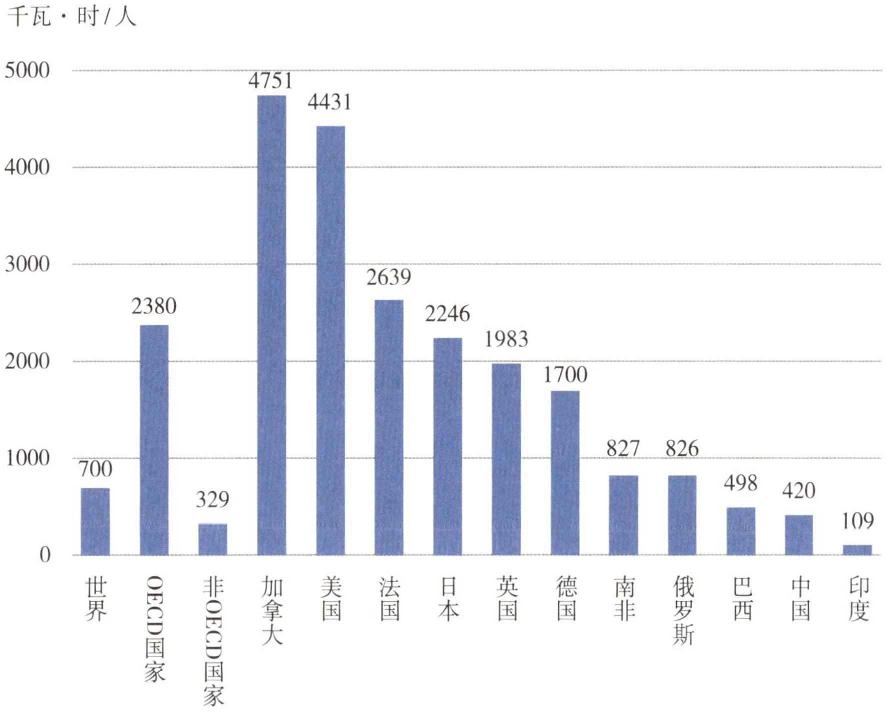


图5-4　2009年主要国家和地区人均生活用电比较

注：中国数据为2011年数，其他国家和地区为2009年数。

数据来源：根据IEA数据计算。

## 二、重工业用电比重提高，第一产业、居民生活用电比重有所下降

分行业看，2011 年中国第一产业用电量为 1015 亿千瓦·时，同比上升 3.9%；第二产业用电量为 35185 亿千瓦·时，同比增长 11.9%；第三产业用电量为 5082 亿千瓦·时，同比增长 13.5%；城乡居民生活用电量为5646亿千瓦·时，同比增长10.2%。

在第二产业中，化工、建材、黑色金属冶炼、有色金属冶炼四大行业合计用电量为15408亿千瓦·时，同比增长12.7%，增长率比上年降低5.4个百分点，在经济放缓形势下，四大行业中除有色金属冶炼行业外其他三个行业用电增速有所下降，除黑色金属冶炼行业外其他三个行业用电增速仍高于工业用电增速；占全社会用电量的32.7%，比上年同期提高0.3个百分点。

2011年重工业用电量占全社会用电量比重为61.7%，比2010年回升0.4个百分点，在重工业的带动下，第二产业用电量所占比重为75.0%，比2010年提高0.2个百分点。第三产业用电量所占比重提高0.1个百分点，而第一产业、居民生活用电所占比重分别比2010年下降0.1、0.2个百分点，如图5-5所示。

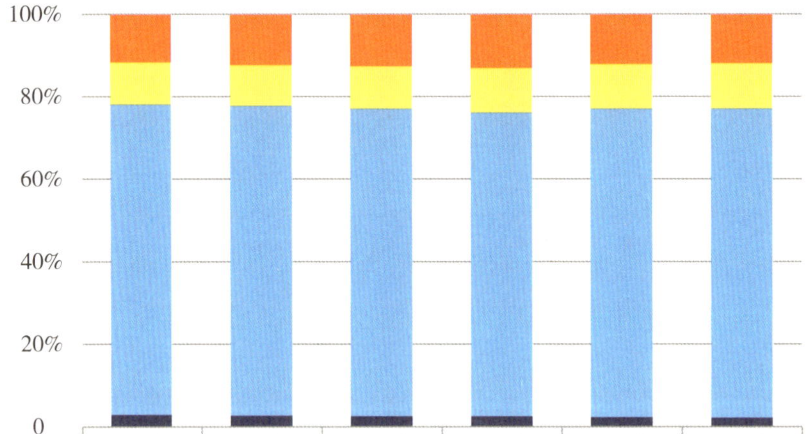


| | 2006年 | 2007年 | 2008年 | 2009年 | 2010年 | 2011年 |
|---|---|---|---|---|---|---|
| 生活消费（%） | 11.7 | 12.4 | 12.7 | 13.2 | 12.2 | 12.0 |
| 第三产业（%） | 10.0 | 9.7 | 10.1 | 10.6 | 10.7 | 10.8 |
| 第二产业（%） | 75.3 | 75.2 | 74.6 | 73.7 | 74.8 | 75.0 |
| 第一产业（%） | 2.9 | 2.7 | 2.6 | 2.5 | 2.3 | 2.2 |

**图5-5　2006～2011年中国分行业电力消费结构**

数据来源：2006～2010年数据来自《中国能源统计年鉴2011》，2011年数据来自《电力工业统计快报》。

从图5-5看出，2006～2011年，中国的用电结构没有发生根本性的变化，第二产业用电仍占主导地位，占全社会用电量的比重为75%。按照IEA统计口径，2009年，世界终端能源消费（不包括厂用电和线损电量）中，第一产业、第二产业、第三产业和居民生活用电比重分别为2.6%、40.2%、28.9%和28.3%。在OECD国家中，这一比重分别为1%、31%、35.5%和32.5%；在美国，第二产业用电比重为21.9%，第三产业和生活用电比重分别为40.7%和37.4%（如图5-6所示）。而同期中国，第二产业比重占66.4%，高出世界平均水平26个百分点，比非OECD国家高15个百分点。2009年中国终端消费中生活和商业用电比重为30%，比世界平均水平低27个百分点，比美国低58个百分点。

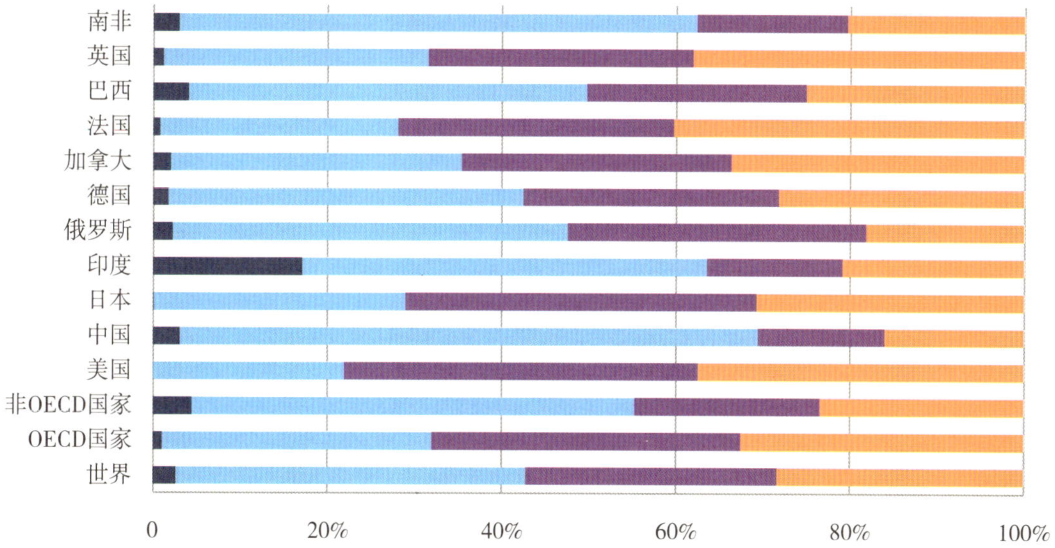


| | 世界 | OECD国家 | 非OECD国家 | 美国 | 中国 | 日本 | 印度 | 俄罗斯 | 德国 | 加拿大 | 法国 | 巴西 | 英国 | 南非 |
|---|---|---|---|---|---|---|---|---|---|---|---|---|---|---|
| ■ 第一产业（%） | 2.6 | 1.0 | 4.5 | 0 | 3.1 | 0.1 | 17.1 | 2.2 | 1.7 | 2.0 | 0.8 | 4.1 | 1.2 | 3.0 |
| ■ 第二产业（%） | 40.2 | 31.0 | 50.8 | 21.9 | 66.4 | 28.9 | 46.5 | 45.4 | 40.8 | 33.4 | 27.4 | 45.7 | 30.4 | 59.4 |
| ■ 第三产业（%） | 28.9 | 35.5 | 21.3 | 40.7 | 14.6 | 40.4 | 15.6 | 34.3 | 29.4 | 31.0 | 31.7 | 25.2 | 30.4 | 17.3 |
| ■ 生活消费（%） | 28.3 | 32.5 | 23.4 | 37.4 | 15.9 | 30.6 | 20.8 | 18.0 | 28.1 | 33.6 | 40.2 | 25.0 | 38.0 | 20.3 |

**图5-6　2009年终端电力消费结构的国际比较**

数据来源：根据IEA数据计算。

## 三、东部地区用电占比53%，但中西部地区用电增速较快

分地区看，中国电力消费主要集中在经济较为发达的东部地区。2011年用电量排名前六的地区是广东、江苏、山东、浙江、河北与河南，这六个省份的用电量都超过2000亿千瓦·时，其中广东、江苏、山东和浙江的用电量超过3000亿千瓦·时（如表5-1和图5-7所示）。

表5-1　　2006～2011年中国分地区用电量　　单位：亿千瓦·时

| 地区 | 2006年 | 2007年 | 2008年 | 2009年 | 2010年 | 2011年 | 2011年增长率（%） |
|---|---|---|---|---|---|---|---|
| 全国 | 28368 | 32565 | 34380 | 36598 | 41999 | 46928 | 11.7 |
| 广东 | 3004 | 3394 | 3507 | 3610 | 4060 | 4399 | 8.3 |
| 江苏 | 2570 | 2952 | 3118 | 3314 | 3864 | 4286 | 10.9 |
| 山东 | 2272 | 2596 | 2727 | 2941 | 3298 | 3640 | 10.4 |

续表

| 地区 | 2006年 | 2007年 | 2008年 | 2009年 | 2010年 | 2011年 | 2011年增长率（%） |
|---|---|---|---|---|---|---|---|
| 浙江 | 1909 | 2189 | 2323 | 2471 | 2821 | 3117 | 10.5 |
| 河北 | 1735 | 2014 | 2095 | 2344 | 2692 | 2979 | 10.7 |
| 河南 | 1524 | 1808 | 1971 | 2081 | 2354 | 2657 | 12.9 |
| 内蒙古 | 885 | 1160 | 1221 | 1288 | 1537 | 1880 | 22.3 |
| 辽宁 | 1228 | 1360 | 1412 | 1488 | 1715 | 1862 | 8.6 |
| 四川 | 1059 | 1178 | 1213 | 1325 | 1549 | 1746 | 12.7 |
| 山西 | 1098 | 1349 | 1314 | 1268 | 1460 | 1645 | 12.7 |
| 福建 | 867 | 1000 | 1074 | 1135 | 1315 | 1513 | 15.1 |
| 湖北 | 877 | 989 | 1059 | 1135 | 1330 | 1446 | 8.7 |
| 上海 | 990 | 1072 | 1138 | 1153 | 1296 | 1337 | 3.2 |
| 湖南 | 769 | 891 | 917 | 1011 | 1172 | 1277 | 9.0 |
| 安徽 | 662 | 769 | 859 | 952 | 1078 | 1218 | 13.0 |
| 云南 | 646 | 746 | 829 | 891 | 1004 | 1186 | 18.1 |
| 广西 | 579 | 681 | 761 | 856 | 993 | 1112 | 12.0 |
| 陕西 | 581 | 654 | 708 | 740 | 859 | 969 | 12.8 |
| 贵州 | 582 | 669 | 679 | 750 | 835 | 940 | 12.6 |
| 甘肃 | 536 | 615 | 678 | 706 | 804 | 922 | 14.7 |
| 江西 | 446 | 511 | 547 | 609 | 701 | 829 | 18.3 |
| 新疆 | 356 | 413 | 479 | 548 | 662 | 829 | 25.2 |
| 北京 | 612 | 667 | 690 | 739 | 810 | 817 | 0.9 |
| 黑龙江 | 597 | 629 | 670 | 689 | 748 | 789 | 5.5 |
| 宁夏 | 378 | 440 | 440 | 463 | 547 | 725 | 32.5 |
| 重庆 | 405 | 449 | 488 | 534 | 626 | 718 | 14.7 |
| 天津 | 434 | 495 | 516 | 550 | 646 | 693 | 7.3 |
| 吉林 | 412 | 463 | 496 | 515 | 577 | 631 | 9.4 |
| 青海 | 244 | 285 | 313 | 337 | 465 | 559 | 20.2 |
| 海南 | 98 | 113 | 123 | 137 | 159 | 185 | 16.4 |
| 西藏 | 13 | 15 | 16 | 18 | 20 | 24 | 20.0 |

数据来源：中国电力企业联合会。

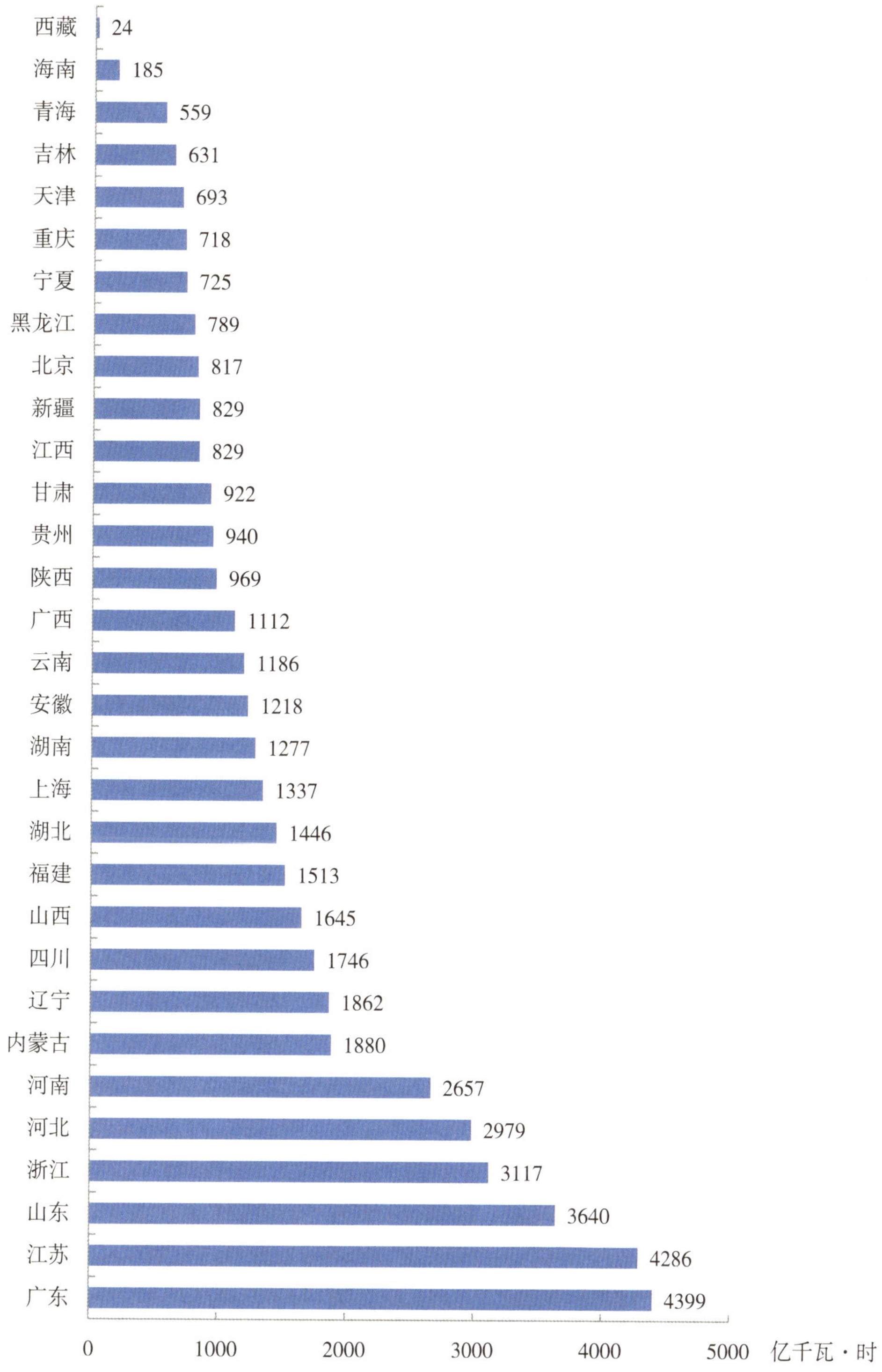


图5-7 2011年中国分地区电力消费量排序

2011年，中国东部地区用电量为24828亿千瓦·时，比中、西部地区用电量之和还多2726亿千瓦·时，如表5-2所示。东、中、西部用电比重分别为53%、22%和25%。但是，从增长率上看，2011年东部地区用电量同比增长9.5%，而中、西部地区用电量分别同比增长11.4%和17.3%，中西部地区用电量增速快于东部地区，如图5-8所示。其中，宁夏、新疆、青海、内蒙古等地区用电量则超过20%，宁夏最高，为32.5%。

表5-2　　2006～2011年中国东、中、西用电量与增长率　　单位：亿千瓦·时

| 项目 | 2006年 | 2007年 | 2008年 | 2009年 | 2010年 | 2011年 |
|---|---|---|---|---|---|---|
| 东部地区 | 15719 | 17852 | 18723 | 19882 | 22676 | 24828 |
| 中部地区 | 6385 | 7409 | 7833 | 8260 | 9420 | 10492 |
| 西部地区 | 6264 | 7305 | 7825 | 8456 | 9901 | 11610 |
| 东部同比增长率（%） | 14.3 | 13.6 | 4.9 | 6.2 | 14.1 | 9.5 |
| 中部同比增长率（%） | 12.6 | 16.0 | 5.7 | 5.5 | 14.0 | 11.4 |
| 西部同比增长率（%） | 16.8 | 16.6 | 7.1 | 8.1 | 17.1 | 17.3 |

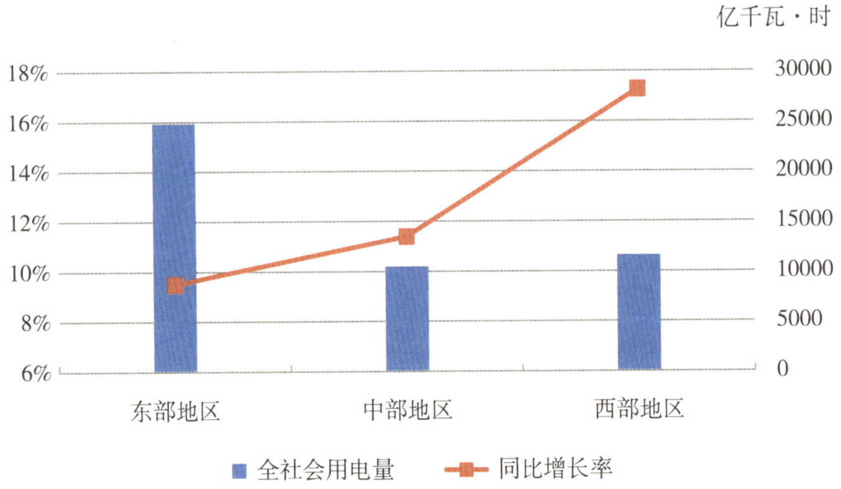


图5-8　2011年中国东、中、西部全社会用电量与增长率对比

## 四、电力消费弹性系数大于1，单位产值用电量提高2.3%

2011年，中国电力消费增速快于GDP增速，电力消费弹性系数为1.3，这意味着单位产值用电量上升。按照2010年价格计算，2011年每万元GDP用电量为1071千瓦·时，比2010年多24千瓦·时，同比提高2.3%；相应地，每千瓦·时用电量创造的GDP为9.33元，比2010年少0.22元，如图5-9～图5-11所示。

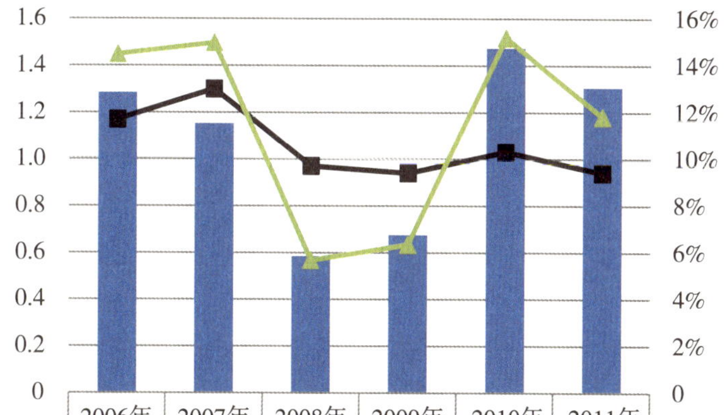


| | 2006年 | 2007年 | 2008年 | 2009年 | 2010年 | 2011年 |
|---|---|---|---|---|---|---|
| 电力消费弹性系数 | 1.2 | 1.1 | 0.6 | 0.7 | 1.4 | 1.3 |
| GDP增长率（%） | 11.6 | 13.0 | 9.6 | 9.2 | 10.4 | 9.2 |
| 用电增长率（%） | 14.5 | 14.8 | 5.6 | 6.4 | 14.9 | 11.7 |

图5–9 2006～2011年中国电力消费弹性系数

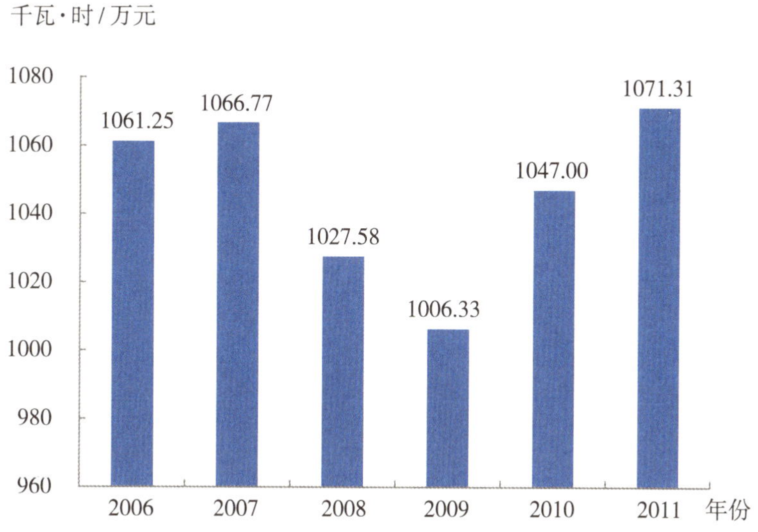


图5–10 2006～2011年中国单位GDP电耗

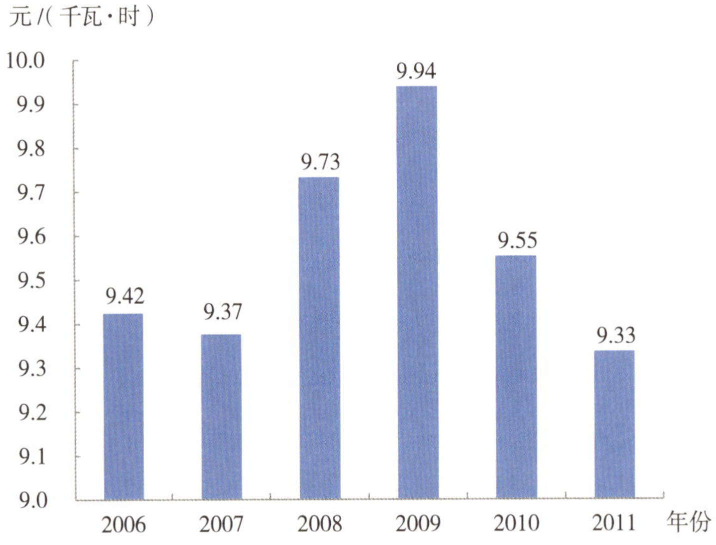


**图5-11　2006～2011年中国单位用电量创造的GDP**

按照2000年美元计算，2011年中国单位GDP用电量为1.50千瓦·时/美元，远高于OECD国家的平均水平（0.33千瓦·时/美元），也高于同为“金砖”国家的巴西（0.50千瓦·时/美元）和印度（0.79千瓦·时/美元），但低于俄罗斯（2.19千瓦·时/美元），如图5-12所示。

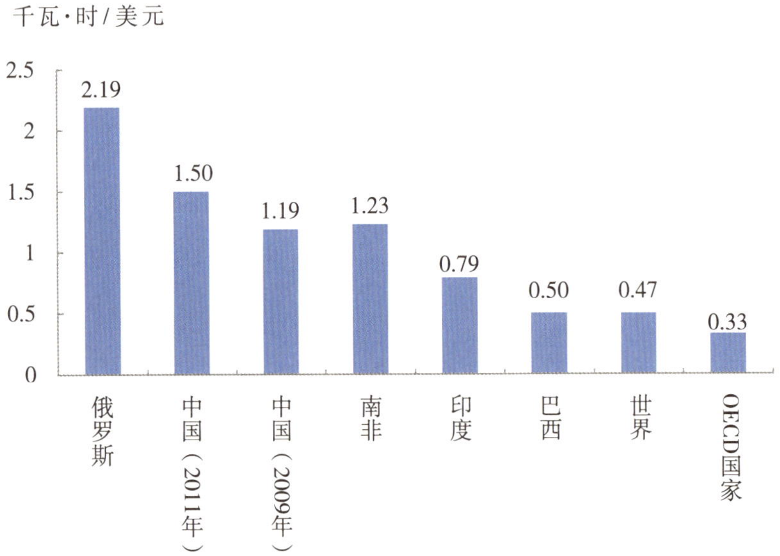


**图5-12　单位GDP电耗的国际比较**

数据来源：《中国能源统计年鉴2011》。

分地区看，2010年，中国各省份单位GDP用电量西部地区除西藏外均较高，中部地区居中，东部地区普遍较低。青海单位GDP用电量最高，为3400千瓦·时/万元。东部地区该比值最低的北京单位GDP用电量不到600千瓦·时/万元，如图5-13所示。

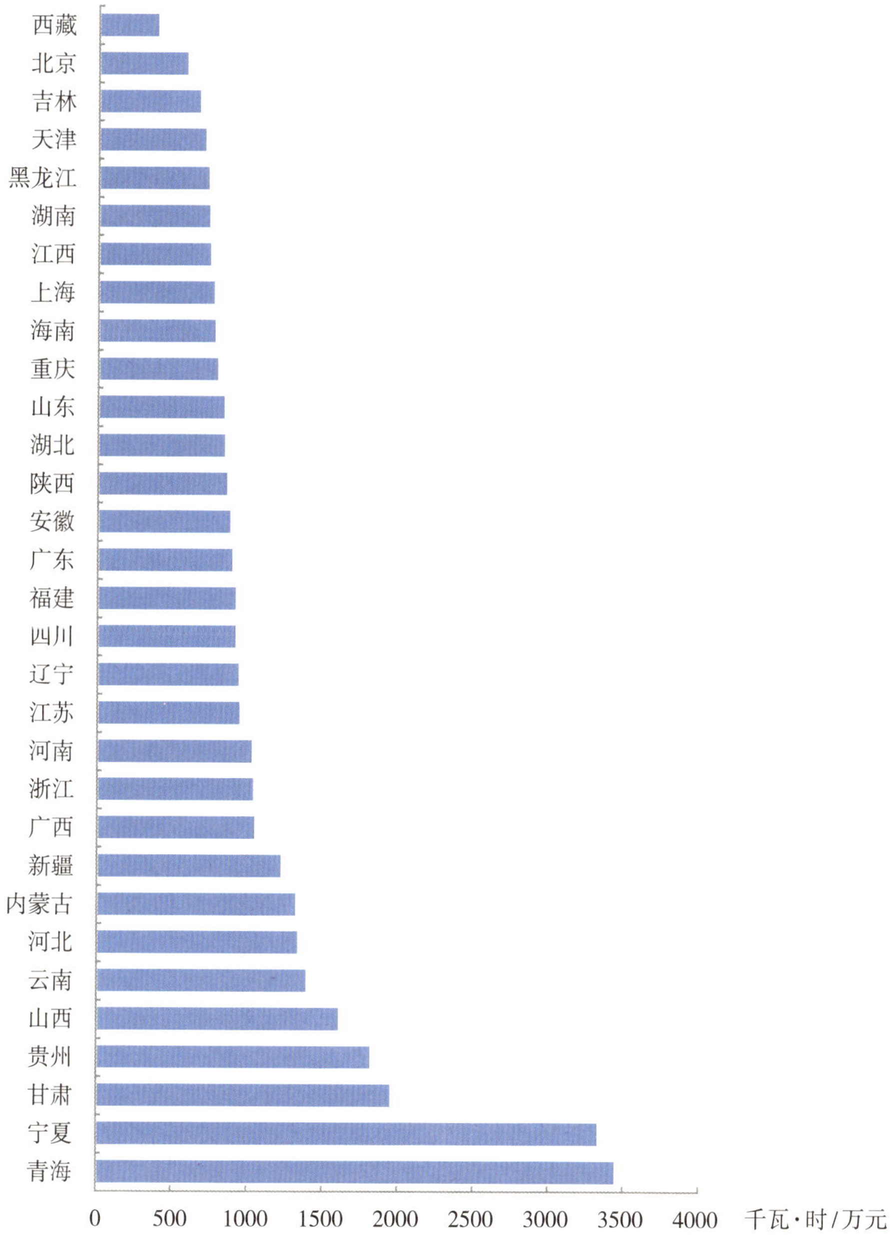


图5-13 2010年中国分地区单位GDP用电量

2011年，中国能源投资增速出现较大幅度的回落，城镇能源工业投资为2.38万亿元，同比增长9.9%，低于同期全社会固定资产投资增长率（23.6%）。能源投资增速较大幅度的回落主要由电力行业投资增速回落导致，电力行业投资占能源投资的比重超过50%，2011年电力、热力行业投资同比增长率仅为1.8%。

2006～2011年中国城镇能源工业分行业投资

单位：亿元

| 项目 | 2006年 | 2007年 | 2008年 | 2009年 | 2010年 | 2011年 | 2011年增长率（%） |
| --- | --- | --- | --- | --- | --- | --- | --- |
| 能源工业 | 11826 | 13699 | 16346 | 19478 | 21627 | 23765 | 9.9 |
| 煤炭采选业 | 1459 | 1805 | 2399 | 3057 | 3785 | 4765 | 25.9 |
| 石油和天然气开采业 | 1822 | 2225 | 2675 | 2791 | 2928 | 3294 | 12.5 |
| 电力、蒸汽、热水生产和供应业 | 7274 | 7907 | 9024 | 11139 | 11915 | 12130 | 1.8 |
| 石油加工及炼焦业 | 939 | 1415 | 1828 | 1840 | 2035 | 2241 | 10.1 |
| 煤气生产和供应业 | 331 | 347 | 420 | 651 | 964 | 1336 | 39 |

注：2011年数据为根据统计公报提供的增长率初步计算所得。

2011年，中国能源基础设施建设稳步推进，能源生产和运输能力继续增强。煤炭产能增加超过3亿吨；炼油能力达到5.4亿吨，新增原油管道1700公里、成品油管道900公里；LNG接收站总接收能力达1580万吨/年；新增发电装机容量8900万千瓦，总装机容量达10.56亿千瓦，跃居世界第一。

# 第六章 煤炭投资与建设

## 一、煤炭投资增幅稳居高位，主要集中在中西部地区

2011年，中国城镇煤炭采选业投资4765亿元，比2010年增加近1000亿元，同比增长25.9%，增长率比2010年提高2个百分点，略低于“十一五”期间年均增长率，比同期全社会固定资产投资增长率高出2.3个百分点，如图6-1所示。

图6-1 2006～2011年中国城镇煤炭采选业固定资产投资

数据来源：《中国能源统计年鉴2011》，2011年数据根据国民经济和社会发展统计公报计算。

分地区看，中国煤炭投资主要集中在中西部地区。2010年城镇煤炭固定资产投资中，东部、中部和西部地区所占比重分别为8.5%、48.1%和43.4%，如图6-2所示。近年来，东部地区煤炭采选业固定资产投资比重有所下降，西部地区比重则有较大幅度的提高，中部地区则相对稳定。煤炭投资具有明显的西移趋势，如图6-2所示。

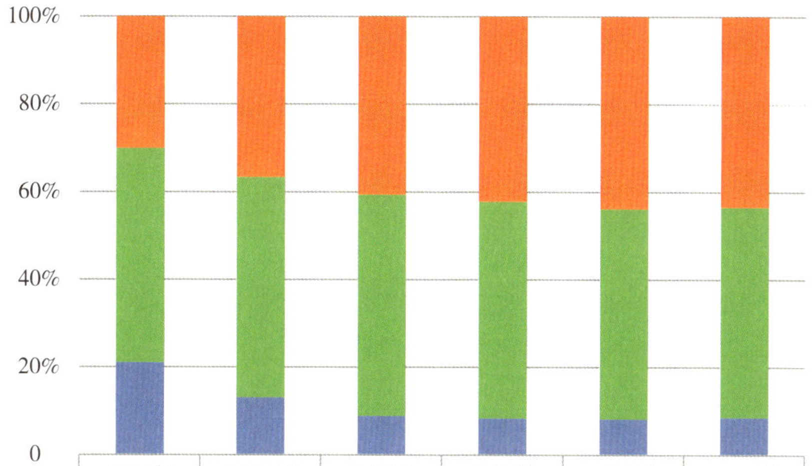


| | 2005年 | 2006年 | 2007年 | 2008年 | 2009年 | 2010年 |
|---|---|---|---|---|---|---|
| 西部（%） | 30.1 | 36.7 | 40.7 | 42.2 | 43.9 | 43.4 |
| 中部（%） | 48.9 | 50.3 | 50.5 | 49.5 | 48.0 | 48.1 |
| 东部（%） | 21.0 | 13.0 | 8.8 | 8.3 | 8.1 | 8.5 |

图6–2　2005～2010年中国分区域城镇煤炭采选业固定资产投资

数据来源：《中国能源统计年鉴2011》。

从煤炭采选业投资的省际分布来看，山西、内蒙古和陕西作为中国的煤炭主产区，在煤炭采选业投资中占比也较大。2006～2010年上述三省（自治区）煤炭采选业投资总额占全国比重平均为43.5%。其中，2010年三省煤炭采选业投资总额为1773.8亿元，占全国总投资额的46.8%。其他省份中，2010年煤炭采选业投资超百亿的省份有河北、黑龙江、安徽、河南、湖南、四川、贵州、陕西、宁夏和新疆。上述省份中，除河北外，都是中西部省（自治区），如表6–1和图6–3所示。

表6–1　2005～2010年中国分地区城镇煤炭采选业投资　单位：亿元

| 地区 | 2005年 | 2006年 | 2007年 | 2008年 | 2009年 | 2010年 |
|---|---|---|---|---|---|---|
| 北京 | 0.4 | 0.4 | 0.7 | 0.7 | 1.9 | 2.6 |
| 天津 | — | 0.2 | — | — | — | — |
| 河北 | 43.4 | 57.2 | 52.2 | 55.6 | 71.9 | 114.1 |
| 山西 | 258.8 | 305.6 | 363.9 | 464.1 | 599.7 | 929.5 |

续表

| 地区 | 2005年 | 2006年 | 2007年 | 2008年 | 2009年 | 2010年 |
|---|---|---|---|---|---|---|
| 内蒙古 | 109.5 | 227.6 | 328.4 | 453.0 | 520.4 | 528.4 |
| 辽宁 | 25.0 | 22.0 | 23.8 | 32.8 | 31.9 | 69.9 |
| 吉林 | 9.0 | 34.6 | 28.9 | 52.3 | 57.5 | 59.9 |
| 黑龙江 | 40.7 | 47.5 | 55.5 | 95.4 | 139.4 | 201.1 |
| 上海 | — | — | — | — | — | — |
| 江苏 | 13.4 | 11.1 | 3.7 | 15.9 | 17.3 | 17.5 |
| 浙江 | 0.3 | 0.2 | — | — | 0.1 | — |
| 安徽 | 106.8 | 153.5 | 185.1 | 186.1 | 198.2 | 194.0 |
| 福建 | 4.5 | 5.3 | 5.6 | 12.9 | 24.3 | 18.9 |
| 江西 | 9.4 | 10.7 | 15.2 | 24.1 | 41.4 | 37.8 |
| 山东 | 148.6 | 88.3 | 70.7 | 77.4 | 99.6 | 97.2 |
| 河南 | 102.9 | 136.9 | 203.2 | 275.9 | 315.7 | 231.9 |
| 湖北 | 3.9 | 3.7 | 3.8 | 8.2 | 14.8 | 19.3 |
| 湖南 | 18.4 | 22.9 | 40.9 | 63.6 | 101.6 | 146.3 |
| 广东 | 0.0 | — | — | — | — | 0.5 |
| 广西 | 5.2 | 4.4 | 4.5 | 4.8 | 9.7 | 11.4 |
| 海南 | — | — | — | — | — | — |
| 重庆 | 23.7 | 33.7 | 34.8 | 49.4 | 62.1 | 69.9 |
| 四川 | 28.7 | 46.9 | 58.2 | 64.4 | 94.5 | 139.4 |
| 贵州 | 32.7 | 44.5 | 51.3 | 95.9 | 121.2 | 171.8 |
| 云南 | 37.1 | 25.0 | 36.2 | 51.3 | 60.5 | 74.9 |
| 西藏 | — | — | — | — | — | — |
| 陕西 | 36.7 | 48.2 | 68.3 | 107.1 | 205.5 | 316.0 |
| 甘肃 | 13.0 | 15.4 | 22.9 | 30.6 | 54.5 | 77.0 |
| 青海 | 2.6 | 4.9 | 6.5 | 11.8 | 7.6 | 9.4 |
| 宁夏 | 33.0 | 38.7 | 69.3 | 79.7 | 102.0 | 110.7 |
| 新疆 | 16.0 | 31.6 | 41.0 | 49.2 | 103.5 | 135.3 |

数据来源：《中国能源统计年鉴2011》。

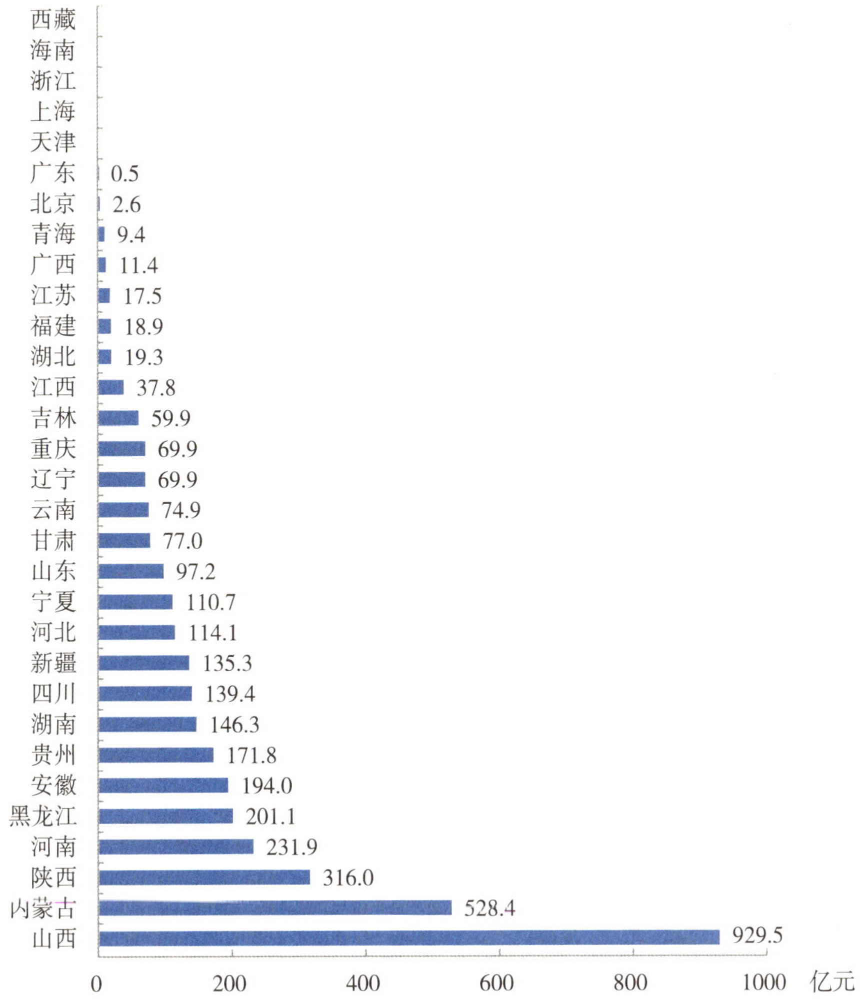


图6-3 2010年中国分地区城镇煤炭采选业固定资产投资

## 二、煤矿资源整合取得较大进展

2011 年，煤矿资源整合和企业兼并重组工作进一步加快，陕西、新疆等大型煤炭基地建设稳步推进，一批大型煤矿项目开工建设。国家能源局与相关部门联合下发了《关于“十二五”期间进一步推进煤炭行业淘汰落后产能工作的通知》，提出在“十二五”期间全国煤炭行业淘汰落后产能9718万吨，2917处小煤矿退出市场。2011 年关闭小煤矿 307 处，淘汰落后产能 1590 万吨。各地方积极贯彻落实煤炭资源整合政策，山西与河南煤炭资源整合基本完成，河北、山西、内蒙古等 10 个产煤省（自治区）出台了推进煤矿企业兼并重组工作方案，黑龙江、山东、青海等省已将兼并重组工作方案上报省政府审批，其余相关产煤省（自治区、直辖市）正在编制工作方案。陕西、河南、山东等 10 个省区相继组建了大型煤炭企业集团或能源集团。中国前10名煤炭企业和20家年产量超过3000万吨的煤炭企业，产量分别占全国总产量的36%和50%。

## 三、煤炭供应能力显著增强

近年来煤炭产业投资持续较快增长，产能逐步释放。据国家统计局数据，2010 年中国煤矿新投产能力达 3.87 亿吨 / 年，年度在建规模 13.77 亿吨 / 年，推算 2010 年末在建规模 9.9 亿吨 / 年，推算 2011 年可新投产煤矿规模为 3.5 亿吨 / 年左右，年度新增产能在 3.7 亿吨 / 年左右（如图 6–4 所示）。

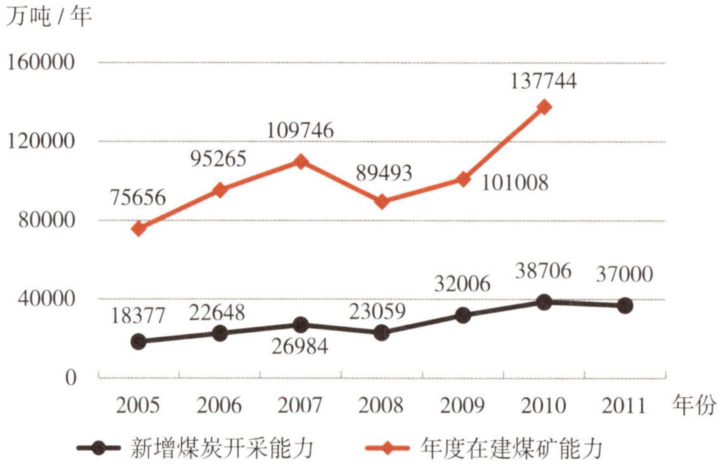


**图 6–4　2005 ~ 2011 年中国煤矿新投产规模和年度建设规模**

数据来源：中国煤炭工业协会。

陕西北部、内蒙古、新疆、山西等地正在建设的大批大型现代化矿井将陆续投产，同时山西、贵州等省煤炭资源整合将进入投产竣工高峰期。根据国家统计局的数据，2009 年、2010 年全国煤矿新开工规模分别为 4.82 亿吨 / 年和 5.74 亿吨 / 年（如图 6–5 所示）。新建煤矿建设周期一般都在 2 ~ 3 年之间，资源整合矿井在 1 ~ 3 年之间，据此判断 2012 年和 2013 年每年新投产煤矿规模应该在 4 亿吨 / 年左右，产能增量巨大，其中 80% 的产能增量在内蒙古、陕西、山西和宁夏等省区，产能增长的区域布局极不均衡。

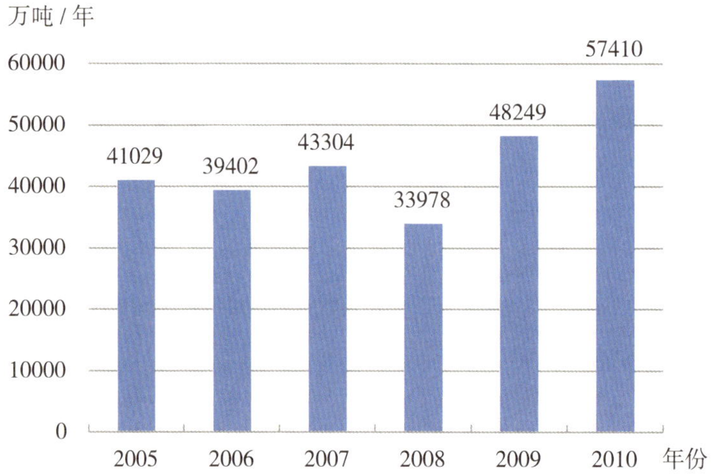


**图 6–5　2005 ~ 2010 年中国煤矿新开工规模**

数据来源：中国煤炭工业协会。

## 四、煤炭运输瓶颈有所缓解

铁路运输方面，近年来中国铁路建设进程较快，2005～2010年铁路运输业投资年均增长43.8%，主要运煤干线经过挖潜改造，运输能力大幅提升，2011年太中银铁路、集张铁路先后投入运营，京沪高铁通车，2011年上半年大秦线、侯月线、南同蒲线等进行了常规例行检修，使得铁路运煤能力有所增加。此外，在迎峰度夏、迎峰度冬期间，铁路部门采取措施，加大运力倾斜，保障了电煤的供应。受旺盛需求带动和有利条件保障，2011年中国铁路运输瓶颈制约有所缓解，全国铁路运煤量增长13.5%，达到22.7亿吨（如图6-6所示）。

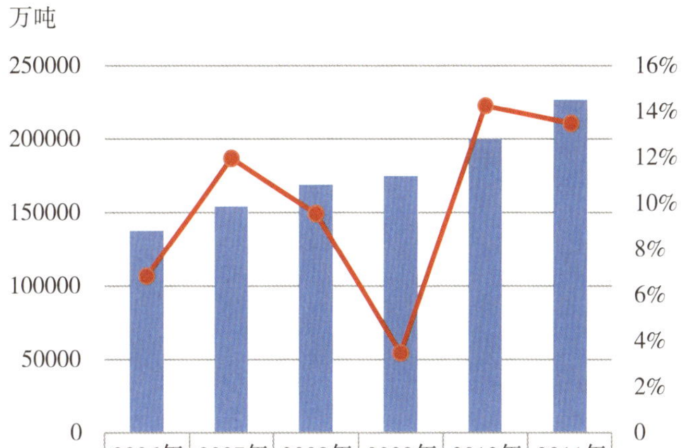


| | 2006年 | 2007年 | 2008年 | 2009年 | 2010年 | 2011年 |
|---|---|---|---|---|---|---|
| 中国铁路煤炭运量（万吨） | 13786 | 15437 | 16914 | 17507 | 20004 | 22702 |
| 增长率（%） | 6.8 | 12.0 | 9.6 | 3.5 | 14.3 | 13.5 |

**图6-6　2006～2011年中国铁路煤炭运量**

数据来源：历年铁道统计公报。

2011年前三季度铁路投资同比下降19%，这对今后几年运煤能力增长将造成不利影响。铁路建设资金不足严重影响了铁路建设进程和车辆生产和购置。2011年铁道部计划新投入火车车辆5万辆，但截至2011年9月只新增2万辆。根据铁路建设规划，2012年没有新建运煤干线投产运营，铁路运煤能力增加主要依靠增加车皮和扩大整个铁路网疏运能力。2012年铁路安全管理更加严格，同时部分预计在2012年前后通车的在建铁路推迟了工期，增大铁路网疏运能力面临较大困难。

港口运输方面，2011年中国主要港口转运煤量达6.5亿吨，同比增长16.9%，港口转运能力显著增强。2012年北方主要港口煤炭运输中转能力将有所增加，上半年天津神华煤二期码头将投产，新增能力3500万吨/年；下半年唐山曹妃甸港新投产两个5000万吨级煤码头。但港口煤炭运输能力的发挥仍存在不确定性，一方面，2012年新投产港口多在下半年投入运营，当年新增有效运力有限；另一方面，北方主要港口主要通过大秦线调入煤炭，但2012年大秦线增量不大。

# 第七章 石油投资与建设

## 一、石油工业投资继续保持增长，投资重点集中在资源大省和沿海省份

2011年，中国石油和开采业城镇投资为3292亿元，同比增长12.5%，增长率较2010年提高7.6个百分点，高于“十一五”期间年均增长率2.5个百分点，如图7-1所示。石油加工和炼焦业在“十一五”期间保持较高增长率，五年间城镇投资翻了一倍，年均增长率为17%。2011年石油加工及炼焦业城镇投资为2241亿元，同比增长10.1%，基本与2010年的增长率持平，较“十一五”期间年均增长率低7个百分点，如图7-2所示。

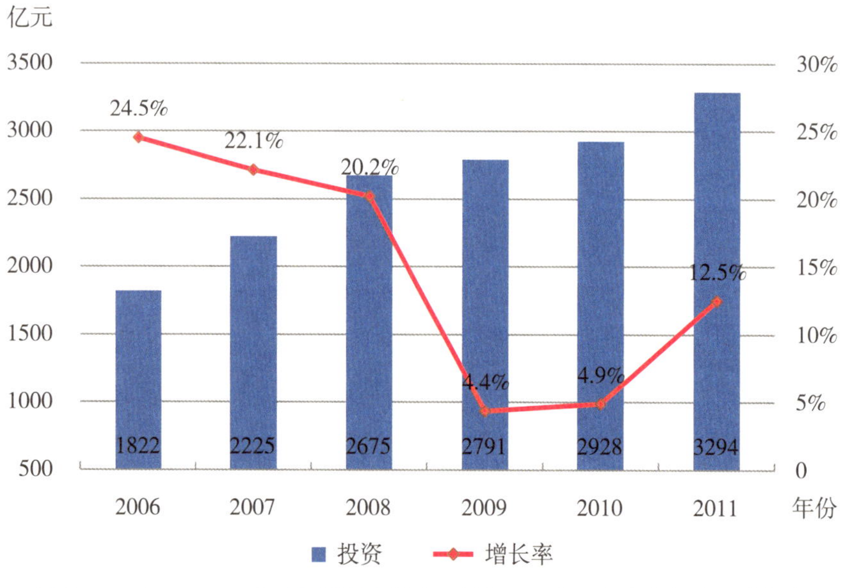


图7-1 2006~2011年中国城镇石油和天然气开采业固定资产投资及增长率

数据来源：《中国能源统计年鉴2011》，2011年数据为根据统计公报提供的增长率初步计算所得。

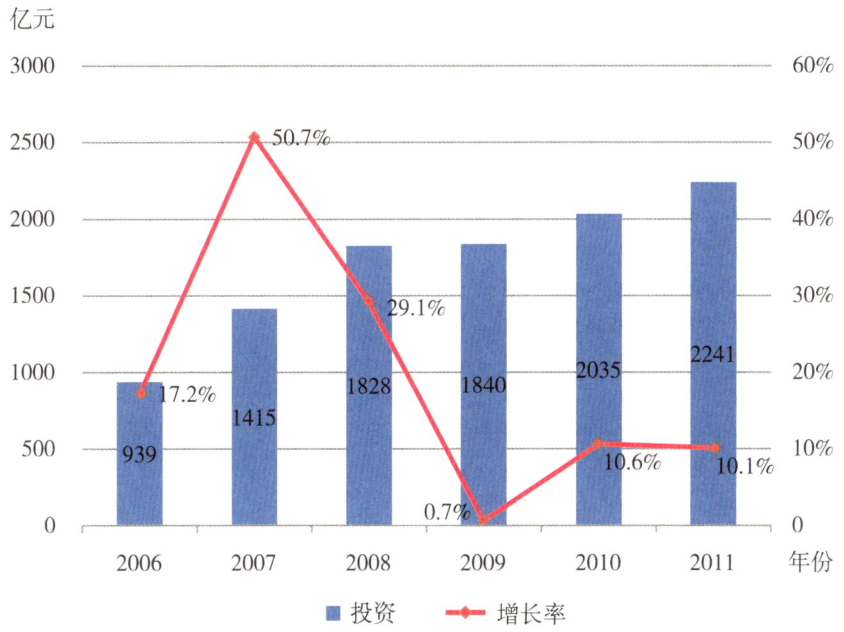


**图7-2　2006～2011年全国城镇石油加工及炼焦业固定资产投资及增长率**

数据来源：《中国能源统计年鉴2011》，2011年数据为根据统计公报提供的增长率初步计算所得。

分地区看，中国石油和天然气开采业投资一般集中在石油和天然气资源丰富的省份和临近海域的省份，经济总量较小和石油天然气资源匮乏的省份城镇投资较少。2010年石油和天然气开采业城镇投资排名前五的省份是新疆、黑龙江、天津、陕西和吉林，其中新疆、黑龙江和天津的城镇投资在300亿元以上，这五个省份的城镇投资加起来占中国城镇投资的65%。2010年石油和天然气开采业城镇投资排名末五位的是云南、湖南、上海、海南和北京，这五个省份的城镇投资加起来不足2亿元，如表7-1和图7-3所示。

**表7-1　　2005～2010年中国分地区石油和天然气开采业城镇投资**　　单位：亿元

| 地区 | 2005年 | 2006年 | 2007年 | 2008年 | 2009年 | 2010年 |
|---|---|---|---|---|---|---|
| 北京 | 0.03 | 0.03 | 4.62 | 18.16 | 13.16 | 0.12 |
| 天津 | 123.41 | 182.19 | 179.06 | 268.25 | 393.16 | 306.39 |
| 河北 | 24.89 | 37.97 | 74.19 | 69.60 | 9.77 | 33.51 |
| 山西 | — | — | 0.44 | 1.90 | 16.49 | 21.62 |

续表

| 地区 | 2005年 | 2006年 | 2007年 | 2008年 | 2009年 | 2010年 |
|---|---|---|---|---|---|---|
| 内蒙古 | 22.15 | 35.94 | 110.18 | 225.70 | 187.33 | 196.58 |
| 辽宁 | 94.90 | 124.21 | 144.93 | 102.75 | 89.03 | 145.80 |
| 吉林 | 66.39 | 111.18 | 153.82 | 175.52 | 206.23 | 242.42 |
| 黑龙江 | 166.44 | 212.50 | 287.45 | 341.90 | 332.68 | 339.90 |
| 上海 | 1.68 | 2.14 | 14.80 | 29.03 | 8.21 | 0.33 |
| 江苏 | 12.57 | 14.97 | 11.85 | 19.20 | 25.34 | 27.35 |
| 安徽 | 0.02 | 0.01 | 0.20 | 0.67 | 0.20 | 1.63 |
| 山东 | 117.68 | 139.88 | 120.81 | 185.66 | 206.65 | 219.15 |
| 河南 | 55.37 | 55.33 | 68.40 | 72.75 | 75.88 | 71.46 |
| 湖北 | 12.85 | 17.87 | 29.94 | 30.76 | 30.53 | 3.64 |
| 湖南 | — | 0.04 | — | — | 0.59 | 0.44 |
| 广东 | 10.24 | 26.51 | 39.43 | 44.47 | 54.03 | 12.35 |
| 广西 | 0.16 | 0.14 | 1.38 | 0.85 | 1.89 | 1.75 |
| 海南 | — | 0.75 | 0.73 | 0.27 | 4.40 | 0.27 |
| 重庆 | 0.68 | 0.65 | 3.44 | 7.61 | 10.27 | 8.95 |
| 四川 | 15.90 | 17.53 | 22.84 | 26.22 | 17.55 | 10.48 |
| 云南 | 0.02 | — | — | 0.37 | 0.72 | 0.78 |
| 陕西 | 95.71 | 133.92 | 190.73 | 177.58 | 213.62 | 256.04 |
| 甘肃 | 6.11 | 8.86 | 15.19 | 22.40 | 17.56 | 11.72 |
| 青海 | 30.73 | 31.74 | 29.38 | 37.68 | 33.36 | 39.44 |
| 宁夏 | — | 1.47 | 1.64 | 4.00 | 4.10 | 1.58 |
| 新疆 | 262.06 | 308.45 | 360.56 | 366.39 | 323.37 | 387.93 |

数据来源：《中国能源统计年鉴2011》。

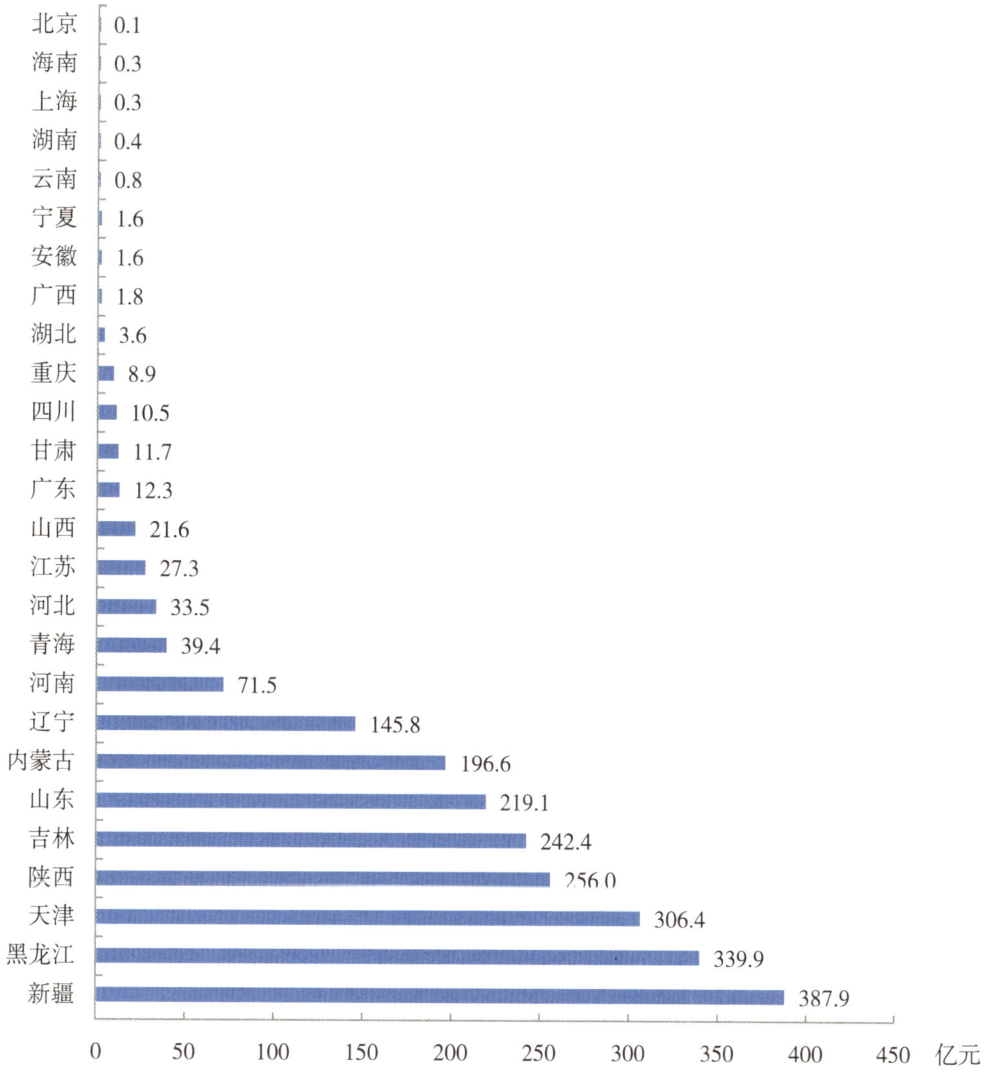


**图7-3　2010年中国分地区石油和天然气开采业城镇投资排序**

数据来源：《中国能源统计年鉴2011》。

分地区看，中国石油加工及炼焦业城镇投资主要集中在用油经济大省和炼厂集中的省份及石油资源比较丰富的省份，经济总量较小和资源匮乏的省份石油加工及炼焦业城镇投资较小。2010年石油加工及炼焦业排名前五的省地是辽宁、山东、福建、河北和陕西，这五个省份加起来的石油加工和炼焦业城镇投资占全国城镇投资四成多。排名后五的是江西、重庆、北京、青海和海南，这五个省份加起来的石油加工和炼焦业城镇投资不足20亿元，如表7-2和图7-4所示。

表7–2　2005～2010年中国分地区石油加工及炼焦业城镇投资　单位：亿元

| 地区 | 2005年 | 2006年 | 2007年 | 2008年 | 2009年 | 2010年 |
|---|---|---|---|---|---|---|
| 北京 | 12.37 | 15.08 | 6.85 | 4.45 | 8.57 | 5.9 |
| 天津 | 8.31 | 14.35 | 45.47 | 129.94 | 117.98 | 51.0 |
| 河北 | 55.33 | 45.01 | 74.12 | 123.72 | 121.44 | 155.3 |
| 山西 | 94.03 | 74.49 | 92.32 | 101.48 | 102.55 | 96.4 |
| 内蒙古 | 51.09 | 114.45 | 115.68 | 165.30 | 156.93 | 90.2 |
| 辽宁 | 78.31 | 91.95 | 132.27 | 149.81 | 192.93 | 266.9 |
| 吉林 | 3.25 | 6.37 | 5.20 | 12.25 | 9.00 | 18.3 |
| 黑龙江 | 24.55 | 25.81 | 31.61 | 59.88 | 66.85 | 100.7 |
| 上海 | 5.54 | 6.41 | 29.85 | 16.65 | 25.87 | 24.8 |
| 江苏 | 11.11 | 18.22 | 22.50 | 27.68 | 26.78 | 60.6 |
| 浙江 | 8.88 | 10.53 | 13.92 | 10.99 | 17.34 | 21.2 |
| 安徽 | 13.74 | 20.27 | 20.39 | 34.33 | 27.77 | 25.3 |
| 福建 | 11.82 | 26.71 | 124.04 | 152.84 | 111.85 | 168.4 |
| 江西 | 11.93 | 6.42 | 9.35 | 20.36 | 34.55 | 15.2 |
| 山东 | 104.50 | 93.86 | 213.16 | 185.24 | 182.99 | 179.0 |
| 河南 | 18.84 | 25.28 | 37.56 | 44.65 | 59.17 | 74.8 |
| 湖北 | 9.70 | 21.68 | 21.40 | 16.32 | 19.62 | 83.4 |
| 湖南 | 15.01 | 3.85 | 9.21 | 16.00 | 20.80 | 34.6 |
| 广东 | 71.62 | 96.31 | 108.51 | 131.84 | 63.63 | 55.4 |
| 广西 | 2.59 | 9.72 | 25.41 | 77.28 | 48.01 | 63.2 |
| 海南 | 62.65 | 38.33 | 3.29 | 0.35 | 4.19 | 2.1 |
| 重庆 | 3.09 | 1.19 | 1.64 | 2.32 | 3.34 | 8.8 |
| 四川 | 7.15 | 7.96 | 10.50 | 21.10 | 28.94 | 37.8 |
| 贵州 | 3.18 | 3.13 | 13.06 | 20.28 | 19.30 | 21.8 |
| 云南 | 9.62 | 12.51 | 22.39 | 21.99 | 29.56 | 37.36 |
| 陕西 | 26.33 | 22.31 | 42.81 | 119.21 | 153.90 | 136.15 |
| 甘肃 | 36.65 | 37.14 | 23.50 | 22.59 | 60.02 | 66.86 |
| 青海 | — | 7.20 | 4.16 | 0.44 | 1.79 | 5.58 |
| 宁夏 | 2.37 | 2.21 | 15.46 | 27.66 | 17.23 | 21.64 |
| 新疆 | 37.73 | 80.53 | 139.74 | 110.56 | 106.89 | 106.63 |

数据来源：《中国能源统计年鉴2011》。

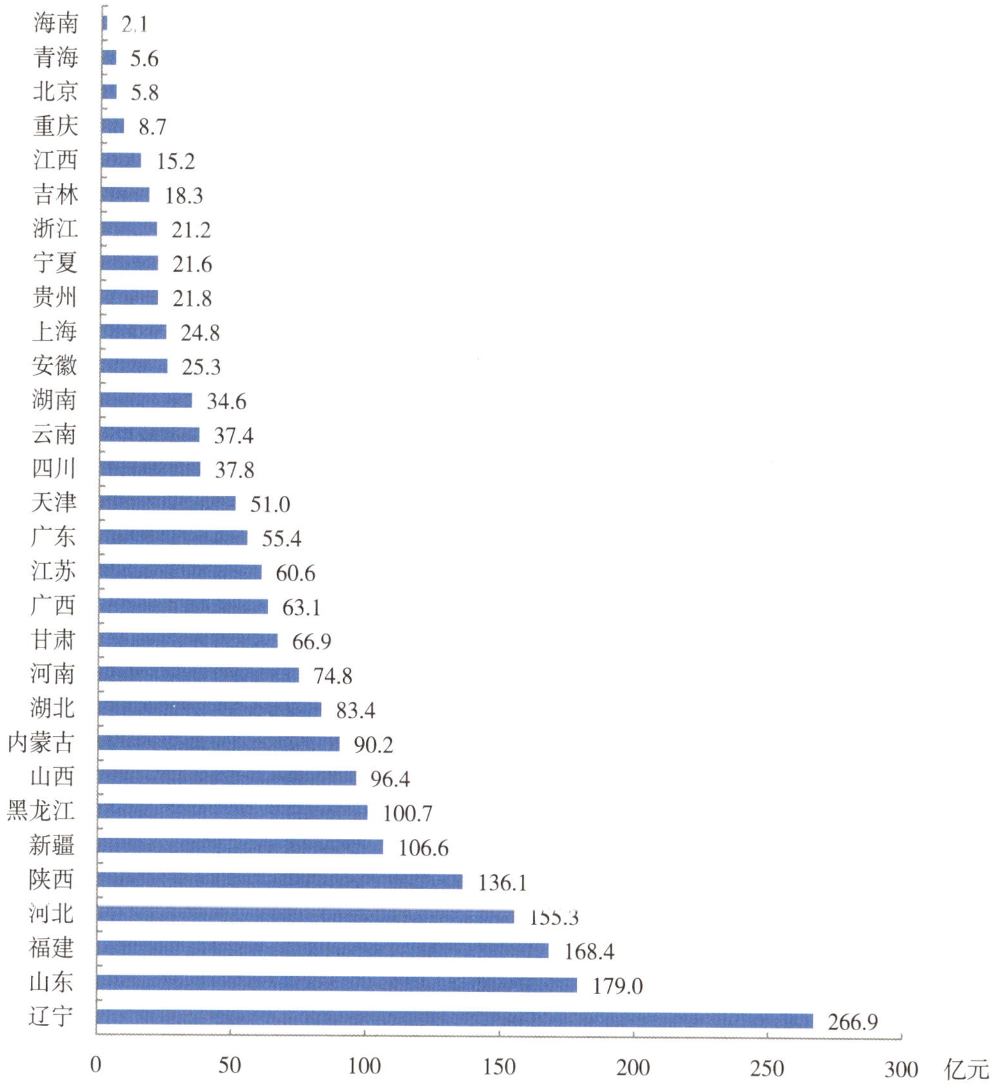


图7-4 2010年中国分地区石油加工及炼焦业城镇投资排序

数据来源：《中国能源统计年鉴2011》。

## 二、石油勘探开发投资力度加大

2011年中国三大石油公司［中国石油天然气集团公司（简称中石油）、中国石油化工集团公司（简称中石化）、中国海洋石油总公司（中海油）］加大勘探投资力度，在陆上、海上勘探方面取得积极成果，如表7-3所示。中国石油勘探与生产板块的资本性支出为1781亿元，同比增长6.8%，主要用于松辽、渤海湾、鄂尔多斯、四川、塔里木等重点油气区域的勘探开发。中国石化勘探与开发方面资本性支出543亿元，主要用于东部地区继续深化隐蔽油气藏和复杂油气藏勘探，西部培育石油战略接替区，加强页岩气等非常规油气资源的选区评价和勘探部署。中海油在勘探开发方面投入569亿元，同比增长67.3%，主要是加大自营深水勘探力度。

表 7–3　　2005～2011 年中国三大石油公司勘探及开发板块资本性支出　　单位：亿元

| 企业 | 2005年 | 2006年 | 2007年 | 2008年 | 2009年 | 2010年 | 2011年 |
|---|---|---|---|---|---|---|---|
| 中石油 | 922.3 | 1145.2 | 1486.6 | 1685.7 | 1384 | 1731.4 | 1781 |
| 中石化 | — | 317.3 | 545 | — | 515.5 | 526.8 | 543 |
| 中海油 | — | 471 | 302 | 366 | 437 | — | 569 |

注：2005～2010 年中石油数据包括与地质和地球物理勘探有关的费用。

数据来源：2005～2010 年数据来自三大石油公司年报，2011 年数据来自中石化经济技术研究院。

中国陆上勘探成果主要集中在西部地区。2011 年中石油在塔里木、长庆油田（如表 7–4 所示），中石化在塔河油田均取得了显著的勘探成果（如表 7–5 所示），彰显了西部油气资源接替区的重要地位。同时，大庆、辽河、大港、江汉等中东部老油田不断深化盆地知识，精细油藏研究，勘探成果同样喜人。海上和非常规资源勘探开发成果显著。2011 年中海油以勘探新突破带动海洋石油产业新发展，1～9 月共取得 8 个成功发现，27 口评价井获得成功，全部集中在渤海湾及南海海域。非常规资源勘探领域同样取得了不错成绩。

表 7–4　　2005～2011 年中石油油气资源勘探开发情况

| 项目 | 2005年 | 2006年 | 2007年 | 2008年 | 2009年 | 2010年 | 2011年 |
|---|---|---|---|---|---|---|---|
| 新增探明石油地质储量（万吨） | 55704 | 61511 | 83159 | 64322 | 62750 | 65577 | 71512 |
| 新增探明天然气地质储量（亿米$^3$） | 3583.3 | 3654 | 4453.9 | 4168.2 | 4616 | 5701 | 4879 |
| 石油剩余可采储量（万吨） | 165469 | 182712 | 194924 | 193550 | — | — | — |
| 天然气剩余可采储量（亿米$^3$） | 19543 | 20955 | 21889 | 24438 | — | — | — |

数据来源：中石油历年年报。

表 7–5　　2005～2011 年中石化油气资源勘探开发情况

| 项目 | 2005年 | 2006年 | 2007年 | 2008年 | 2009年 | 2010年 | 2011年 |
|---|---|---|---|---|---|---|---|
| 新增原油可采量（万吨） | 4175 | 3902 | 286.5 | 1555.3 | 3822.6 | — | — |
| 新增天然气可采储量（亿米$^3$） | 39.8 | 45.7 | 1064 | 26.1 | 2.2 | — | — |
| 剩余原油可采储量（万吨） | 44939 | 44952 | 41255 | 38758 | 38472 | 39413 | 38854 |
| 剩余天然气可采储量（亿米$^3$） | 835.8 | 808.9 | 1793 | 197.1 | 190.8 | 182.6 | 190.0 |

数据来源：中石化历年年报。

## 三、原油骨干管网基本形成，成品油管网趋于完善

截至 2011 年底，中国已建成原油管道 2.13 万公里，比 2010 年新增 1700 公里，主要由油气周边管道及

长输管道组成，原油管道主要集中在华东地区和西部地区，新建和扩建管道主要满足炼厂布局和生产需求，并与进口资源配置相匹配，如表7–6所示。原油供应的总体流向为：西油东运、北油南下、就近供应及海油登陆。

表7–6　2011年中国已建和在建石油管道

| 油品 | 项目名称 | 竣工时间（年） | 管道长度（公里） | 实际输送能力（万吨/年） | 隶属单位 |
|---|---|---|---|---|---|
| 原油 | 仪征—长岭 | （扩能） | 973 | 3000 | 中石化 |
| | 日照—东明 | 2011 | 462 | 1000 | 中石油 |
| | 兰州—成都 | 2011 | 878 | 1000 | 中石油 |
| | 日照—仪征 | 2011 | 390 | 2000 | 中石化 |
| | 小计 | | 1730 | 5000 | |
| 成品油 | 独山子—乌鲁木齐 | （扩能） | 232 | 520 | 中石油 |
| | 吉林—长春 | 2011 | 168 | 245 | 中石油 |
| | 北海—南宁 | （扩能） | 230 | 300 | 中石油 |
| | 南京—柳州 | 2011 | 193 | 300 | 中石油 |
| | 鲁皖二期东线 | 2011 | 375 | 150 | 中石化 |
| | 兰成渝 | （扩能） | 1250 | 700 | 中石油 |
| | 福建炼化一体化南线（一期） | 2011 | 171 | 380 | 中石化 |
| | 小计 | | 907 | 2215 | |
| 合计 | | | 2637 | 7215 | |

注：管道长度合计不包括扩能管道长度。

数据来源：中石化经济技术研究院。

2011年中国成品油管网建设主要集中于西南、华东地区，已建和在建成品油管道总长度约为2.04万公里，新增907公里。成品油管道建设处在有计划、大规模建设和不断完善的起步阶段。中国成品油供应的总体流向为西油东运、北油南下的逐步递推。

## 四、炼油规模继续扩张，结构调整稳步推进

2011年中国炼油能力达到5.4亿吨，同比增长7%，增长率高于“十一五”期间年均增长率2个百分点（如图7–5所示）。其中中石油和中石化原油一次加工能力分别为1.7亿吨/年和2.5亿吨/年，合计占全国总能力的76.9%，规模实力明显高于其他炼油企业。中海油、中国化工集团公司（简称中国化工）、中国兵器工业集团公司（中国兵器）及地方炼厂等原油一次加工能力合计为1.23亿吨/年，占23.1%，较2010年

上升了 0.7 个百分点，已经形成了以两大集团（中石油、中石化）为主，多种所有制形式并存、内外资兼有的多元化炼油业格局，如表 7–7 和图 7–6 所示。

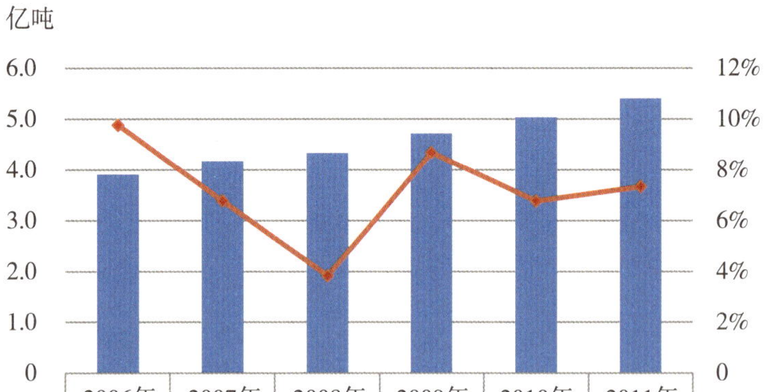


| | 2006年 | 2007年 | 2008年 | 2009年 | 2010年 | 2011年 |
|---|---|---|---|---|---|---|
| 炼油能力（亿吨） | 3.9 | 4.2 | 4.3 | 4.7 | 5.0 | 5.4 |
| 增长率（%） | 9.8 | 6.8 | 3.8 | 8.7 | 6.8 | 7.3 |

**图 7–5　2006～2011 年中国炼油能力及增长率**

数据来源：2006～2010 年数据来自 BP 数据，2011 年数据来自中石化经济技术研究院。

**表 7–7　　2011 年中国新增炼能情况**　　单位：万吨/年

| 所属集团 | 企业 | 地点 | 新增产能 |
|---|---|---|---|
| 中石油 | 宁夏石化 | 宁夏 | 300 |
| | 辽阳石化 | 辽宁 | 350 |
| | 抚顺石化 | 辽宁 | 250 |
| 中石化 | 北海石化 | 广西 | 450 |
| | 镇海炼化 | 浙江 | 300 |
| | 上海石化 | 上海 | 150 |
| 中海油 | 大榭石化 | 浙江 | 200 |
| 中国兵器 | 辽宁华锦 | 盘锦 | 100 |
| 其他炼油企业 | 山东地炼 | 山东 | 700 |
| 总计 | | | 2800 |

数据来源：中石油经济技术研究院。

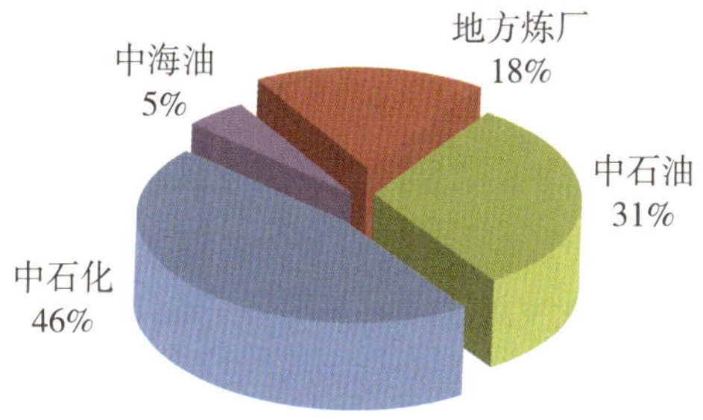


**图7-6 中国炼油能力分公司分布**

数据来源：中石化经济技术研究院。

从国际上看，炼油能力主要分布在经济总量大和经济高速发展的国家以及资源丰富的国家。美国的炼油能力为8.76亿吨/年，占世界炼油能力的20%，居世界首位。2010年中国的炼油能力为5.04亿吨/年，居世界第二位，占世界炼油能力的11%，是俄罗斯的1.8倍、日本的2.2倍、印度的2.7倍。俄罗斯、日本和印度的炼油能力分别为2.77亿、2.22亿、1.84亿吨/年，分别位居世界第三位、第四位和第五位，如图7-7所示。

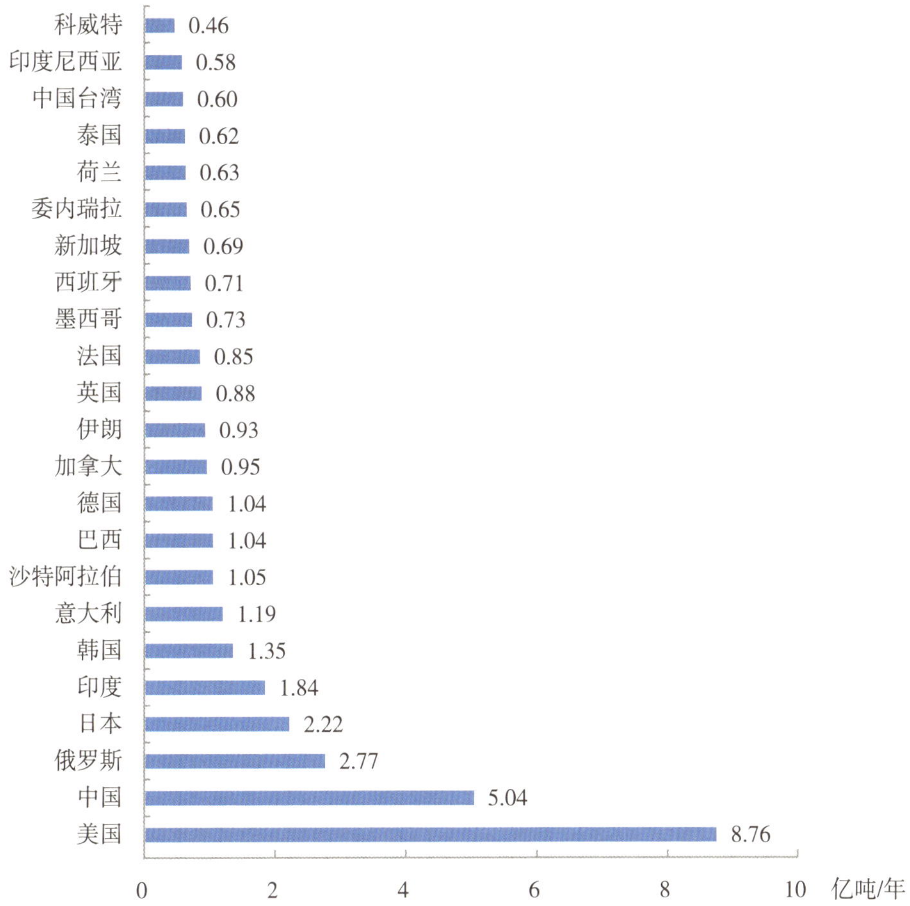


**图7-7 2010年炼油能力国际比较**

数据来源：BP统计数据。

中国炼油布局主要遵循靠近油源、靠近市场、靠近沿海沿江建设的原则，形成了以东部为主，中、西部为辅的梯次分布。目前原油加工能力主要集中在华东、华北、华南地区，2011 年三大地区分别约占全国炼油能力的33%、20%、17%。其中山东是全国炼油能力最大的省份，其次为辽宁和广东。

中国炼油工业在增加产能建设的同时注重调整结构、合理布局、优化配置资源和市场，近几年中国炼油能力的区域分布构成有了调整和变化（如表 7-8 所示）。2011 年华东、华北地区所占比例同比略有上升，华南、西北地区所占比例同比略有下滑。但长远而言，东北地区产能比例呈下滑趋势，华南、华北、西南地区产能呈上升趋势。炼油产能薄弱的西南地区未来几年内将会有中石化四川石油化工有限公司、昆明炼油厂等大炼厂建成投产，产能所占比例将会明显提升。

**表 7–8　　中国炼油能力分区域构成**　　单位：万吨/年

| 地区 | 2005年 | | 2010年 | | 2011年 | |
|---|---|---|---|---|---|---|
| | 能力 | 占全国百分比 | 能力 | 占全国百分比 | 能力 | 占全国百分比 |
| 华东（沪、浙、苏、鲁、皖、赣） | 11075 | 34.1% | 16280 | 32.3% | 17630 | 33.1% |
| 东北（辽、吉、黑） | 8425 | 26.0% | 10150 | 20.1% | 10850 | 20.4% |
| 华南（粤、闽、琼、桂） | 3835 | 11.8% | 8680 | 17.2% | 9130 | 17.2% |
| 西北（新、甘、青、藏、陕、宁） | 4545 | 14.0% | 6900 | 13.7% | 7200 | 13.5% |
| 华北（京、津、冀、晋、蒙） | 2410 | 7.4% | 5050 | 10.0% | 5050 | 9.5% |
| 华中（湘、豫、鄂） | 2060 | 6.4% | 3240 | 6.4% | 3240 | 6.1% |
| 西南（滇、川、渝、贵） | 100 | 0.3% | 100 | 0.2% | 100 | 0.2% |
| 合计 | 32450 | 100.0% | 50400 | 100.0% | 53200 | 100.0% |

数据来源：中石油经济技术研究院。

随着原料劣质化和国内市场对油品质量要求的不断提高，中国炼油装置构成近年来不断调整，深加工、精加工能力逐年提高。其中，加氢装置占加工能力的比例已从 2000 年的 15.6% 上升到 2011 年的 32.1%，但与世界平均水平 51.9% 相比，仍有较大差距。同时，延迟焦化装置能力增长迅速，占一次加工能力的比例从 2000 年的 7.7% 猛增至 2011 年的 14.1%。目前国内已经建成了 12 个高硫原油加工基地、8 个高酸原油加工基地，有效提高了高硫油和高酸油的加工能力。

## 五、储运设施建设力度加大，石油储备能力明显增强

2011 年，二期国家战略石油储备基地中的甘肃兰州和新疆独山子国家战略储备基地将于年底建成，从而形成 1.42 亿桶的战略石油储备能力；同时，新建成 4 个商业石油储备基地，新增库容 5280 万桶，商业石油储备能力达到2.12亿桶，两者合计初步形成了约40天消费量的总储备能力（如表7-9所示）。

表 7–9　　2011 年中国国内储备库建设项目

| 储备类型 | 基地名称 | 库容（万桶） | 库容（万米$^3$） | 竣工时间（年） | 承建（隶属）公司 |
|---|---|---|---|---|---|
| 战略储备 | 甘肃兰州 | 1890 | 300 | 2011 | 中石油 |
| | 新疆独山子 | 1890 | 300 | 2012 | 中石油 |
| 商业储备 | 山东日照 | 2013 | 320 | 2013 | 中石化 |
| | 河北曹妃甸 | 629 | 100 | 2014 | 中石化 |
| | 山东青岛黄岛二期 | 629 | 100 | 2015 | 中石化 |
| | 广西北海 | 2013 | 320 | 2016 | 中石化 |

数据来源：中石化经济技术研究院。

# 第八章 天然气投资与建设

## 一、2011年天然气可采储量较快速度增长

2011年中国三大石油公司纷纷加大上游投资力度，天然气勘探不断取得重要进展，相继在海相碳酸盐岩、火山岩等领域取得重大发现，剩余可采储量继续保持较快发展，预计将突破4万亿米$^3$大关，增长率超过2.6%。大庆油田投产天然气井210余口，年产能达到16.8亿米$^3$/年。苏里格气田勘探持续深化下古生界中组合天然气成藏富集规律研究，靖西南部在下古生界试气获得无阻流量51.4万米$^3$/日的高产工业气流。川东北元坝地区海相及中浅层、川西浅层的天然气勘探取得新发现，元坝气田发现的长兴组气藏第一期探明天然气地质储量1593亿米$^3$，气藏埋深6500米左右，成为迄今为止中国埋藏最深的大型海相气田，也是继普光气田之后，在四川盆地发现的有益大型海相气田。2011年1月18日，延气2井—延128井区探明天然气地质储量1063亿米$^3$，一举迈进国内千亿米$^3$大型整装气田行列。同时，主要石油企业加大非常规资源的勘探开发力度，不断扩大资源规模。中石油通过加强国内对外合作引进先进技术和管理，2011年初在沁水盆地发现了1152亿米$^3$的探明煤层气储量，是目前中国探明储量最大的煤层气田。中石化胜利油田立足致密砂岩、突破页岩油气，以渤海洼陷罗家地区为突破口，部署钻探不同类型岩相页岩油气。陕西延长石油（集团）有限公司坚持拓展勘探领域，实现勘探新突破，2011年4月24日，国内陆相第一口页岩气井柳评177井成功点火，创造了中国陆相页岩气发展的新历史。

## 二、天然气网管建设取得积极进展

2011年，中国天然气管道建设继续取得重大进展。“西气东输”二线管道全线建成投运；秦沈、大沈线投运，东北地区干线管道建设正式启动；中国西南油气通道——中缅油气管道境外段进入实质性施工阶段。

“西气东输”二线干线全线建成投产。2011年6月30日“西气东输”二线黄陂—广州干线建成投产，标志着“西气东输”二线全线投运。“西气东输”二线干线和支干线全长约9000公里，是当今世界最长的天然气管道。该管道的建成投产可以有效缓解珠三角、长三角和中南地区天然气供需矛盾，实现与“西气东输”一线、涩宁兰线、陕京二线等管道的联网，形成中国天然气干线管道网络。

东北地区干线管道建设正式启动。2011年6月，秦沈线建成投产。秦沈线由1条干线和3条支线组成，设计年输量80亿米$^3$/年，是目前中国东北地区口径最大、压力最高和距离最长的天然气管道，也是连接

东北和华北地区天然气管网的重要通道。9 月，大沈线建成投产。大沈线由 1 条干线和 9 条支线组成，设计输量 84 亿米$^3$/ 年。大沈线将大连 LNG 接收站液化天然气输送到沿途各城镇，是东北地区优化能源结构的重要通道。

长三角、西南、西北地区干线管道相继投产（如表 8-1 所示）。2011 年 6 月，江都—如东天然气管道二期工程顺利建成投产，该管道与江苏 LNG 接收站相连，设计输气能力 120 亿米$^3$/ 年，为长三角地区安全供气再添保障。8 月，中国西南油气通道——中缅油气管道境外段进入实质性施工阶段。11 月，长庆—呼和浩特复线的投运有效缓解了沿线用户供应紧张局面。2011 年底，克什克腾旗—古北口煤制天然气管道投运，为环渤海区域管网增添新气源。

**表 8-1　　　　2011 年中国主要天然气管道情况**

| 管道 | 所属公司 | 起点 | 终点 | 长度（公里） | 输气能力（亿米$^3$/年） | 投运时间 |
|---|---|---|---|---|---|---|
| 已建长输管道 | | | | | | |
| 崖港线 | 中海油 | 南海崖 13-1 | 海南、香港 | 778 | 34 | 1996年6月 |
| 陕京线 | 中石油 | 靖边长庆 | 北京 | 1256 | 33 | 1997年9月 |
| 涩宁兰线 | 中石油 | 涩北1号 | 兰州 | 931 | 34 | 2001年9月 |
| 西气东输 | 中石油 | 新疆轮南 | 上海 | 4000 | 120 | 2004年12月 |
| 忠武线 | 中石油 | 重庆忠县 | 武汉 | 738 | 30 | 2004年12月 |
| 陕京二线 | 中石油 | 陕西榆林 | 北京 | 932 | 120 | 2005年7月 |
| 川气东送 | 中石化 | 四川普光 | 上海 | 1702 | 120 | 2010年3月 |
| 永唐秦 | 中石油 | 河北永清 | 秦皇岛 | 320 | 90 | 2009年6月 |
| 长岭—长春—吉化 | 中石油 | 吉林长岭 | 吉林石化 | 221 | 28 | 2009年12月 |
| 陕京三线 | 中石油 | 陕西榆林 | 北京 | 1000 | 150 | 2010年12月 |
| 西气东输二线 | 中石油 | 新疆霍尔果斯 | 广州 | 9000 | 300 | 2011年6月 |
| 秦沈线 | 中石油 | 秦皇岛 | 沈阳 | 406 | 80 | 2011年6月 |
| 江都—如东 | 中石油 | 江都 | 如东 | 276 | 120 | 2011年6月 |
| 大沈线 | 中石油 | 大连 | 沈阳 | 430 | 84 | 2011年9月 |
| 长庆—呼和浩特复线 | 内蒙古天然气有限公司 | 靖边长庆 | 呼和浩特 | 492 | 60 | 2011年11月 |
| 克什克腾旗—古北口 | 大唐国际发电股份有限公司 | 内蒙古克什克腾旗 | 北京市密云县 | 359 | 40 | 2011年12月 |

续表

| 管道 | 所属公司 | 起点 | 终点 | 长度（公里） | 输气能力（亿米$^3$/年） | 投运时间 |
|---|---|---|---|---|---|---|
| 已建联络管道 | | | | | | |
| 靖榆线 | 中石油 | 靖边 | 榆林 | 113 | 155 | 2005年11月 |
| 冀宁线 | 中石油 | 仪征 | 安平 | 1494 | 91 | 2006年6月 |
| 淮武线 | 中石油 | 淮阳 | 武汉 | 475 | 15 | 2006年12月 |
| 兰银线 | 中石油 | 兰州 | 银川 | 401 | 35 | 2007年6月 |
| 在建长输管道 | | | | | | |
| 中缅管道 | 中石油 | 云南瑞丽 | 云南昆明 | 1727 | 120 | 2013年 |

注：靖榆线连通陕京一线和二线；冀宁线连通西气东输和陕京线；淮武线连通西气东输和忠武线；兰银线连通西气东输和涩宁兰线。

中国地区性管网建设势头强劲。2011年以来，中国地区性管网快速推进。2011年4月，山东天然气管网工程一期泰安至青岛段干线投运。9月，江西省天然气管网工程二期工程赣州接收站、赣州末站及其联络线顺利实现试投产。湖南、广西、吉林等天然气市场发展缓慢地区加紧布局区域天然气管网，启动气化全省工程。8月，天津市出台了《天津市近期建设规划（2011—2015年）》，表示将积极发展燃气工程建设项目，继续完善燃气管网，配合各城区发展建设天然气高压输气、中压配气管网及相应调压站等设施，实现输配管网覆盖全市建制镇以上行政区。9月，湖南省政府与中石油签署了《“气化湖南工程”战略合作框架协议》。“十二五”期间，中石油将在湖南省建设30条天然气支线管道，长约1600多公里，管道气化57个县（市、区），2020年全省天然气管道总长度将达5000多公里。中石化也将在湖南省内建设天然气管道，并通过新粤浙天然气输气管道向湖南供气。2011年初，广西发展改革委发布了《广西天然气支线管网和城区次高压管网及CNG业务发展规划》，明确广西天然气支线管网项目将建设14个地级城市专供管道和45条县级支线管道，并配套建设接收站24座，输配站75座，线路阀室92座。部分支线工程已经启动。1月，吉林省政府与中石油签订战略合作框架协议，共同启动“气化吉林”工程，包括东北天然气管网沈阳—长春—哈尔滨干线管道，吉林省境内支线管道以及配套的城市燃气，CNG（Compressed Natural Gas，压缩天然气）等下游天然气利用项目。

## 三、中国LNG接收站建设稳步推进

2011年，随着江苏和大连LNG接收站的建成投产，中国共投运LNG接收站5座，总接收能力达1580万吨/年。同时，唐山、海南LNG接收站开工建设。截至2011年底，中国共有7座LNG接收站在建，一期接收能力合计达1800万吨/年。中国已经投产的5个LNG接收站合计存储能力达160万米$^3$，在世界拥有LNG储存能力的18个国家中名列第六（如表8-2所示）。预计2014年，中国LNG存储能力可达500万米$^3$，届时有望进入世界前四位（如表8-3所示）。

表8-2 中国已投产LNG接收站项目 单位：百万吨/年

| 项目名称 | 所在位置 | 设计能力 | | 二期合计 | 投产时间 |
|---|---|---|---|---|---|
| | | 所属单位 | 一期 | | |
| 广州大鹏LNG项目 | 广东深圳大鹏湾 | 中海油 | 3.7 | 6.7 | 2006年 |
| 福建莆田LNG项目 | 福建莆田湄洲湾 | 中海油 | 2.6 | 6 | 2008年4月 |
| 上海洋山LNG项目 | 上海洋山深水港 | 中海油 | 3 | 6 | 2009年10月 |
| 江苏如东LNG项目 | 江苏如东洋口港 | 中石油 | 3.5 | 6.5 | 2011年6月 |
| 辽宁大连LNG项目 | 辽宁大连大孤山半岛 | 中石油 | 3 | 6 | 2011年11月 |

表8-3 中国在建LNG接收站项目 单位：百万吨/年

| 项目名称 | 所在位置 | 设计能力 | | 二期合计 | 投产时间 |
|---|---|---|---|---|---|
| | | 所属单位 | 一期 | | |
| 东莞九丰LNG项目 | 东莞红梅沙田镇 | 民营 | 1 | | 2011年6月 |
| 浙江宁波LNG项目 | 浙江宁波白峰镇中宅 | 中海油 | 3 | 9 | 2012年 |
| 珠海金湾LNG项目 | 广东珠海高栏港 | 中海油 | 3.5 | 7 | 2012年底 |
| 山东青岛LNG项目 | 山东青岛胶南董家口 | 中石油 | 3 | 6 | 2013年11月 |
| 粤东揭阳LNG项目 | 粤东揭阳惠来县 | 中海油 | 2 | 4 | 2013年 |
| 河北曹妃甸LNG项目 | 唐山市曹妃甸港区 | 中石油 | 3.5 | 6.5 | 2013年 |
| 海南LNG项目 | 海南杨浦经济开发区 | 中海油 | 2 | 3 | 2014年 |

# 第九章 电力投资与建设

## 一、电源投资下降6.5%，电网投资增长6.8%

2011年，中国电力工程建设投资7393亿元，比2010年同期减少24亿元，同比下降0.3%。中国电力工程投资额自2009年达到近年来的高点（7702亿元）后，已经连续两年出现负增长（如图9-1所示）。

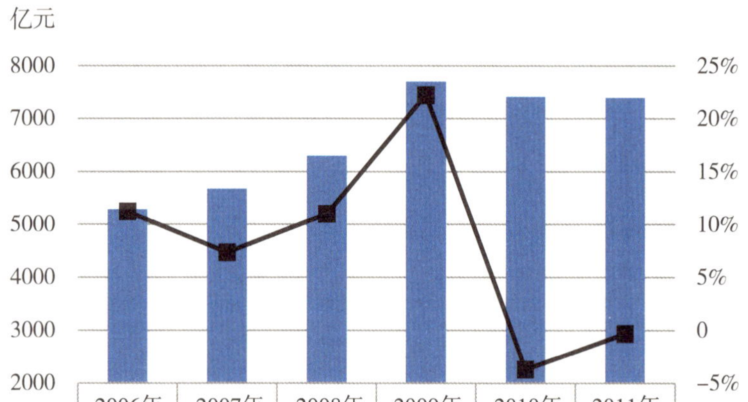


| | 2006年 | 2007年 | 2008年 | 2009年 | 2010年 | 2011年 |
|---|---|---|---|---|---|---|
| ■ 电力工程投资（亿元） | 5288 | 5677 | 6302 | 7702 | 7417 | 7393 |
| ―■― 增长率（%） | 11.2 | 7.4 | 11.0 | 22.2 | -3.7 | -0.3 |

**图9-1 2006～2011年中国电力工程投资总量与增长率**

数据来源：中国电力企业联合会，《2010年电力工业统计资料汇编》；
2011年数据来自《2011年电力工业统计快报》。

不同于2010年，2011年电力工程投资的负增长出现在电源投资领域，2010年则出现在电网投资领域。2006年以来，除了2010年出现11.6%的负增长外，电网投资保持较高的增长势头；而除了2009年以外，电源投资增长率都在10%以下，其中“十一五”开局之年和“十二五”开局之年均出现负增长（如图9-2所示）。总体上，近年来电网投资快于电源投资，在新增电力工程投资中，电网投资的比重有所提高。2006～2011年，中国电网投资比重提高近20个百分点。到2011年，在7393亿元的电力工程投资中，电源和电网投资额分别为3712亿元和3681亿元，其所占比重分别为50.2%和49.8%，二者基本持平（如图9-3所示）。

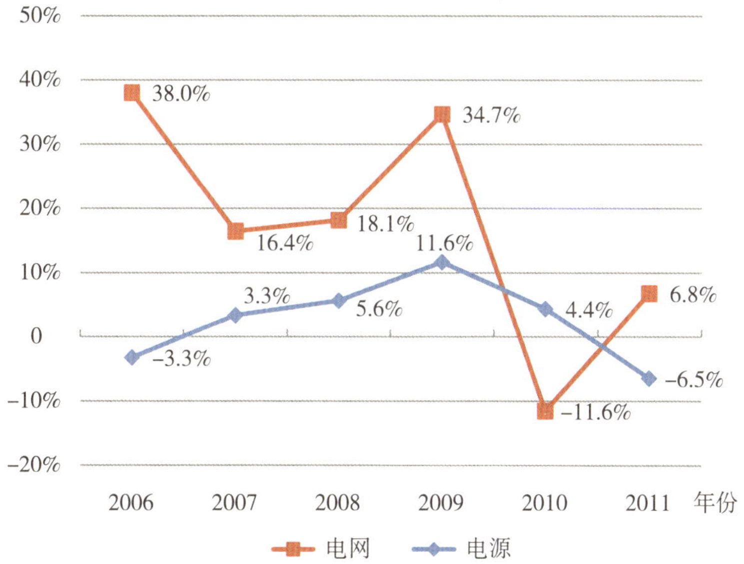


**图9-2　2006～2011年中国电源与电网投资增长率比较**

数据来源：中国电力企业联合会，《2010年电力工业统计资料汇编》；
2011年数据来自《2011年电力工业统计快报》。

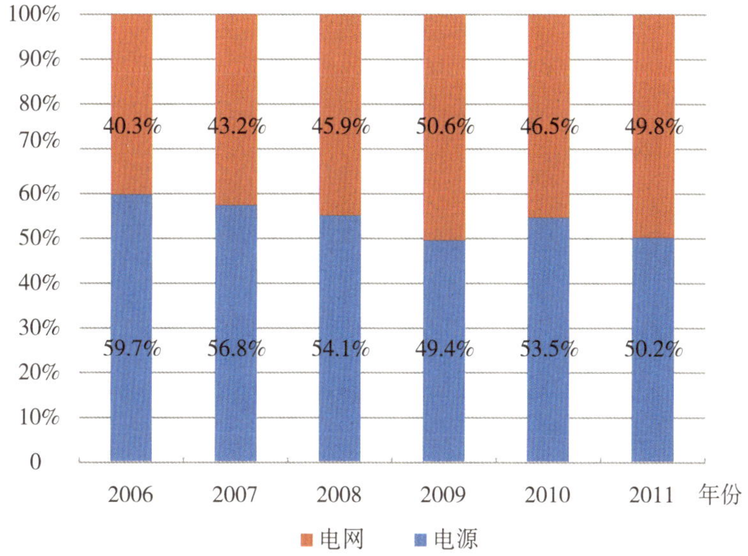


**图9-3　2006～2011年中国电源与电网投资结构**

数据来源：中国电力企业联合会，《2010年电力工业统计资料汇编》；
2011年数据来自《2011年电力工业统计快报》。

在3712亿元的电源工程投资中，水电完成投资940亿元（其中抽水蓄能电站完成投资60.5亿元），火电1054亿元（其中煤电903亿元），核电740亿元，风电829亿元。水电投资同比增长14.7%，火电投资同比下降26.1%，核电投资同比增长14.3%，风电投资同比增长下降20.1%。由此可见，2011年中国水电投资与核电投资保持较快增速，电力工程投资下降主要是由于火电投资与风电投资的下降引起的。

2006年以来，中国火电投资额逐年减少，一方面与之前大规模的火电投资导致基数较高有关系，另一方面也是由于近年来火电发电亏损导致企业投资火电积极性不高。水电方面，“十一五”期间水电投资建设基本停滞不前，2011年水电投资有加快迹象。“十一五”期间风电与核电投资大幅度提高，日本福岛核事故发生后，核安全检查使得近两年中国的核电投资增速有较大幅度的回落。不过，发展核电是中国降低非化石能源的必要选项，核安全检查后国家将重启核电审批，在确保安全的前提下高效发展核电，未来核电投资仍将保持较快增速。风电投资方面，经过大规模投资建设后，国家开始控制风电发展速度，遏制重复建设与盲目发展，未来风电投资难以像过去几年那样井喷式发展（如图9-4所示）。

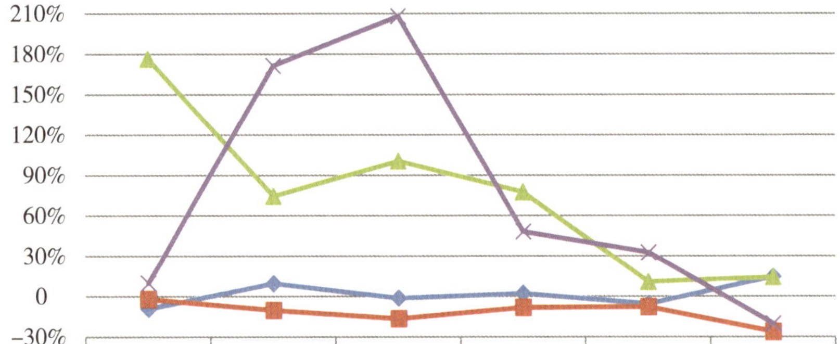


| | 2006年 | 2007年 | 2008年 | 2009年 | 2010年 | 2011年 |
|---|---|---|---|---|---|---|
| 水电投资增长率（%） | -9.0 | 9.6 | -1.2 | 2.1 | -5.5 | 14.8 |
| 火电投资增长率（%） | -1.8 | -10.0 | -16.3 | -8.0 | -7.6 | -26.1 |
| 核电投资增长率（%） | 176.5 | 74.5 | 100.6 | 77.5 | 11.0 | 14.2 |
| 风电投资增长率（%） | 10.0 | 171.4 | 208.2 | 48.4 | 32.7 | -20.1 |

**图9-4 2006～2011年中国分电源投资增长率比较**

数据来源：中国电力企业联合会，《2010年电力工业统计资料汇编》；

2011年数据来自《2011年电力工业统计快报》。

总体上看，近几年来由于火电投资的逐年下降，风电、核电投资的快速增加，在新增投资中，火电比重逐步下降，而风电、核电投资比重则有较大幅度的提高。火电、水电、核电与风电的投资占比分别从2006年的70%、25%、3%和2%转变为2011年的28%、25%、20%和22%，如图9-5所示。

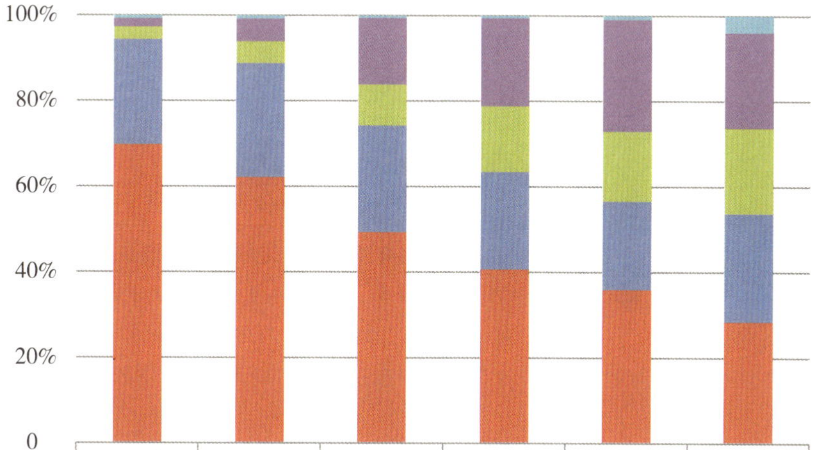


| | 2006年 | 2007年 | 2008年 | 2009年 | 2010年 | 2011年 |
|---|---|---|---|---|---|---|
| 其他（亿元） | 25 | 27 | 23 | 26 | 38 | 149 |
| 风电（亿元） | 63 | 171 | 527 | 782 | 1038 | 829 |
| 核电（亿元） | 94 | 164 | 329 | 584 | 648 | 740 |
| 水电（亿元） | 784 | 859 | 849 | 867 | 819 | 940 |
| 火电（亿元） | 2229 | 2005 | 1679 | 1544 | 1426 | 1054 |

**图9-5　2006～2011年中国分电源投资结构**

数据来源：中国电力企业联合会，《2010年电力工业统计资料汇编》；
2011年数据来自《2011年电力工业统计快报》。

## 二、发电装机容量跃居世界第一

2011年中国新增发电设备容量8935万千瓦，截至2011年底，中国全口径发电装机容量为10.56亿千瓦，同比增长9.2%，发电装机容量增长率为2006年以来最低值，如图9-6所示。

2011年中国发电装机容量首次超过美国（10.3亿千瓦）成为世界上第一大发电装机容量国家。但是，从人均水平上看，2011年中国人均装机容量为0.79千瓦/人，约为2009年美国（3.34千瓦/人）的24%，日本（2.2千瓦/人）的36%，德国（1.8千瓦/人）的44%，如图9-7所示。

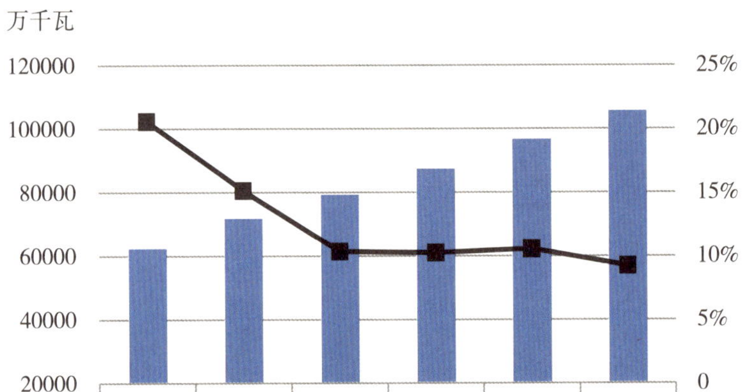


| | 2006年 | 2007年 | 2008年 | 2009年 | 2010年 | 2011年 |
|---|---|---|---|---|---|---|
| ■ 发电装机容量（万千瓦） | 62370 | 71822 | 79273 | 87410 | 96641 | 105576 |
| 增长率（%） | 20.6 | 15.2 | 10.4 | 10.3 | 10.6 | 9.2 |

**图9-6　2006～2011年中国发电装机容量与增长率**

数据来源：中国电力企业联合会，《2010年电力工业统计资料汇编》；

2011年数据来自《2011年电力工业统计快报》。

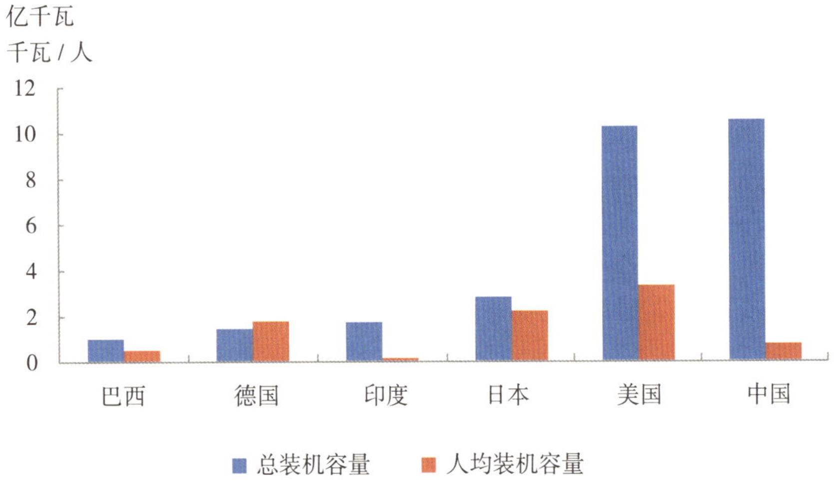


**图9-7　发电装机容量国际比较**

注：中国为2011年数据，巴西和印度为2008年数据，其他国家为2009年数据。

## 三、非化石能源装机比重提高近1个百分点，火电装机仍占主导

分电源看，2011年中国水电、火电、核电、风电和其他新增装机容量分别1446万、5578万、175万、1548万千瓦和188万千瓦，分别占新增总装机容量8935万千瓦的16.2%、62.4%、2.0%、17.3%和2.1%，如图9-8所示。

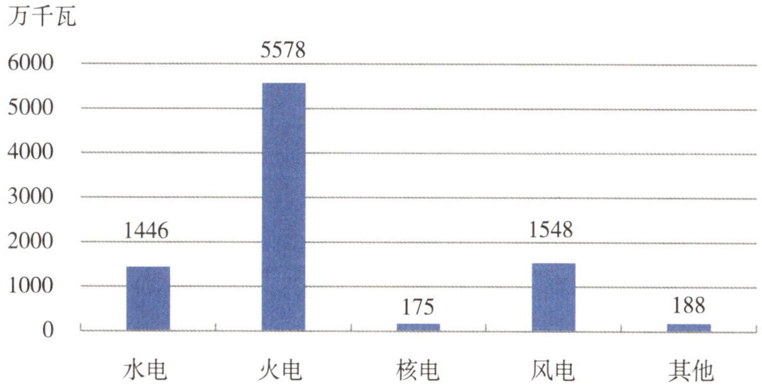


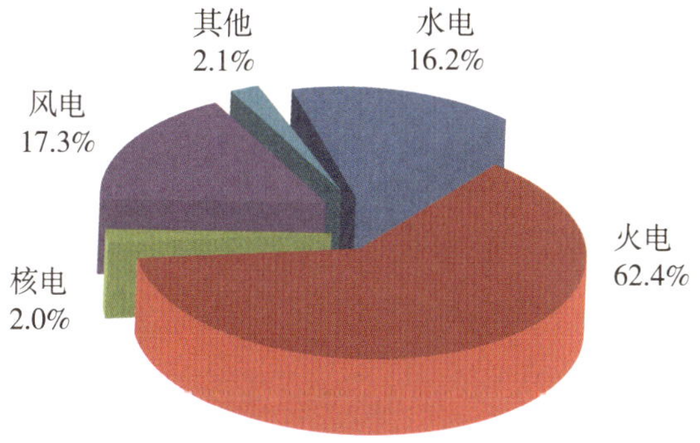


**图9-8 2011年中国分电源新增装机容量与结构**

数据来源：中国电力企业联合会，《2010年电力工业统计资料汇编》；
2011年数据来自《2011年电力工业统计快报》。

截至2011年底，水电、火电、核电、风电和其他发电装机容量分别为23051万、76546万、1257万、4505万千瓦和217万千瓦（其中太阳能发电214万千瓦），占总装机容量的比重分别为21.8%、72.5%、1.2%、4.3%和0.2%。非化石能源发电装机比重27.5%，比2010年提高近1个百分点，如图9-9所示。

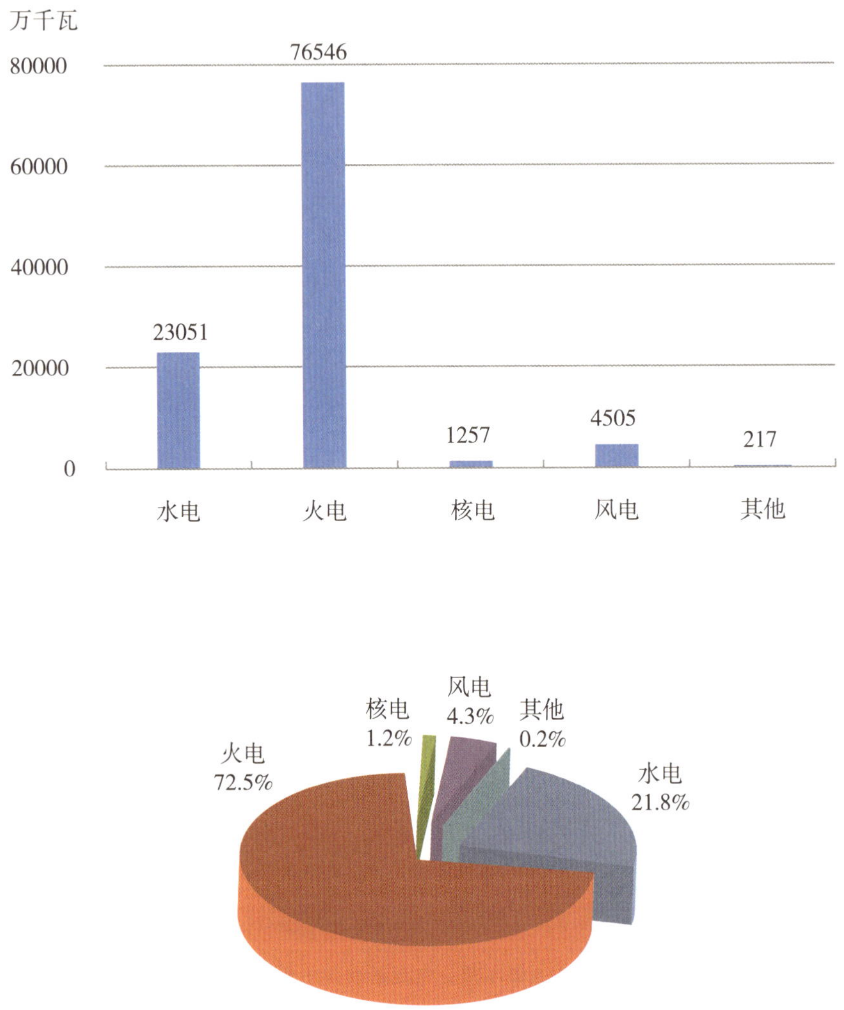


图9-9 2011年中国分电源累计装机容量与结构

## 四、电力装机主要集中在东部，西南地区水电比重高

分地区看，2011年中国发电装机容量排名前五的地区为广东、内蒙古、江苏、山东、浙江；其中广东装机容量最大，与韩国全国的装机容量相当，为7631万千瓦，占全国7.2%。西藏装机容量最少，约为97万千瓦，如表9-1所示。

从装机结构看，青海、四川、湖北、云南、广西和西藏等地区以水电为主，比重均超过50%；重庆、湖南和贵州的水电装机比重超过40%，其他地区则以火电为主导。风电主要分布于内蒙古、甘肃、河北、辽宁等地区，而核电则主要分布在广东、浙江、江苏三个地区中，如图9-10所示。

表9-1　　2011年中国分地区发电装机容量　　单位：万千瓦

| 地区 | 合计 | 其中 | | | | |
|---|---|---|---|---|---|---|
| | | 水电 | 火电 | 核电 | 风电 | 太阳能发电 |
| 全国 | 105576 | 23051 | 76546 | 1257 | 4505 | 214.3 |
| 广东 | 7631 | 1295 | 5639 | 612 | 85 | 0 |
| 内蒙古 | 7344 | 85 | 5894 | | 1364 | 1 |
| 江苏 | 6888 | 114 | 6379 | 212 | 158 | 25.1 |
| 山东 | 6844 | 107 | 6492 | | 242 | 4 |
| 浙江 | 6060 | 974 | 4620 | 433 | 32 | 1 |
| 湖北 | 5262 | 3350 | 1902 | | 10 | 1 |
| 河南 | 5224 | 395 | 4819 | | 11 | 0 |
| 山西 | 4987 | 243 | 4652 | | 90 | 2 |
| 四川 | 4765 | 3288 | 1476 | | 2 | 0 |
| 河北 | 4431 | 179 | 3807 | | 432 | 13 |
| 云南 | 4059 | 2847 | 1136 | | 75 | 2 |
| 贵州 | 3736 | 1702 | 2030 | | 4 | 0 |
| 福建 | 3649 | 1125 | 2441 | | 82 | 0 |
| 辽宁 | 3401 | 147 | 2852 | | 402 | 0 |
| 安徽 | 3175 | 200 | 2954 | | 20 | 0 |
| 湖南 | 3093 | 1333 | 1755 | | 5.6 | 0 |
| 甘肃 | 2727 | 650 | 1524 | | 546 | 7 |
| 广西 | 2690 | 1500 | 1185 | | 5 | 0 |
| 陕西 | 2460 | 232 | 2216 | | 10 | 2 |
| 吉林 | 2306 | 433 | 1587 | | 285 | 0 |
| 新疆 | 2172 | 351 | 1631 | | 188 | 2 |
| 黑龙江 | 2088 | 96 | 1737 | | 255 | 0 |
| 上海 | 1950 | 0 | 1928 | | 21 | 1 |
| 宁夏 | 1844 | 43 | 1640 | | 112 | 49 |
| 江西 | 1801 | 407 | 1379 | | 13 | 1 |
| 青海 | 1443 | 1115 | 230 | | 2 | 96 |
| 重庆 | 1298 | 598 | 695 | | 5 | 0 |
| 天津 | 1097 | 1 | 1083 | | 13 | 0 |
| 北京 | 630 | 105 | 514 | | 11 | 0 |
| 海南 | 425 | 83 | 314 | | 25 | 2 |
| 西藏 | 97 | 54 | 36 | | 0 | 5.0 |

数据来源：《2011年电力工业统计快报》。

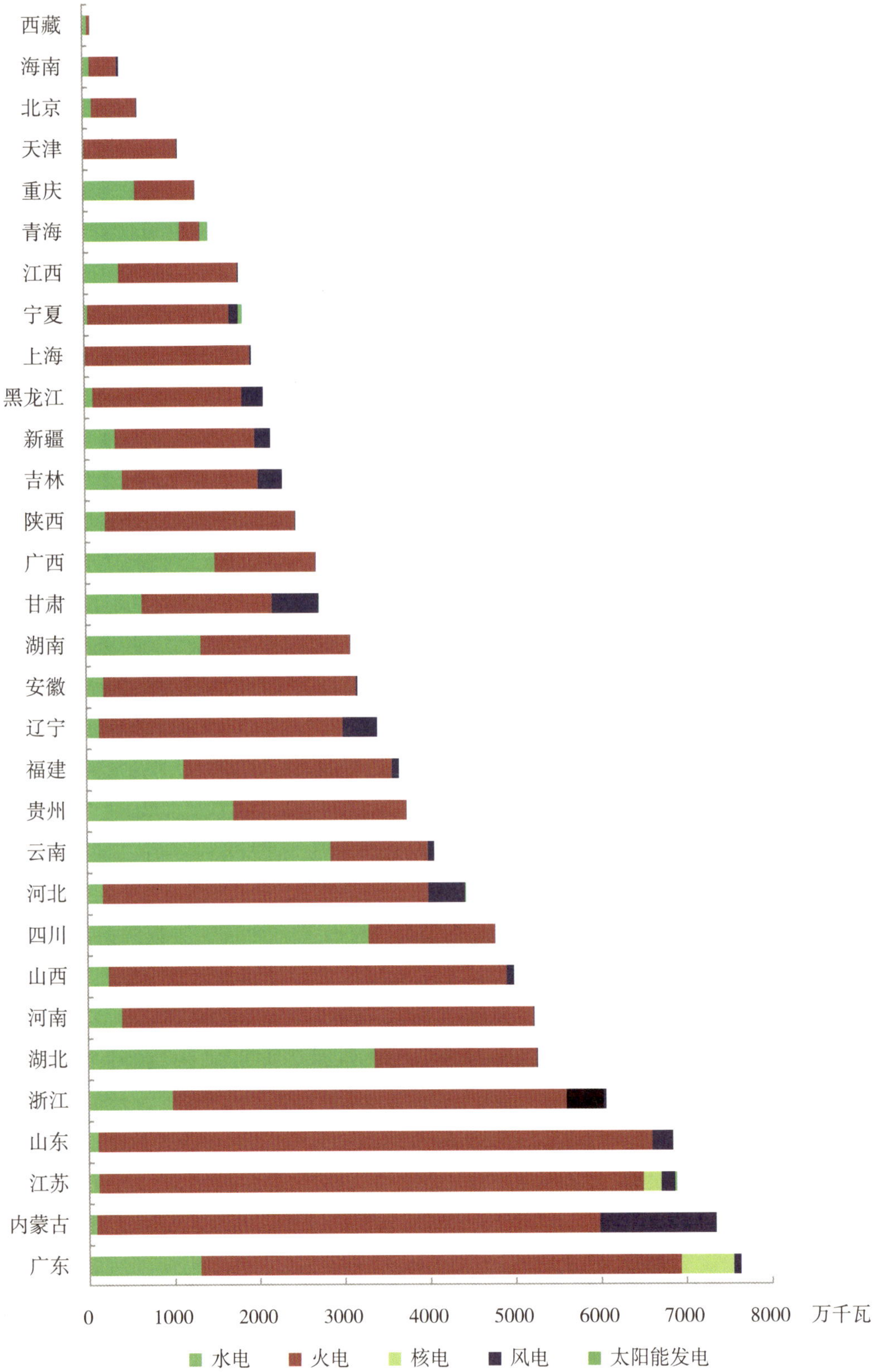


图9-10　2011年中国分地区发电装机容量及其构成

## 五、电力输送能力显著增强

2011年中国电网新增220千伏及以上线路长度3.5万公里；新增220千伏及以上变电设备容量2亿千伏安。到2011年底，中国220千伏及上线路长度48万公里，同比增长7.88%；220千伏及以上变电容量近22亿千伏安，同比增长10.5%（如表9–2和表9–3所示）。

表9–2　　2011年中国新增及累计输电线路长度　　单位：公里

| 项目 | 2011年 | 同比增长 |
|---|---|---|
| 基建新增220千伏及以上输电线路回路长度 | 35071 | −9654 |
| 其中：直流部分 | 1038 | −5393 |
| ±800千伏 | | −1907 |
| ±660千伏 | | −1335 |
| ±500千伏 | | −3189 |
| ±400千伏 | 1038 | 1038 |
| 其中：交流部分 | 34033 | −4261 |
| 1000千伏 | 1 | 1 |
| 750千伏 | 2740 | −1751 |
| 500千伏 | 7297 | −307 |
| 330千伏 | 835 | −864 |
| 220千伏 | 23160 | −1339 |
| 220千伏及以上输电线路回路长度 | 480330 | 7.88% |
| 其中：直流部分 | 13548 | 8.30% |
| ±800千伏 | 3334 | |
| ±660千伏 | 1095 | |
| ±500千伏 | 8081 | |
| ±400千伏 | 1038 | |
| 其中：交流部分 | 466782 | 7.86% |
| 1000千伏 | 641 | 0.16% |
| 750千伏 | 9425 | 40.99% |
| 500千伏 | 134395 | 5.74% |
| 330千伏 | 21173 | 4.11% |
| 220千伏 | 301148 | 8.33% |

数据来源：《2011年电力工业统计快报》。

表 9–3　　2011 年中国新增及累计变电设备容量　　单位：万千伏安

| 项目 | 2011年 | 同比增长 |
|---|---|---|
| 基建新增220千伏及以上变电设备容量 | 20906 | −4907 |
| 1000千伏 | 1200 | 1200 |
| 750千伏 | 1660 | −260 |
| 500千伏 | 5765 | −3730 |
| 330千伏 | 606 | −354 |
| 220千伏 | 11675 | −1763 |
| 220千伏及以上公用变压器设备容量 | 219923 | 10.50% |
| 1000千伏 | 1800 | 200.00% |
| 750千伏 | 5530 | 42.89% |
| 500千伏 | 75608 | 8.25% |
| 330千伏 | 7063 | 9.39% |
| 220千伏 | 129922 | 9.87% |

数据来源：《2011年电力工业统计快报》。

# 第十章 非化石能源投资与建设

在国家大力推动战略新兴产业发展政策推动下，2011 年中国可再生能源政策环境进一步完善，技术进步显著，生产能力、开发规模平稳增长，继续呈现全面、快速、规模化发展的态势，如表 10–1 所示。

表 10–1　　2010、2011 年中国非化石能源主要发展指标

| 利用方式 | 2010年 | 2011年 | 增长率（%） |
|---|---|---|---|
| 发　电 | | | |
| 水电（万千瓦） | 21605 | 23051 | 6.7 |
| 并网风电（万千瓦） | 3131 | 4505 | 43.7 |
| 光伏发电（万千瓦） | 80 | 300 | 275 |
| 各类生物质发电（万千瓦） | 550 | 750 | 36.4 |
| 供　气 | | | |
| 沼气（亿米$^3$） | 140 | 160 | 14.3 |
| 其中：农村沼气用户（万户） | 4000 | 4300 | 7.5 |
| 供　热 | | | |
| 太阳能热水器（万米$^3$） | 16800 | 19400 | 15.5 |
| 地热等（万吨标准煤） | 460 | 500 | 8.7 |
| 燃　料 | | | |
| 燃料乙醇（万吨） | 180 | 190 | 5.6 |
| 生物柴油（万吨） | 50 | 60 | 20 |

## 一、水电装机容量世界第一，开发程度仍有待提高

中国水力资源丰富。根据《中华人民共和国水力资源复查结果（2003 年）》，全国水力资源技术可开发量为 54164 万千瓦，年发电量为 24740 亿千瓦·时；经济可开发量为 40180 万千瓦，年发电量为 17534 亿千瓦，均为世界最高，如表 10–2 所示。

表 10–2　　中国各地区水力资源分布　　单位：亿千瓦·时

| 地区 | 理论蕴藏量 | 技术可开发量 | 经济可开发量 |
|---|---|---|---|
| 西藏 | 17639 | 5760 | 376 |
| 四川 | 12572 | 6122 | 5233 |
| 云南 | 9144 | 4919 | 4713 |
| 新疆 | 3344 | 713 | 683 |
| 重庆 | 2012 | 446 | 378 |
| 青海 | 1916 | 913 | 555 |
| 贵州 | 1584 | 778 | 752 |
| 广西 | 1545 | 809 | 795 |
| 湖北 | 1507 | 1386 | 1380 |
| 甘肃 | 1304 | 444 | 370 |
| 湖南 | 1163 | 486 | 458 |
| 陕西 | 1119 | 222 | 217 |
| 福建 | 941 | 353 | 345 |
| 黑龙江 | 664 | 238 | 212 |
| 浙江 | 538 | 161 | 161 |
| 广东 | 532 | 198 | 178 |
| 内蒙古 | 509 | 73 | 72 |
| 山西 | 494 | 121 | 119 |
| 江西 | 426 | 171 | 138 |
| 河南 | 412 | 97 | 91 |
| 吉林 | 301 | 118 | 115 |
| 安徽 | 274 | 30 | 27 |
| 京津冀 | 199 | 37 | 25 |
| 宁夏 | 184 | 59 | 59 |
| 辽宁 | 178 | 60 | 59 |
| 沪、苏 | 152 | 2 | 1 |
| 山东 | 102 | 2 | 1 |
| 海南 | 74 | 21 | 20 |

数据来源：《中华人民共和国水力资源复查结果（2003年）》。

从空间分布来看，中国水能资源地域分布极不均匀，西部多、东部少。其中西部的云南、贵州、四川、重庆、陕西、甘肃、宁夏、青海等12个省（自治区、直辖市）水能资源占全国总量的81.5%，特别是西南地区的云南、贵州、四川、重庆和西藏就占66.7%；经济发达、用电负荷集中的东部部分省区只占4.9%（如图10–1所示）。

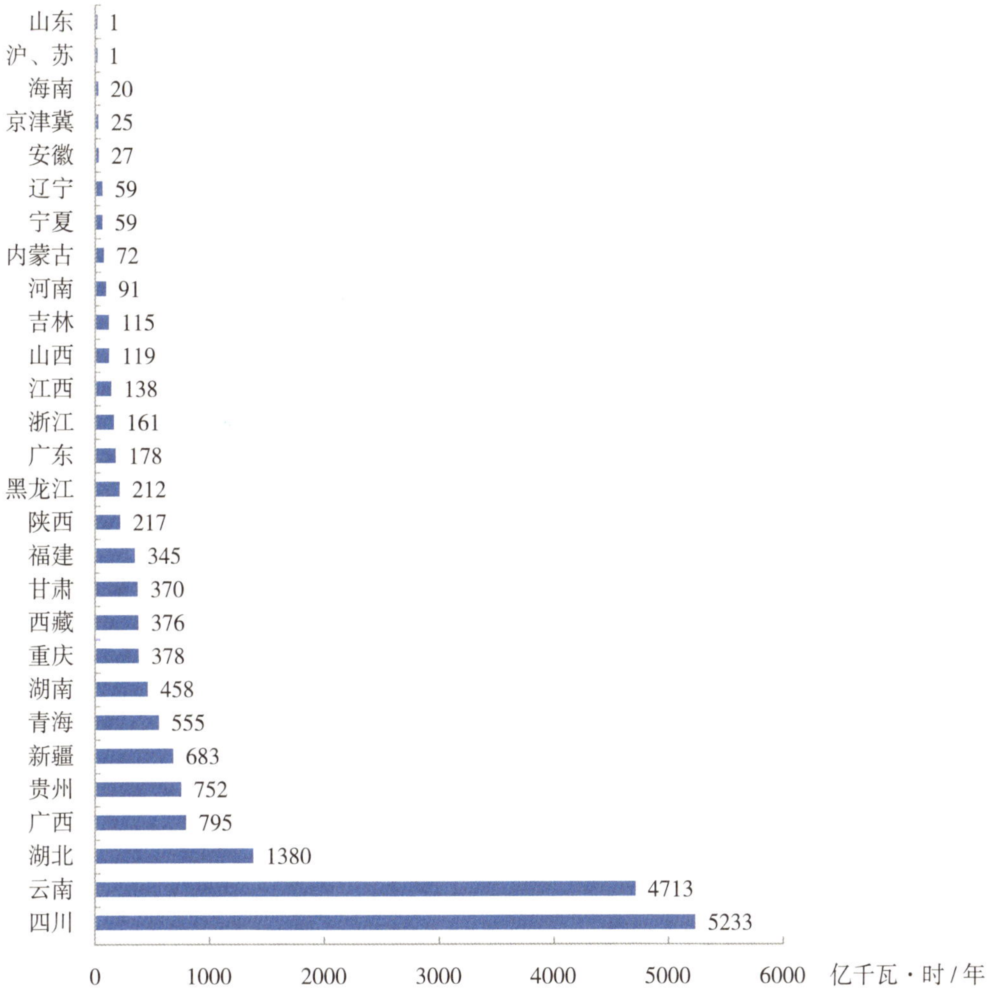


**图10–1　中国各地区水力资源量排序**

水电装机容量2.3亿千瓦，世界第一。2011年随着金安桥、三峡地下电站等建成投产，中国的水电装机规模稳步增加，水电前期工作有序推进，政策法规不断完善。水电是中国装机总量中占比第二大的电源，2011年底，中国全口径水电装机容量为2.3亿千瓦，比2010年增加1446万千瓦，同比增长约6.7%（如图10–2所示）。

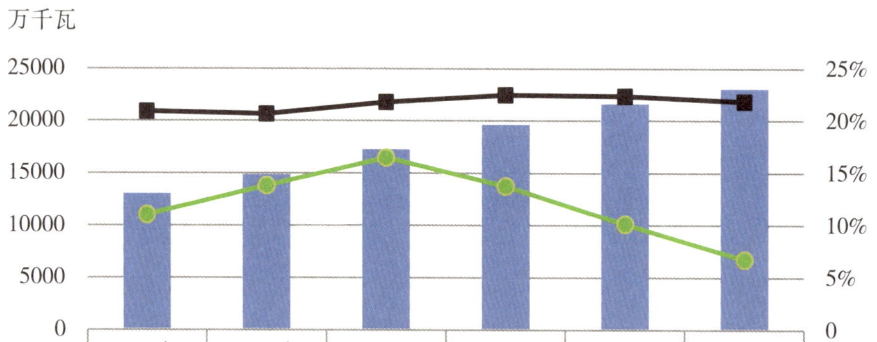


| | 2006年 | 2007年 | 2008年 | 2009年 | 2010年 | 2011年 |
|---|---|---|---|---|---|---|
| 水电（万千瓦） | 13029 | 14823 | 17260 | 19629 | 21606 | 23052 |
| 占比（%） | 20.9 | 20.6 | 21.8 | 22.5 | 22.4 | 21.8 |
| 增速（%） | 11.0 | 13.8 | 16.4 | 13.7 | 10.1 | 6.7 |

**图 10-2　2006～2011 年中国水电装机容量**

数据来源：中国电力企业联合会，《电力统计资料汇编 2010》；2011 年的数据来自 2011 年统计公报。

中国是世界第一水电大国，而 2009 年处于第二位的美国水电装机容量为 1.01 亿千瓦，中国是美国的两倍多，如图 10-3 所示。另外，从水电占比看，中国水电装机比重为 21.8%；俄罗斯与中国相当，比重为 20% 左右；美国水电比重为 9.8%。

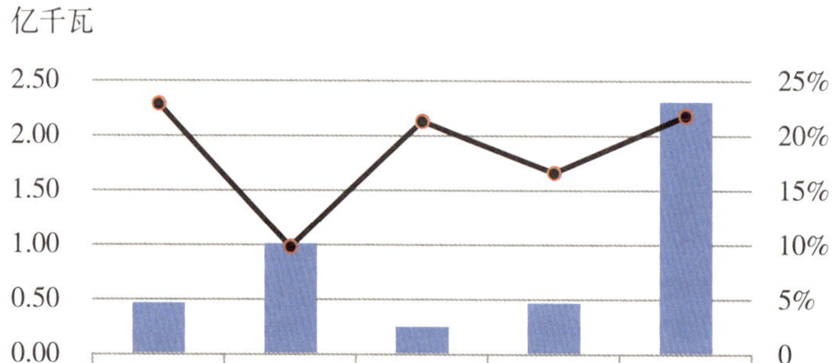


| | 俄罗斯 | 美国 | 法国 | 日本 | 中国 |
|---|---|---|---|---|---|
| 水电（亿千瓦） | 0.47 | 1.01 | 0.25 | 0.47 | 2.31 |
| 比重（%） | 22.9 | 9.8 | 21.3 | 16.6 | 21.8 |

**图 10-3　水电装机容量的国际比较**

数据来源：中国数据为 2011 年数据，来源于 2011 年统计快报；
其他国家数据为 2009 年联合国 Energy Statistics Yearbook，转引自《能源数据手册 2011》。

从空间分布看，中国水电装机主要集中在中西部地区，2011 年各省（自治区、直辖市）的装机容量中，排名前五的为湖北、四川、云南、贵州、广西，装机容量分别为 3350 万、3288 万、2847 万、1702

万、1500万千瓦·时，如图10-4所示；排名末五的是海南、西藏、宁夏、天津、上海，装机容量分别为83万、54万、43万、1万千瓦和0。水电装机容量在1千万千瓦以上的省（自治区、直辖市）有9个。

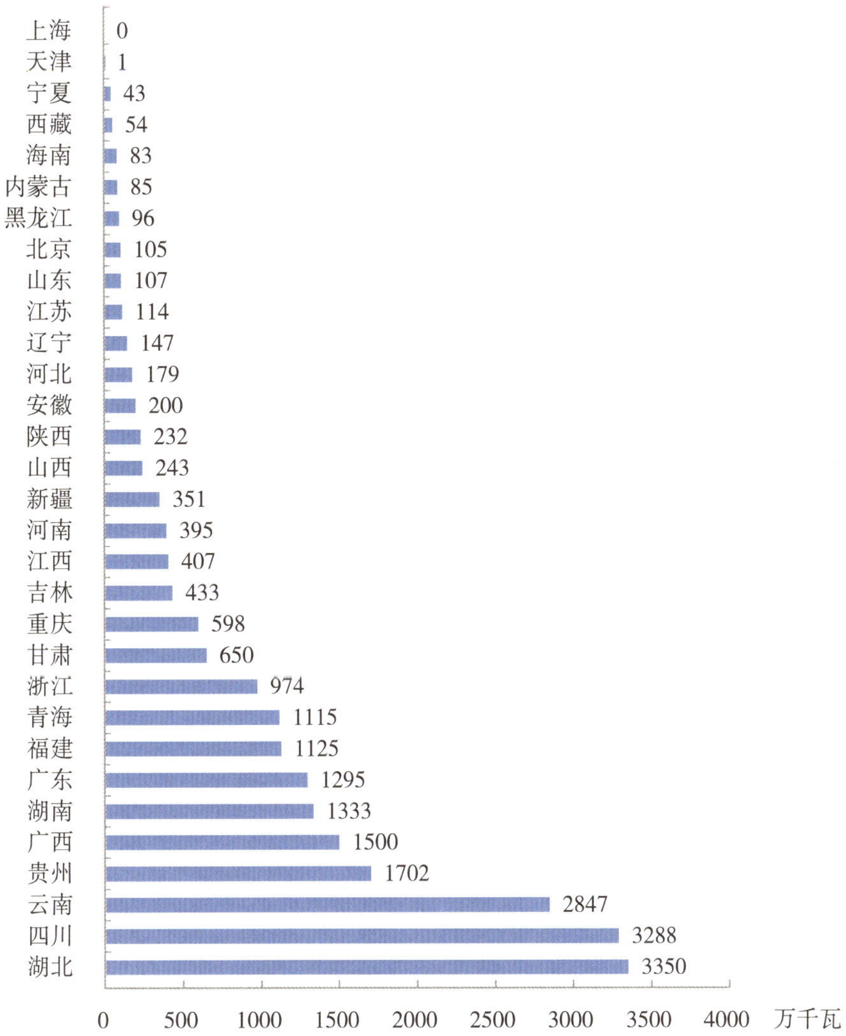


**图10-4 2011年中国各省（自治区、直辖市）水电装机容量**

数据来源：2011年电力工业统计快报。

水电开发程度有待提高。尽管水电装机容量世界第一，但相对于丰富的水能资源，水电开发程度仍有待进一步提高。如图10-5所示，中国水力发电量占技术可开发量的比重为32.0%，高于世界平均水平（23.2%），俄罗斯的开发率最低，约为10.6%；日本开发率较高，约为60.8%。

水电投资有待加强。在2006～2011年间，水电投资经历了先升后降再升的过程，如图10-6所示，2006～2007年间，水电投资增长了9.6%，从783.89亿元增加到859.14亿元。而2010年，水电投资额下降到791亿元，到了2011年水电投资额再次上升到940亿元，与2010年相比，同比增长18.84%。总体上看，“十一五”期间中国的水电投资停滞不前。“十二五”开局之年，水电投资停滞不前的局面得到扭转。

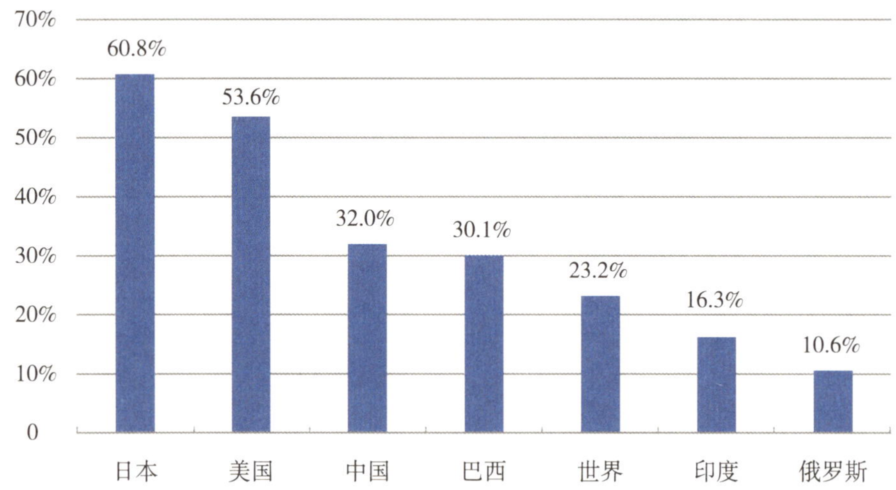


**图10-5　世界主要国家和地区的水电开发率**

数据来源：《英国国际水电与大坝》季刊《2000年水电地图集》；

IEA，Energy of OECD Countries1, Energy of non-OECD Countries 2011，转引自《能源数据手册2011》。

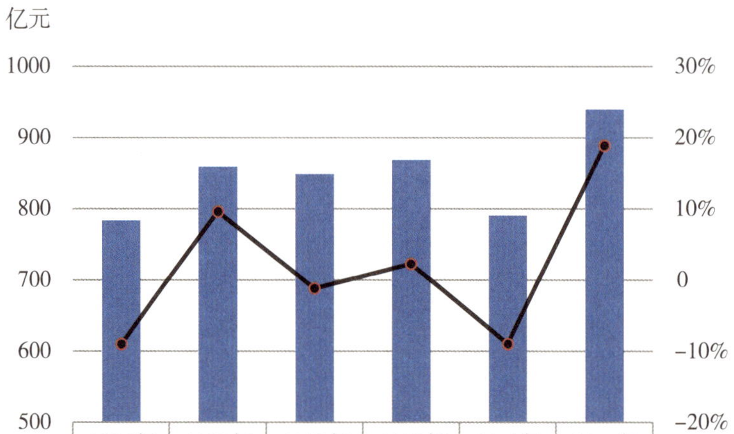


| | 2006年 | 2007年 | 2008年 | 2009年 | 2010年 | 2011年 |
|---|---|---|---|---|---|---|
| 水电投资额（亿元） | 783.89 | 859.14 | 849 | 868.6 | 791 | 940 |
| 增长率（%） | -9.00 | 9.60 | -1.18 | 2.31 | -8.93 | 18.84 |

**图10-6　2006～2011年中国水电投资额及增长率**

数据来源：《中国能源统计年鉴2011》，2011年数据来源于2011年统计公报。

## 二、风电装机大幅增加，但是大规模风电投资已“降温”

风电装机容量逐年增加。中国风电发展迅速，自2005年以来，风电装机容量增长率都在60%以上。2011年风电装机总量为6270万千瓦，居世界第一。并网风电达到了4505万千瓦。风电装机容量在总装机容量中，比重逐年增加，从2005年的0.2%增加到2011年的4.2%。2006～2011年，并网风电占总风电装机比重有所下降，从2006年的79.9%下降到2011年的71.9%（如图10–7所示）。

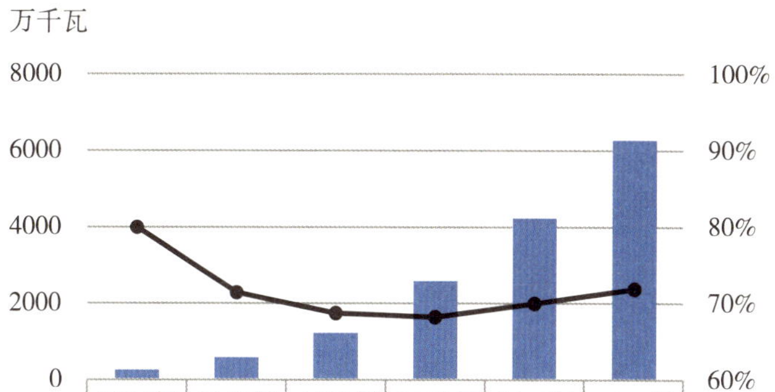


| | 2006年 | 2007年 | 2008年 | 2009年 | 2010年 | 2011年 |
|---|---|---|---|---|---|---|
| 风电装机容量（万千瓦） | 259 | 588 | 1221 | 2581 | 4229 | 6270 |
| 并网风电装机占比（%） | 79.9 | 71.4 | 68.7 | 68.2 | 69.9 | 71.9 |

**图10–7　2006～2011年中国风电装机容量及并网结构**

数据来源：中国电力企业联合会，《2010年电力工业统计资料汇编》；2011年数据来源于电力统计快报。

与此同时，2006～2011年间大部分省区均大力开展风电建设，其中内蒙古2011年并网风电装机容量为1364万千瓦，是中国并网风电累计装机容量最大的省份。2011年并网风电装机超过100万千瓦的省份有10个，其中200万千瓦的省份有7个，分别为内蒙古（1364万千瓦）、甘肃（546万千瓦）、河北（432万千瓦）、辽宁（402万千瓦）、吉林（285万千瓦）、黑龙江（255万千瓦）、山东（242万千瓦），如表10–3所示。

**表10–3　2011年中国各省（自治区、直辖市）发电机装机容量及风电装机比**　单位：万千瓦

| 地区 | 发电机总装机容量 | 并网风电装机容量 | 占比（%） |
|---|---|---|---|
| 全国 | 105576 | 4505 | 4.3 |
| 内蒙古 | 7344 | 1364 | 18.6 |
| 甘肃 | 2727 | 546 | 20.0 |
| 河北 | 4431 | 432 | 9.8 |
| 辽宁 | 3401 | 402 | 11.8 |
| 吉林 | 2306 | 285 | 12.4 |

续表

| 地区 | 发电机总装机容量 | 并网风电装机容量 | 占比（%） |
|---|---|---|---|
| 黑龙江 | 2088 | 255 | 12.2 |
| 山东 | 6844 | 242 | 3.5 |
| 新疆 | 2172 | 188 | 8.6 |
| 江苏 | 6888 | 158 | 2.3 |
| 宁夏 | 1844 | 112 | 6.1 |
| 山西 | 4987 | 90 | 1.8 |
| 广东 | 7631 | 85 | 1.1 |
| 福建 | 3649 | 82 | 2.2 |
| 云南 | 4059 | 75 | 1.8 |
| 浙江 | 6060 | 32 | 0.5 |
| 海南 | 425 | 25 | 6.0 |
| 上海 | 1950 | 21 | 1.1 |
| 安徽 | 3175 | 20 | 0.6 |
| 江西 | 1801 | 13 | 0.7 |
| 天津 | 1097 | 13 | 1.2 |
| 北京 | 630 | 11 | 1.8 |
| 河南 | 5224 | 11 | 0.2 |
| 湖北 | 5262 | 10 | 0.2 |
| 陕西 | 2460 | 10 | 0.4 |
| 湖南 | 3093 | 5.6 | 0.2 |
| 广西 | 2690 | 5 | 0.2 |
| 重庆 | 1298 | 5 | 0.4 |
| 贵州 | 3736 | 4 | 0.1 |
| 青海 | 1443 | 2 | 0.1 |
| 四川 | 4765 | 2 | 0.0 |
| 西藏 | 97 | 0 | 0.0 |

数据来源：2011年电力工业统计快报。

2011年中国并网风电装机总量为4505万千瓦，风电装机总量为6270万千瓦，总量接近澳大利亚全部发电装机总量。根据BP统计数据，2010年中国风电装机总量为4478万千瓦，占世界总量的22.4%。超过排名第二的美国400多万千瓦，如图10–8所示。

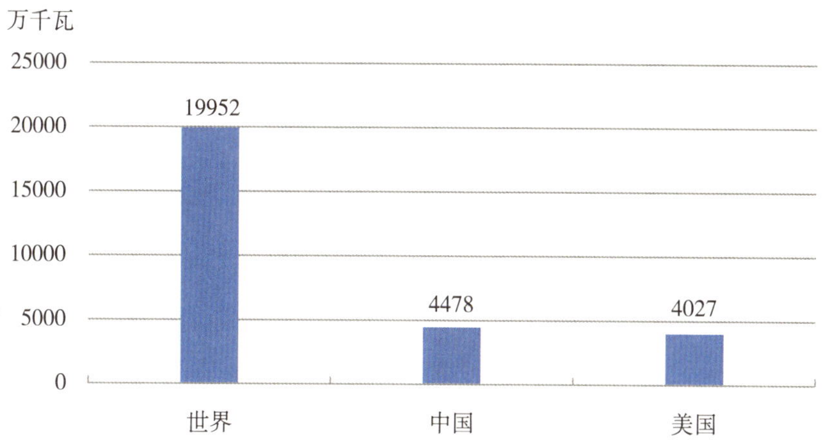


**图 10-8　2010 年风电装机容量的国际比较**

数据来源：BP，Statistical Review of World Energy 2011，转引自《能源数据手册 2011》。

风电投资逐步“降温”。2006 ~ 2008 年，风电投资增速不断加快，2008 年风电投资增长率超过 200%，但是 2009 年以来，风电投资增速逐年降低，2011 年风电投资为 829 亿元，比 2010 年同比减少 200 多亿元，增长率为 -20.1%，这与政府的政策直接相关，如图 10-9 所示。

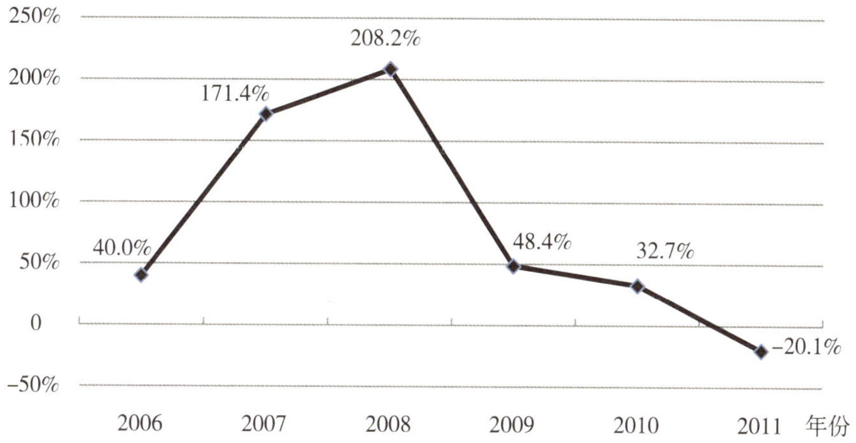


**图 10-9　2006 ~ 2011 年中国风电投资增长率**

数据来源：中国电力企业联合会，《2010 年电力工业统计资料汇编》；
2011 年数据来源于电力统计快报。

## 三、核电投资建设稳健推进

中国是继美国、英国、法国、苏联、加拿大和瑞典之后，世界上第 7 个自主设计和建造核电站的国家，核电在建施工规模居世界首位。截至 2011 年底，已建成的核电站有 7 座，投入运行的核电机组有 15 台，13 个在建的核电站。投入运行的核电站主要是：浙江省的秦山核电站、秦山第二核电站、秦山第三核电站，广东省的大亚湾核电站、岭澳核电站，江苏省的田湾核电站，全部集中在东部地区。2011 年中国核电装机容量为1257万千瓦，占电力总装机容量的比重为1.2%（如表10–4 ~ 表10–6所示）。

表10–4　　2005～2011 年中国核电装机容量　　单位：万千瓦

| 年份 | 核电装机容量 | 电力总装机容量 | 占比（%） |
|---|---|---|---|
| 2005 | 685 | 51718 | 1.3 |
| 2006 | 685 | 62370 | 1.1 |
| 2007 | 908 | 71822 | 1.3 |
| 2008 | 908 | 79273 | 1.1 |
| 2009 | 908 | 87410 | 1.0 |
| 2010 | 1082 | 96641 | 1.1 |
| 2011 | 1257 | 105576 | 1.2 |

数据来源：中国电力企业联合会，《2010年电力工业统计资料汇编》；2011 年数据来源于电力统计快报。

表10–5　　2011 年中国已建成核电站　　单位：万千瓦

| 省份 | 公司 | 机组 | 机组容量 |
|---|---|---|---|
| 浙江 | 秦山核电站有限公司 | 秦山一期1号 | 31 |
| | 核电秦山联营有限公司 | 秦山一期1号 | 65 |
| | | 秦山一期2号 | 65 |
| | | 秦山二期扩建 | 66 |
| | | 秦山二期扩建 | 66 |
| | 秦山第三核电站有限公司 | 秦山三期1号 | 70 |
| | | 秦山三期2号 | 70 |
| 广东 | 广东核电合营有限公司 | 大亚湾1号 | 98.38 |
| | | 大亚湾2号 | 98.38 |
| | 岭澳核电合营有限公司 | 岭澳1号 | 99.03 |
| | | 岭澳2号 | 99.03 |
| | 岭东核电合营有限公司 | 岭澳二期 | 108.6 |
| | | 岭澳二期 | 108.6 |
| 江苏 | 江苏核电有限公司 | 田湾1号 | 106 |
| | | 田湾2号 | 106 |
| 合计 | | | 1257 |

数据来源：中国电力企业联合会，《中国电力行业年度发展报告2011》。

表 10–6　　2011 年中国在建核电机组数量

| 项目名称 | 建设地址 | 在建规模 | |
|---|---|---|---|
| | | 台数（台） | 容量（万千瓦） |
| 红沿河核电一期工程 | 辽宁省大连市 | 4 | 448 |
| 秦山一期扩建工程 | 浙江省海盐市 | 2 | 200 |
| 秦山二期扩建工程 | 浙江省海盐市 | 1 | 65 |
| 三门核电一期工程 | 浙江省台州市 | 2 | 250 |
| 宁德核电期工程 | 福建省宁德市 | 4 | 436 |
| 福清核电一期工程 | 福建省福清市 | 2 | 216 |
| 福清核电二期工程 | 福建省福清市 | 2 | 216 |
| 海阳核电项目 | 山东省烟台市 | 2 | 125 |
| 台山核电项目 | 广东省台山市 | 2 | 350 |
| 岭澳核电站二期项目 | 广东省深圳市 | 1 | 109 |
| 阳江核电项目 | 广东省阳江市 | 6 | 652 |
| 防城港核电项目 | 广西壮族自治区防城港 | 2 | 200 |
| 昌江核电项目 | 海南省长昌江县 | 2 | 130 |
| 合计 | | 32 | 3397 |

数据来源：中国电力企业联合会，《2010 年电力工业统计资料汇编》；2011 年数据来源于电力统计快报。

根据 IEA 提供的数据，2009 年核电装机容量最多的美国为 3.12 亿千瓦（如图 10–10 所示）；核电装机比重最高的是法国，核电装机占比约为 53%。2011 年中国核电装机容量为 1257 万千瓦，占总装机容量的比重为 1.2%，远远低于世界平均水平。

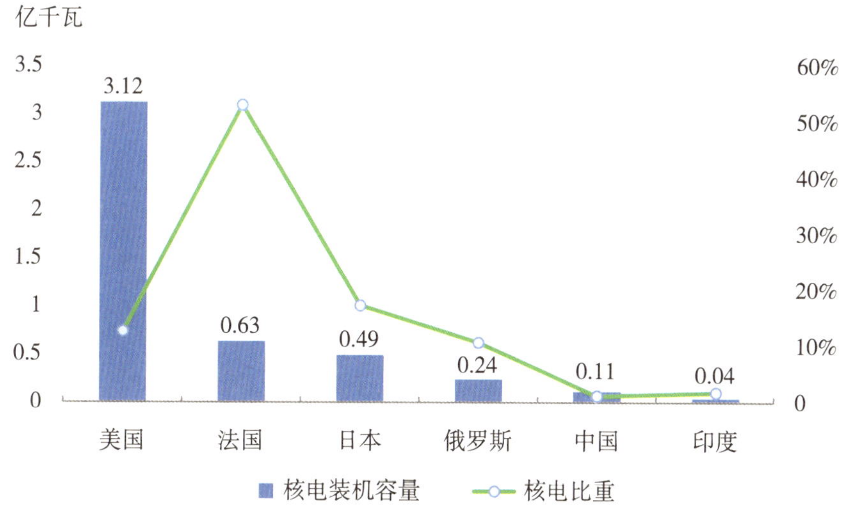


图 10–10　2009 年核电装机国际比较

数据来源：IEA，Electricity Information 2011，转引自《能源数据手册 2011》。

## 四、太阳能利用投资建设启动快速发展步伐

（1）太阳能产业发展迅速，光伏市场不断扩大。2011年全国新增太阳能核准项目为116个，新增核准容量为228.5万千瓦。截至2011年底，中国共核准了336个太阳能发电项目，累计核准容量为399.3万千瓦，如表10–7所示。

表10–7　2011年中国新增太阳能核准容量

| 序号 | 地区 | 核准项目数量（个） | 核准容量（兆瓦） |
| --- | --- | --- | --- |
| 1 | 宁夏 | 19 | 540 |
| 2 | 青海 | 33 | 835 |
| 3 | 江苏 | 9 | 91.03 |
| 4 | 内蒙古 | 13 | 310 |
| 5 | 甘肃 | 11 | 176.15 |
| 6 | 新疆 | 7 | 140 |
| 7 | 其他 | 24 | 191.74 |
| 8 | 全国 | 116 | 2283.92 |

至2010年底，中国离网型光伏装机容量累计达到16万千瓦，2011年达到19万千瓦，年增20%。从市场分布看，大型光伏并网电站是我国太阳能光伏发电的主要形式，分布式光伏发电、与建筑结合的光伏发电和农村电气化也是光伏发电的重要市场。

（2）太阳光伏并网装机容量不断增加。近年来，中国出台了一系列的政策措施，促进了太阳能发电的快速发展，尤其是2011年，中国太阳能光伏总装机容量近300万千瓦，其中并网发电总装机容量为214.3万千瓦，比2010年增长了139%（如图10–11所示）。

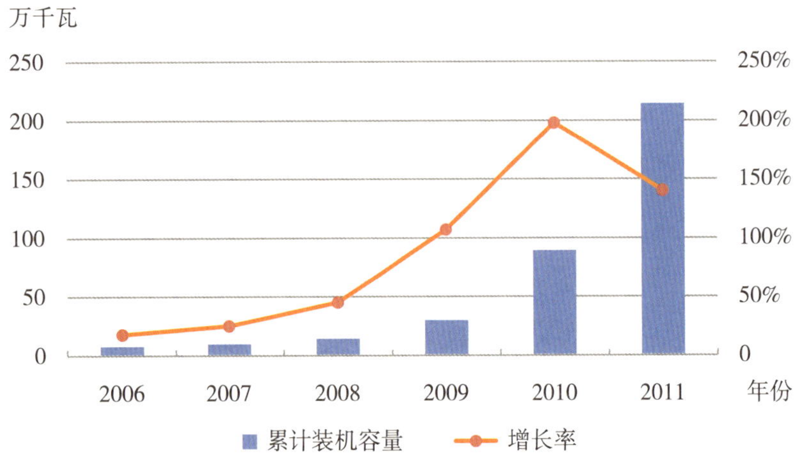


图10–11　2006~2011年中国太阳能光伏并网装机容量

数据来源：EPIA，Global Market Outlook for Photovoltaics Until 2015，转引自《能源数据手册》；2011年数据来自统计电力统计快报。

根据相关数据，2010年德国、西班牙、日本、意大利等发达国家太阳能发电发展较快，分别为1732万、389.2万、361.72万、350.23万千瓦，在11个太阳能发电的主要国家中，上述四国占近80%（如图10–12所示）。

（3）太阳能热利用效果显著。2011年我国太阳能热水器总集热面积达到1.94亿米$^3$，同比增长15.5%。

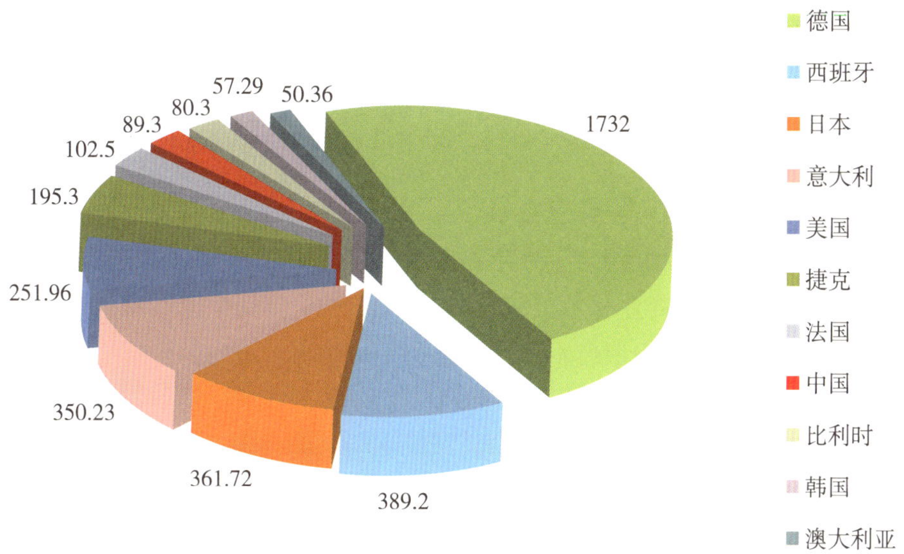


图10–12　2010年光伏发电国际比较（单位：万千瓦）

数据来源：EPIA，Global Market Outlook for Photovoltaics Until 2015，转引自《能源数据手册》。

## 五、生物质能

（1）生物质发电量逐年稳步增加。2011年生物质能的各个领域均稳步发展，生物质发电技术成熟稳定，在国家政策推动下，规模效益逐步显现。至2011年底，中国建成各类生物质发电机合计约750万千瓦（如图10–13所示），与2010年相比，同比增加46.48%。但生物质发电主要以秸秆林木废弃物发电和城市垃圾发电为主，其中秸秆林木废弃物发电装机容量接近300万千瓦。

（2）沼气工程规模不断扩大。2011年，农村沼气以用户为主转向以多元发展为主，带动了投资结构的变化。2011年底，农村户用沼气将达到4300万户，约占适宜农户总数的36%。农业废弃物沼气工程估计达9万处。户用沼气池和大中型沼气工程年沼气利用总量约为160亿米$^3$，折合标准煤1140万吨。

（3）成型材料呈现良好势头。生物质成型材料通过近年来的技术改进和创新，主要设备已经基本实现国产化，生物质能成型燃料初步呈现良好势头。2011年，中国生物质成型材料生产厂商大约为250家，生物质成型材料年产量超过320万吨，产值接近20亿元。

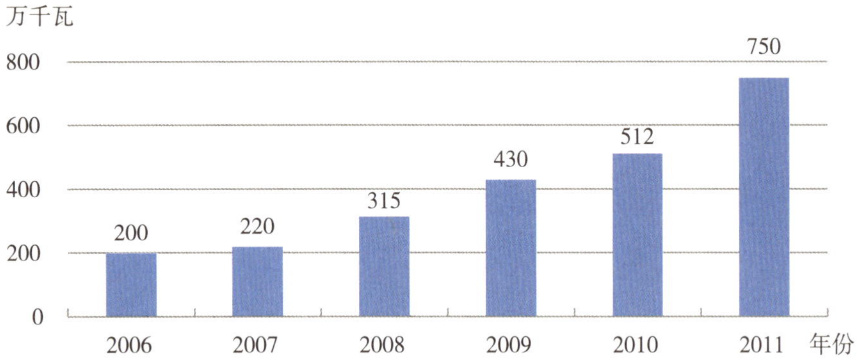


**图 10-13　2006～2011 年中国生物质能装机容量**

数据来源：《中国能源统计年鉴》，2011 年数据来源于 2011 年统计公报。

（4）生物液体燃料产业总体保持稳定。在生物乙醇方面，2011 年筹划启动万吨级的纤维素乙醇示范项目，进入第二代生物燃料的商业化示范阶段。2006～2011 年间中国燃料乙醇产量逐年递增，但是增速呈逐年降低趋势。2011 年中国燃料乙醇产量为 190 万吨，比 2010 年的 184 万吨增长 3.26%（如图 10-14 所示）。

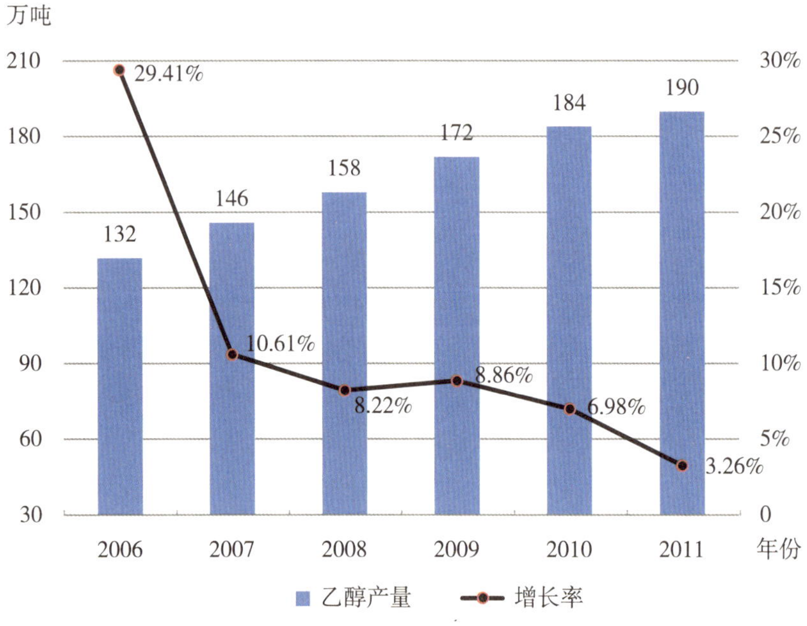


**图 10-14　2006～2011 年中国燃料乙醇产量及增长率**

数据来源：《中国能源统计年鉴》，2011 年数据来源统计公报。

2011年中国能源生产总量为31.5亿吨标准煤，比2010年增加1.8亿吨标准煤，同比增长6.1%。相对于34.8亿吨标准煤的消费量，2011年中国能源自给率为90.5%，比2010年下降0.86个百分点。煤炭产量35.2亿吨，同比增长8.7%；原油产量2.04亿吨，同比增长0.3%；天然气产量1030.6亿米$^3$，同比增长8.7%；一次电力[1]2.85亿吨标准煤，发电量4.7万亿千瓦·时，同比增长11.7%。在一次能源生产中，煤炭、天然气比重提高，原油和一次电力比重下降；原煤、原油、天然气和一次电力的比重分别为77.4%、9.2%、4.4%和9%。

2011年能源进口大幅增加，能源对外依存度进一步提高。净进口煤炭1.68亿吨，同比增长16.5%；净进口原油2.51亿吨，净进口石油产品1490万吨，净进口石油2.66亿吨，同比增长7.5%；净进口天然气270亿米$^3$，同比增长117%。煤炭对外依存度由2010年的4.26%提高到2011年的4.56%，原油对外依存度由2010年的53.6%提高到2011年的55.2%，石油对外依存度由2010年的55.5%提高到2011年的56.61%，天然气对外依存度由2010年的11.6%提高到2011年的20.76%。

2011年中国能源生产与供应

| 指标 | 生产 | 净进口 | 对外依存度 |
| --- | --- | --- | --- |
| 综合能源（亿吨标准煤） | 31.5 | | |
| 煤炭（亿吨） | 35.2 | 1.68 | 4.56% |
| 石油（亿吨） | 2.04 | 2.66 | 56.61% |
| 天然气（亿米$^3$） | 1030.6 | 270 | 20.76% |
| 一次电力（亿吨标准煤） | 2.85 | | |
| 电力（亿千瓦·时） | 47000 | | |

注：对外依存度是指净进口与表观消费量的比值，表观消费量为生产量与净进口量之和。

[1] 一次电力是指水电、核电、风电、太阳能光伏发电，余同。

# 第十一章 煤炭生产与供应

## 一、煤炭产量35.2亿吨，人均煤炭生产量2.6吨

如图 11-1 所示，2011 年中国原煤产量 35.2 亿吨，比 2010 年（32.4 亿吨）增加 2.8 亿吨，同比增长 8.7%，增速基本与上年持平，较煤炭消费增长率（9.7%）低 1 个百分点，较“十一五”煤炭生产年均增长率（5.1%）高 3.6 个百分点。

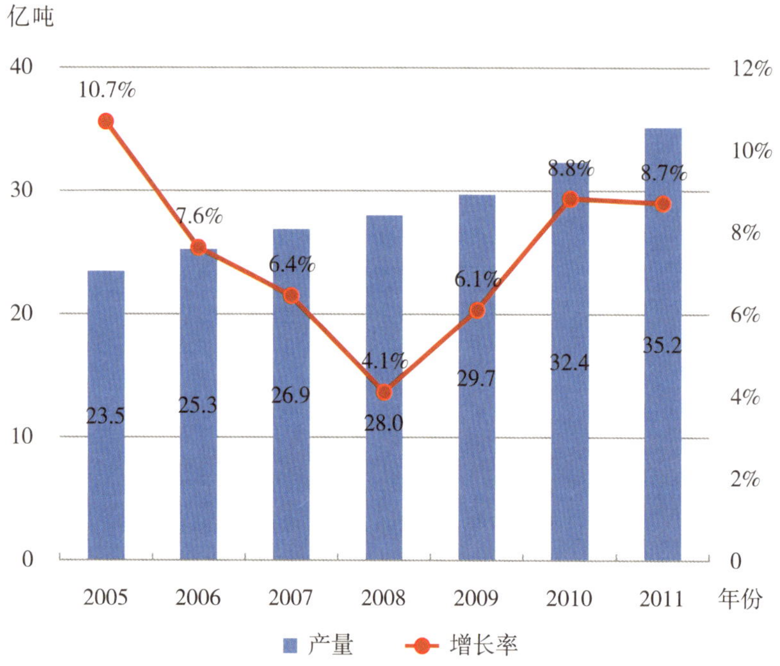


图 11-1　2006～2011 年中国原煤产量及增长率

数据来源：《中国能源统计年鉴 2011》，2011 国民经济和社会发展统计公报。

根据EIA的数据，2011年全球第二大煤炭生产国美国煤炭产量10.94亿短吨，约合9.93亿吨[1]，仅为中国煤炭产量的 28.2%。根据 BP 的统计数据，2010 年世界原煤总产量为 72.73 亿吨（如图 11-2 所示）。按

[1] 1短吨=907.18474千克。

照实物量计算，中国煤炭产量占世界煤炭总产量的 45%；按标准量计算，中国煤炭产量占世界煤炭总产量的比重超过 48%。世界原煤产量排名前五的中国、美国、印度、澳大利亚和俄罗斯原煤产量占世界原煤产量的 76%。其中，作为世界第一大煤炭生产国，2011 年中国原煤产量 35.2 亿吨，相当于排名中国之后的13个煤炭生产国2010年的原煤产量总和（35.8亿吨）。

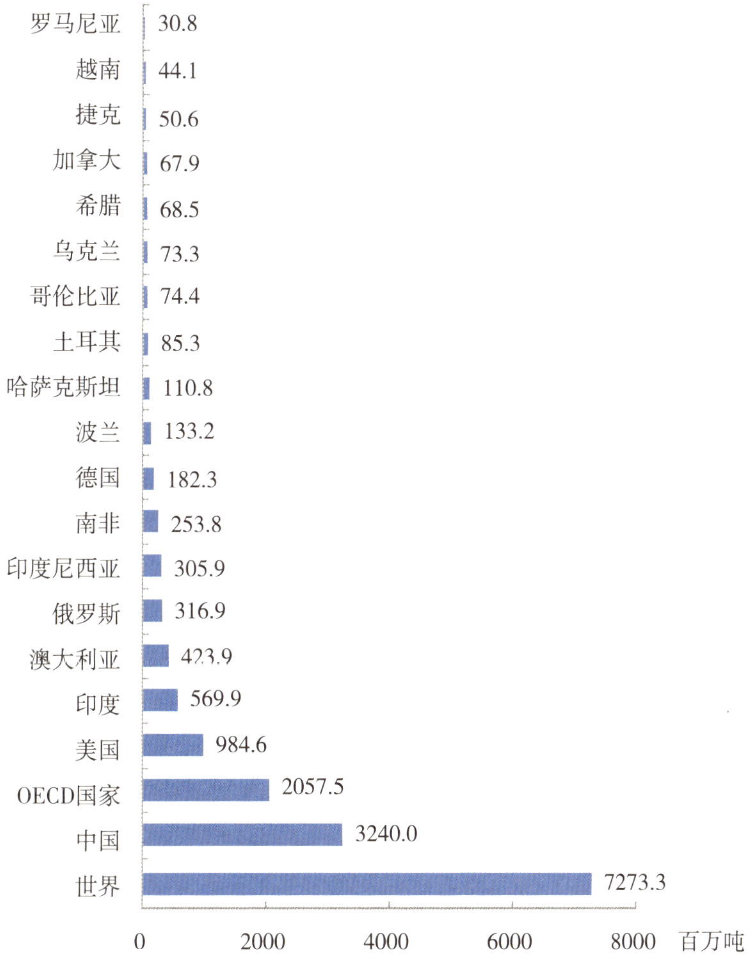


**图 11–2 2010年世界主要国家原煤产量**

数据来源：BP，Statistical Review of World Energy 2011。

分地区看，中国煤炭生产主要集中在中西部地区。2010 年中国原煤产量排名前三的省份为内蒙古、山西和陕西，产量分别为 7.9 亿、7.4 亿吨和 3.6 亿吨。原煤产量超亿吨的省份还有河南、贵州、山东、安徽、河北五省，分别为 2.2 亿、1.6 亿、1.6 亿、1.3 亿吨和 1.0 亿吨（如图 11–3 和表 11–1 所示）。上述八个省份的原煤产量占全国原煤总产量的 75.3%。除山东和河北以外，其余六省均位于中西部地区。

**图11-3　2010年中国各省份原煤产量**

数据来源：《中国能源统计年鉴2011》，统计数据不含港、澳、台地区。

**表11-1　2005～2010年中国各省份原煤产量**　　单位：万吨

| 省份 | 2005年 | 2006年 | 2007年 | 2008年 | 2009年 | 2010年 |
|---|---|---|---|---|---|---|
| 内蒙古 | 25607.7 | 29759.6 | 35437.9 | 50222.8 | 60058.5 | 78664.7 |
| 山西 | 55426.1 | 58141.9 | 63020.9 | 64501.3 | 59354.0 | 74096.0 |
| 陕西 | 15246.0 | 18262.0 | 20353.5 | 24162.8 | 29611.1 | 36164.2 |

续表

| 省份 | 2005年 | 2006年 | 2007年 | 2008年 | 2009年 | 2010年 |
|---|---|---|---|---|---|---|
| 河南 | 18761.4 | 19532.2 | 19287.2 | 21305.7 | 23018.1 | 22384.1 |
| 贵州 | 10795.5 | 11816.6 | 10864.2 | 11319.5 | 13690.7 | 15954.0 |
| 山东 | 14030.0 | 14069.5 | 14518.3 | 13742.5 | 14377.7 | 15653.9 |
| 安徽 | 8488.0 | 8331.9 | 9265.7 | 11649.5 | 12848.6 | 13346.4 |
| 河北 | 8639.5 | 8364.7 | 8663.0 | 8145.4 | 8494.6 | 10199.3 |
| 新疆 | 3855.7 | 4316.8 | 4915.5 | 6735.9 | 7646.0 | 9926.7 |
| 云南 | 6462.1 | 7339.1 | 7755.2 | 8029.7 | 5571.3 | 9763.4 |
| 黑龙江 | 9503.2 | 10282.4 | 10065.1 | 9760.1 | 8748.7 | 9706.6 |
| 四川 | 8125.1 | 8600.0 | 9557.7 | 9495.5 | 8997.3 | 9247.9 |
| 湖南 | 5735.0 | 5948.8 | 6217.2 | 6153.9 | 6572.9 | 7902.9 |
| 辽宁 | 6395.0 | 7367.3 | 6349.1 | 6495.1 | 6624.2 | 7525.2 |
| 宁夏 | 2607.9 | 3273.0 | 3771.8 | 4325.4 | 5509.5 | 6807.6 |
| 吉林 | 2715.1 | 3004.1 | 3354.2 | 3980.1 | 4401.5 | 5239.0 |
| 甘肃 | 3619.8 | 3950.6 | 3949.3 | 4022.2 | 3875.6 | 4688.3 |
| 重庆 | 3618.9 | 3990.0 | 4293.6 | 4666.5 | 4290.8 | 4575.0 |
| 江西 | 2565.1 | 2783.4 | 2997.2 | 3303.0 | 2982.5 | 2912.2 |
| 福建 | 1823.7 | 1932.8 | 2050.0 | 2350.2 | 2466.1 | 2524.9 |
| 江苏 | 2817.6 | 3047.5 | 2480.2 | 2430.1 | 2397.4 | 2090.5 |
| 青海 | 595.7 | 694.8 | 963.6 | 1293.6 | 1283.6 | 2015.5 |
| 湖北 | 1010.4 | 1116.3 | 1084.3 | 1073.2 | 1058.5 | 1291.7 |
| 广西 | 700.3 | 680.5 | 721.5 | 451.2 | 519.7 | 757.6 |
| 北京 | 897.9 | 651.1 | 648.8 | 578.6 | 641.3 | 500.1 |
| 浙江 | 43.7 | 18.3 | 12.3 | 13.1 | 13.2 | 15.1 |
| 天津 | — | — | — | — | — | — |
| 上海 | — | — | — | — | — | — |
| 广东 | 383.4 | — | — | 10.5 | — | — |
| 海南 | — | — | — | — | — | — |
| 西藏 | 3.4 | — | — | — | — | — |

数据来源：《中国能源统计年鉴2010》、《中国能源统计年鉴2011》，统计数据不含港、澳、台地区。

近年来，随着内蒙古和陕西地区原煤产量不断提高，西部地区占全国原煤产量的比重也不断提高，由2005年的不到40%提高到2010年的一半多；同期中东部地区原煤产量占全国的比重逐年下降，其中中部地区所占比重由2005年的47.3%降为2010年的38.7%，而东部地区比重则由2005年的15.9%下降到2010年的10.9%。2005～2010年中国分区域原煤生产量如图11-4所示。

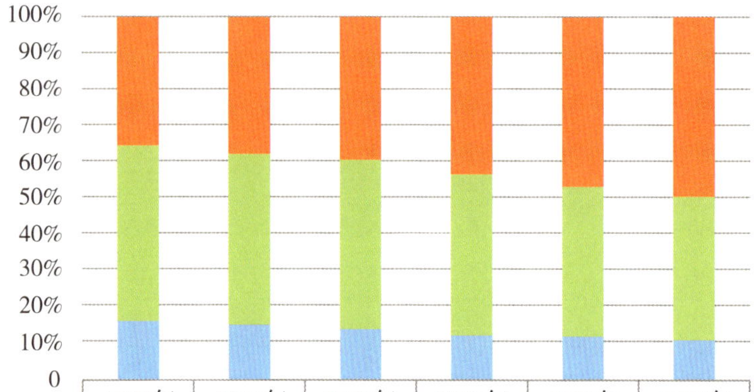


| | 2005年 | 2006年 | 2007年 | 2008年 | 2009年 | 2010年 |
|---|---|---|---|---|---|---|
| 西部（%） | 36.8 | 39.1 | 40.6 | 44.5 | 47.8 | 50.4 |
| 中部（%） | 47.3 | 46.0 | 45.6 | 43.4 | 40.3 | 38.7 |
| 东部（%） | 15.9 | 14.9 | 13.7 | 12.0 | 11.9 | 10.9 |

**图11-4　2005～2010年中国分区域原煤生产量占比**

数据来源：《中国能源统计年鉴2011》。

2011年，中国人均煤炭生产量2.6吨，比上年提高200千克。根据IEA统计数据，2009年中国人均煤炭生产量（1.2吨标准油）约为澳大利亚（10.8吨标准油）的1/9，南非（2.9吨标准油）的2/5，低于美国（1.7吨标准油）0.5吨标准油，是世界平均水平（0.5吨标准油）的2.4倍。2011年中国人均煤炭生产量约相当于2009年世界平均水平的2.6倍。2009年部分国家和地区人均煤炭生产量如图11-5所示。

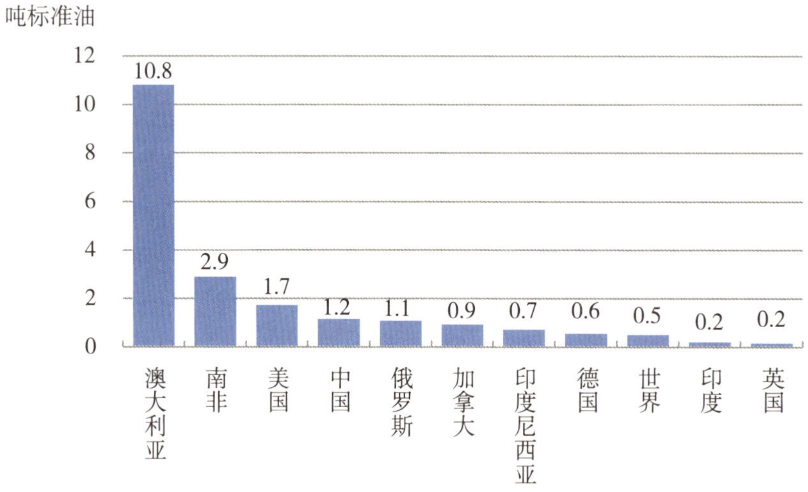


**图11-5　2009年部分国家和地区人均煤炭生产量**

数据来源：《中国能源统计年鉴2011》。

## 二、原煤入洗率不断提高，洗选煤数量逐年增长

近年来中国原煤入洗比率不断提高，原煤入洗量由2005年的4.4亿吨增长到2010年的7.0亿吨，累计增长59.0%。原煤入洗率也呈现出逐年上升的趋势，由2005年的18.7%提高到21.6%，如图11–6所示。

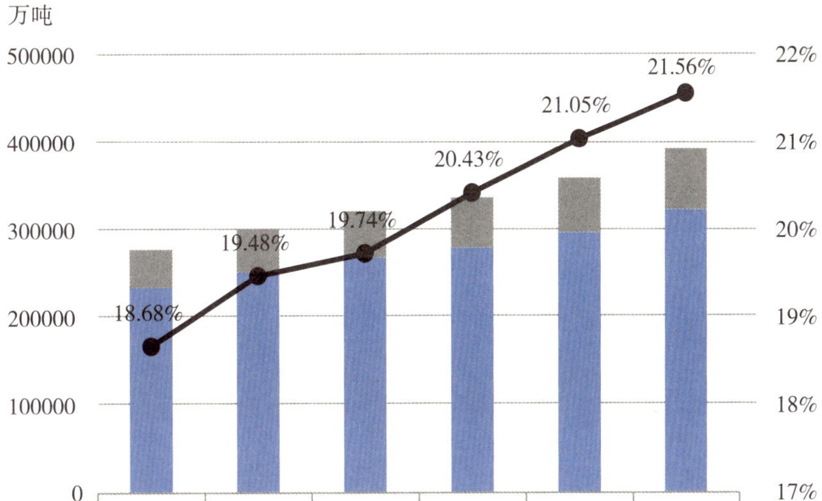


| | 2005年 | 2006年 | 2007年 | 2008年 | 2009年 | 2010年 |
|---|---|---|---|---|---|---|
| 原煤入洗量（万吨） | 43880.8 | 49256.1 | 53125.9 | 57236.9 | 62567.9 | 69758.5 |
| 原煤产量（万吨） | 234951.8 | 252855.1 | 269164.3 | 280200.0 | 297300.0 | 323500.0 |
| 原煤入洗率（%） | 18.68 | 19.48 | 19.74 | 20.43 | 21.05 | 21.56 |

图11–6 2005～2010年中国原煤入洗率

数据来源：《中国能源统计年鉴2011》、《中国能源统计年鉴2010》、《中国能源统计年鉴2009》。

随着中国原煤入洗率和原煤产量的不断提高，洗精煤数量也连年创出新高。由2005年的3.0亿吨增长到2010年的4.6亿吨，累计增长54.9%。但增长率由2005年的26.9%陡降至2007年的6.2%，之后平稳上升，2010年增长率为10.3%（如图11–7所示）。

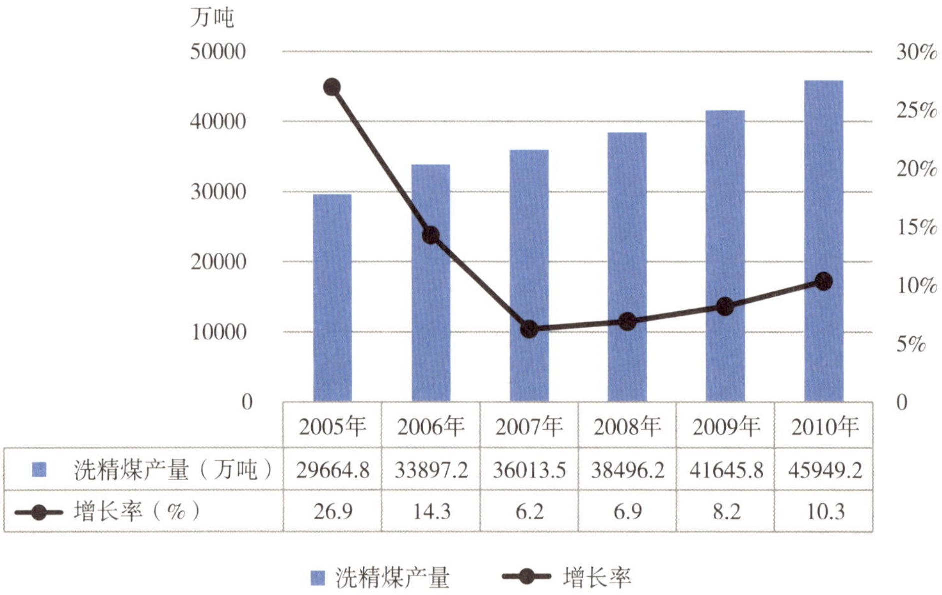


图 11-7　2005～2010 年中国洗精煤数量及增长率

数据来源：《中国能源统计年鉴 2009》、《中国能源统计年鉴 2010》、《中国能源统计年鉴 2011》。

## 三、煤炭查明资源储量丰富，但储产比处于较低水平

根据BP统计数据，2010年底中国煤炭探明可采储量1145亿吨，位居世界第三，占全世界剩余探明可采储量的13.3%。虽然中国煤炭剩余探明可采储量比较丰富，但储产比仅为35，处于世界较低水平。世界煤炭储产比为118，巴西、俄罗斯、乌克兰居前列，如表11-2所示。

表 11-2　　2010 年底部分国家和地区煤炭剩余探明可采储量

| 国家 | 烟煤和无烟煤（亿吨） | 次烟煤和褐煤（亿吨） | 总计（亿吨） | 比重（%） | 储产比 | 人均（吨） |
|---|---|---|---|---|---|---|
| 世界 | 4047.6 | 4561.8 | 8609.4 | 100.0 | 118 | 126.2 |
| 美国 | 1085.0 | 1287.9 | 2373.0 | 27.6 | 241 | 765.5 |
| 俄罗斯 | 490.9 | 1079.2 | 1570.1 | 18.2 | 495 | 1118.6 |
| 中国 | 622.0 | 523.0 | 1145.0 | 13.3 | 35 | 85.4 |
| 澳大利亚 | 371.0 | 393.0 | 764.0 | 8.9 | 180 | 3437.4 |
| 印度 | 561.0 | 45.0 | 606.0 | 7.0 | 106 | 49.8 |
| 德国 | 1.0 | 406.0 | 407.0 | 4.7 | 223 | 498.7 |
| 乌克兰 | 153.5 | 185.2 | 338.7 | 3.9 | 462 | 744.8 |
| 哈萨克斯坦 | 215.0 | 121.0 | 336.0 | 3.9 | 303 | 2156.1 |
| 南非 | 301.6 | 0.0 | 301.6 | 3.5 | 119 | 604.2 |

续表

| 国家 | 烟煤和无烟煤（亿吨） | 次烟煤和褐煤（亿吨） | 总计（亿吨） | 比重（%） | 储产比 | 人均（吨） |
|---|---|---|---|---|---|---|
| 哥伦比亚 | 63.7 | 3.8 | 67.5 | 0.8 | 91 | 148.2 |
| 加拿大 | 34.7 | 31.1 | 65.8 | 0.8 | 97 | 193.3 |
| 波兰 | 43.4 | 13.7 | 57.1 | 0.7 | 43 | 149.9 |
| 印尼 | 15.2 | 40.1 | 55.3 | 0.6 | 18 | 23.6 |
| 巴西 | 0.0 | 45.6 | 45.6 | 0.5 | ＞500 | 23.6 |
| 希腊 | 0.0 | 30.2 | 30.2 | 0.4 | 44 | 270.0 |

数据来源：BP, Statistical Review of World Energy 2011。

根据国土资源部、全国矿产资源储量通报2010的数据，中国煤炭资源储量总量为910亿吨，内蒙古、贵州和新疆的煤炭储量位居全国前三，分别为412.4亿、60.8亿吨和52.5亿吨。而山西作为传统的产煤大省，其煤炭储量仅排全国第十四位，湖北（0.09亿吨）、浙江（0.16亿吨）和广东（0.63亿吨）分列全国后三位，如表11–3所示。

从储产比来看，全国为28.1。储产比排名前五的省份分别为甘肃（69.7）、北京（54.2）、新疆（52.9）、内蒙古（52.4）和广西（45.0）。而产煤大省山西和陕西的储产比却位列倒数第二和第三，分别为2.0和3.5。湖北省的储产比最低为0.7。

**表11–3　　2010年中国分地区煤炭资源储量**

| 地区 | 矿区数（个） | 查明资源储量（亿吨） | 基础储量（亿吨） | 储量（亿吨） | 产量（亿吨） | 储产比 |
|---|---|---|---|---|---|---|
| 全国 | 8854 | 13411.88 | 2795.83 | 910.01 | 32.4 | 28.1 |
| 北京 | 28 | 19.32 | 3.79 | 2.71 | 0.05 | 54.2 |
| 天津 | 2 | 3.82 | 2.97 | — | — | — |
| 河北 | 249 | 167.45 | 60.59 | 27.22 | 1.02 | 26.7 |
| 山西 | 609 | 2673.79 | 844.01 | 14.6 | 7.41 | 2.0 |
| 内蒙古 | 527 | 3577.45 | 769.86 | 412.37 | 7.87 | 52.4 |
| 辽宁 | 487 | 79.25 | 46.63 | 24.93 | 0.75 | 33.1 |
| 吉林 | 447 | 26.07 | 12.4 | 8.75 | 0.52 | 16.7 |
| 黑龙江 | 238 | 217.83 | 68.17 | 16.17 | 0.97 | 16.7 |
| 江苏 | 127 | 36.01 | 14.23 | 7.89 | 0.21 | 37.7 |
| 浙江 | 68 | 0.94 | 0.49 | 0.16 | — | — |
| 安徽 | 221 | 299.58 | 81.93 | 41.09 | 1.33 | 30.8 |
| 福建 | 242 | 10.29 | 4.06 | 2.23 | 0.25 | 8.8 |
| 江西 | 174 | 15.02 | 6.74 | 3.6 | 0.29 | 12.4 |

续表

| 地区 | 矿区数（个） | 查明资源储量（亿吨） | 基础储量（亿吨） | 储量（亿吨） | 产量（亿吨） | 储产比 |
|---|---|---|---|---|---|---|
| 山东 | 303 | 253.25 | 77.56 | 38.38 | 1.57 | 24.5 |
| 河南 | 315 | 279.74 | 113.49 | 30.94 | 2.24 | 13.8 |
| 湖北 | 288 | 7.91 | 3.3 | 0.09 | 0.13 | 0.7 |
| 湖南 | 624 | 32.19 | 18.76 | 9.82 | 0.79 | 12.4 |
| 广东 | 188 | 6.3 | 1.89 | 0.63 | – | – |
| 广西 | 180 | 22.36 | 7.74 | 3.41 | 0.08 | 45.0 |
| 海南 | 8 | 1.67 | 0.9 | – | – | – |
| 重庆 | 370 | 40.05 | 22.49 | 9.8 | 0.46 | 21.4 |
| 四川 | 621 | 117.76 | 54.45 | 29.87 | 0.92 | 32.3 |
| 贵州 | 985 | 593.62 | 120.29 | 62.84 | 1.60 | 39.4 |
| 云南 | 405 | 295.33 | 62.47 | 29.52 | 0.98 | 30.2 |
| 西藏 | 23 | 0.56 | 0.12 | – | – | – |
| 陕西 | 216 | 1654.23 | 119.89 | 12.7 | 3.62 | 3.5 |
| 甘肃 | 220 | 150.68 | 58.05 | 32.7 | 0.47 | 69.7 |
| 青海 | 91 | 48.01 | 16.22 | 8.79 | 0.20 | 43.6 |
| 宁夏 | 107 | 348.09 | 54.03 | 26.32 | 0.68 | 38.7 |
| 新疆 | 491 | 2433.31 | 148.31 | 52.48 | 0.99 | 52.9 |

数据来源：《中国能源统计年鉴2011》，国土资源部全国矿产资源储量通报2010。

## 四、煤炭净进口创历史新高，对外依存度提高

受中国国内需求旺盛、政府鼓励煤炭进口、主要产煤国供应条件变化及国际煤价波动等多重因素综合影响，2011 年煤炭进口在波动中保持增长态势。一季度，澳大利亚、印度尼西亚自然灾害一度造成亚太地区煤炭供应紧张、煤价攀高，中国煤炭进口一度回落到较低水平。之后随着自然灾害影响逐步消退，国内外差价逐步缩小，部分用煤企业和贸易商重新将采购目标转移至国际市场，积极寻找资源组织煤炭进口。2011 年全年进口煤炭 1.8 亿吨，约比上年增加 2000 万吨，同比增长 12%，增速较 2010 年大幅回落近 18 个百分点。同期出口煤炭 1466 万吨，较上年减少 23.3%。受煤炭进出口“一增一减”的影响，中国煤炭净进口 1.68 亿吨创历史新高（如图 11–8 所示），同比增长 16.5%。

如图 11–8 所示，2009 年中国煤炭进出口出现历史性拐点，由一个长期以来煤炭净出口大国变为净进口大国。2009 到 2011 年，中国煤炭进口量由 1.26 亿吨增长至 1.82 亿吨，累计增长 44.9%，煤炭出口量由 2239.6 万吨下降到 1466 万吨，累计下降 52.8%，煤炭净进口量由 1.03 亿吨增长到 2011 年的 1.68 亿吨，累计增长 62.2%。

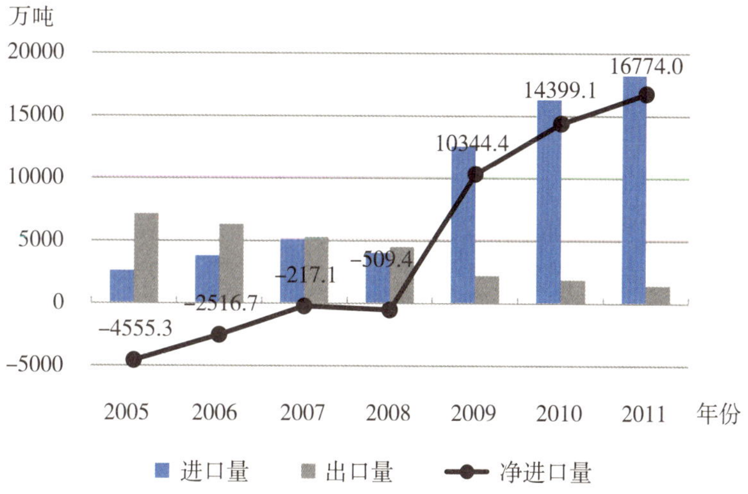


图 11-8　2005～2011 年中国煤炭进出口数据

数据来源：《中国能源统计年鉴 2011》，2011 国民经济和社会发展统计公报。

随着中国经济的不断发展，煤炭消费量也不断提高，煤炭对国外的依赖程度也日益加深。自 2009 年首次成为煤炭净进口国以来，中国的煤炭对外依存度不断提高，由 2009 年的 3.4% 提高到 2011 年的 4.5%，如图 11-9 所示。

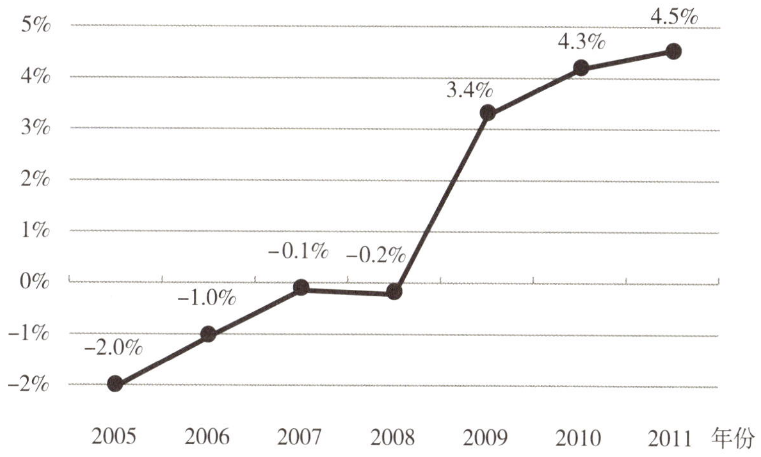


图 11-9　2005～2011 年中国煤炭对外依存度

数据来源：根据《中国能源统计年鉴 2011》计算得到。

2009 年，世界煤炭净进口排名前五名的国家和地区是日本、韩国、中国（大陆）、印度、中国台北，分别净进口煤炭1亿、0.6亿、0.5亿、0.5亿吨标准油和0.4亿吨标准油。美国净出口0.2亿吨标准油，净出口超亿吨的国家有印度尼西亚（1.4亿吨标准油）和澳大利亚（1.8亿吨标准油）两国，如表11–4所示。

表11–4　　部分国家和地区煤炭净进口量　　单位：百万吨标准油

| 国家/地区 | 2002年 | 2003年 | 2004年 | 2005年 | 2006年 | 2007年 | 2008年 | 2009年 |
|---|---|---|---|---|---|---|---|---|
| 日本 | 102.58 | 106.48 | 116.48 | 111.42 | 112.03 | 116.16 | 114.19 | 101.02 |
| 韩国 | 43.95 | 46.51 | 50.25 | 46.9 | 50.38 | 54.5 | 61.51 | 62.92 |
| 中国 | −57.4 | −63.86 | −54.72 | −40.39 | −30.46 | −17.39 | −15.92 | 54.05 |
| 印度 | 15.48 | 14.11 | 19.3 | 25.07 | 29.49 | 33.43 | 36.62 | 46.19 |
| 中国台湾 | 34.15 | 35.98 | 39.73 | 38.6 | 39.96 | 41.9 | 40.84 | 37.19 |
| 德国 | 24.45 | 25.14 | 27.7 | 25.72 | 29.08 | 32.04 | 31.01 | 25.89 |
| 英国 | 17.45 | 20.01 | 22.59 | 27.23 | 31.21 | 26.92 | 26.89 | 22.96 |
| 土耳其 | 8.34 | 10.9 | 11.2 | 11.72 | 13.58 | 14.64 | 12.86 | 13.34 |
| 意大利 | 13.12 | 14.53 | 16.78 | 16.37 | 16.62 | 16.65 | 16.57 | 12.42 |
| 法国 | 12.6 | 11.76 | 13.11 | 13.51 | 13.83 | 12.59 | 14.2 | 10.29 |
| 荷兰 | 8.24 | 9.23 | 8.58 | 8.32 | 7.97 | 8.87 | 8.56 | 9.3 |
| 巴西 | 11.01 | 11.36 | 11.02 | 10.56 | 10.18 | 11.3 | 11.81 | 9.08 |
| 西班牙 | 14.36 | 12.72 | 14.14 | 14.4 | 13.51 | 13.32 | 11.04 | 8.97 |
| 以色列 | 7.98 | 7.7 | 8.02 | 7.94 | 7.99 | 8.1 | 7.66 | 7.4 |
| 比利时 | 5.46 | 5.8 | 5.87 | 5.09 | 4.58 | 4.07 | 4.64 | 2.44 |
| 波兰 | −15.6 | −14.72 | −14.97 | −12.99 | −12.28 | −8.52 | −3.58 | −2.64 |
| 加拿大 | −1.46 | −2 | −4.52 | −5.09 | −5.22 | −7.91 | −7.59 | −8.74 |
| 美国 | −11.49 | −8.96 | −10.06 | −8.78 | −5.05 | −12.48 | −27.13 | −22.11 |
| 哥伦比亚 | −23.2 | −29.73 | −33.21 | −34.85 | −40.29 | −41.99 | −44.06 | −43.78 |
| 南非 | −45.17 | −46.69 | −44.25 | −46.43 | −44.64 | −42.77 | −39.21 | −43.88 |
| 印度尼西亚 | −45.62 | −52.06 | −65.5 | −79.49 | −107.81 | −124.24 | −128.57 | −136.29 |
| 澳大利亚 | −132.58 | −135.5 | −141.7 | −150.34 | −150 | −164.78 | −172.58 | −179.12 |

注：负数表示净出口。

数据来源：《中国能源统计年鉴2011》。

## 五、煤炭净调出省主要分布在中西部地区，净调入省主要为经济发达地区

中国煤炭资源丰富，但分布不均。目前，全国煤炭产量主要来自内蒙古、山西、陕西等西部省区，每年的生产增量也主要来自这三省、新疆以及云南。而煤炭消费主要集中于东南部沿海等经济发达地区。由此决定了我国煤炭消费和供给的区域矛盾成为常态，煤炭省际的调入调出对中国经济的健康运行有着极其重要的影响。

2010年，中国煤炭净调出超过5000万吨的省市分别为内蒙古（4.9亿吨）、山西（4.5亿吨）和陕西（2.3亿吨）。而煤炭净调入量超过5000万吨的省市分别为上海（0.6亿吨）、辽宁（0.8亿吨）、广东（1.1亿吨）、湖北（1.2亿吨）、浙江（1.3亿吨）、河北（1.7亿吨）、江苏（2.1亿吨）和山东（2.2亿吨）。

2010年，内蒙古、山西和陕西煤炭产量分别为7.9亿、7.4亿吨和3.6亿吨，其中分别有62.3%、60.3%和64.2%的煤炭产量向外省净输出；在煤炭净调入省份中，辽宁、山东、河北、江苏和湖北五省的煤炭净调入量占其煤炭消费量的比重分别达到49.6%、58.6%、62.9%、89.5%和89.8%；而上海、广东和浙江的煤炭供应几乎全部依靠进口和外省区的调入，如图11-10所示。

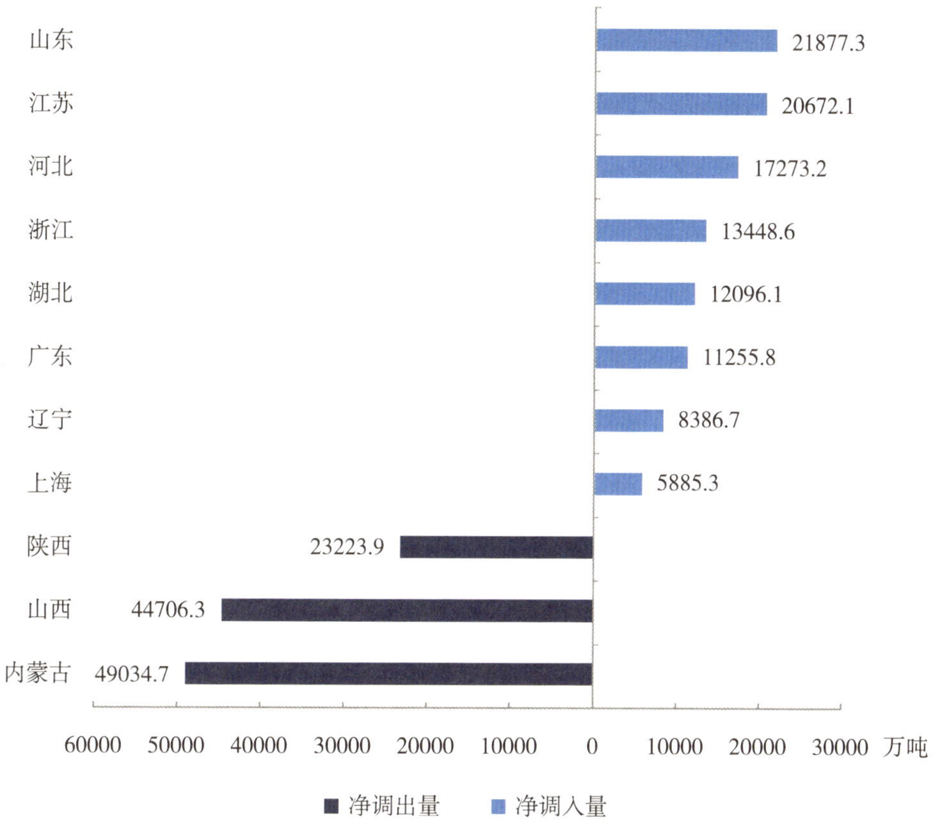


图11-10 2010年中国部分省份煤炭净调入、调出量（>5000万吨）

数据来源：《中国能源统计年鉴2011》。

# 第十二章 石油生产与供应

## 一、原油产量稳中有升，生产集中在西北、东北和华北

2011 年中国原油产量为 2.04 亿吨，比 2010 年增加 100 万吨，同比增长 0.5%，增速比“十一五”期间的年均增长率低 1.5 个百分点，如图 12–1 所示。由于发生溢油事故，中海油和康菲共同持股的蓬莱 19–3 油田 B、C 生产平台于 2011 年 7 月 13 日关闭，9 月初油田全面停产，至今仍未恢复生产，拉低了 2011 年原油产量增速。

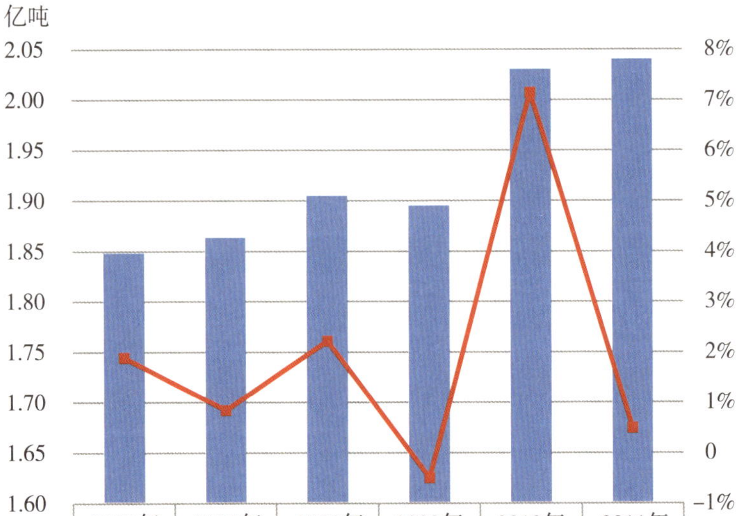


| | 2006年 | 2007年 | 2008年 | 2009年 | 2010年 | 2011年 |
|---|---|---|---|---|---|---|
| 石油产量（亿吨） | 1.85 | 1.86 | 1.90 | 1.89 | 2.03 | 2.04 |
| 增长率（%） | 1.9 | 0.8 | 2.2 | −0.5 | 7.1 | 0.5 |

**图 12–1　2006 ~ 2011 年中国石油产量及增长率**

数据来源：2006 ~ 2010 年数据来自《中国能源统计年鉴 2011》，2011 年数据来自 2011 年统计公报。

根据 BP 统计数据，2010 年，世界原油产量为 39.14 亿吨，其中中国的原油生产量为 2.03 亿吨，占全世界产量的 5.2%，为世界第五大产油国。世界第一大原油生产国俄罗斯产量为 5.05 亿吨，中国产量约是其 40%，沙特阿拉伯、美国、伊朗分别位居第二、第三和第四位，前五大石油生产国占全世界石油总产

量的44%（如表12–1所示）。

表12–1 2010年世界主要国家原油产量 单位：百万吨

| 地区 | 2005年 | 2006年 | 2007年 | 2008年 | 2009年 | 2010年 | 2010年比重（%） |
|---|---|---|---|---|---|---|---|
| 世界 | 3906.6 | 3916.2 | 3904.3 | 3933.7 | 3831.0 | 3913.7 | 100.0 |
| 非OECD国家 | 2974.4 | 3004.1 | 3008.0 | 3069.8 | 2967.7 | 3049.0 | 77.9 |
| OECD国家 | 932.2 | 912.2 | 896.2 | 864.0 | 863.3 | 864.7 | 22.1 |
| 俄罗斯 | 470.0 | 480.5 | 491.3 | 488.5 | 494.2 | 505.1 | 12.9 |
| 沙特阿拉伯 | 526.8 | 514.3 | 494.2 | 515.3 | 464.7 | 467.8 | 12.0 |
| 美国 | 313.3 | 310.2 | 309.8 | 304.9 | 328.6 | 339.1 | 8.7 |
| 伊朗 | 206.3 | 208.2 | 209.7 | 209.9 | 201.5 | 203.2 | 5.2 |
| 中国 | 181.4 | 184.8 | 186.3 | 190.4 | 189.5 | 203.0 | 5.2 |
| 加拿大 | 144.9 | 153.4 | 158.3 | 156.8 | 156.1 | 162.8 | 4.2 |
| 墨西哥 | 187.1 | 183.1 | 172.7 | 157.7 | 147.5 | 146.3 | 3.7 |
| 阿拉伯联合酋长国 | 137.3 | 145.5 | 140.7 | 142.9 | 126.3 | 130.8 | 3.3 |
| 委内瑞拉 | 151.0 | 144.2 | 133.9 | 131.5 | 124.8 | 126.6 | 3.2 |
| 科威特 | 129.3 | 132.7 | 129.9 | 137.2 | 121.7 | 122.5 | 3.1 |
| 伊拉克 | 90.0 | 98.1 | 105.2 | 119.5 | 119.8 | 120.4 | 3.1 |
| 尼日利亚 | 122.1 | 117.8 | 112.1 | 103.0 | 99.1 | 115.2 | 2.9 |
| 巴西 | 84.6 | 89.2 | 90.4 | 93.9 | 100.4 | 105.7 | 2.7 |
| 挪威 | 138.2 | 128.7 | 118.6 | 114.2 | 108.8 | 98.6 | 2.5 |
| 欧洲 | 125.7 | 114.6 | 113.1 | 105.4 | 99.0 | 92.6 | 2.4 |
| 安哥拉 | 69.0 | 69.6 | 82.5 | 92.2 | 87.4 | 90.7 | 2.3 |
| 哈萨克斯坦 | 62.6 | 66.1 | 68.4 | 72.0 | 78.2 | 81.6 | 2.1 |
| 阿尔及利亚 | 86.4 | 86.2 | 86.5 | 85.6 | 77.9 | 77.7 | 2.0 |
| 利比亚 | 81.9 | 84.9 | 85.0 | 85.3 | 77.1 | 77.5 | 2.0 |
| 卡塔尔 | 47.3 | 50.9 | 53.6 | 60.8 | 57.9 | 65.7 | 1.7 |
| 英国 | 84.7 | 76.6 | 76.8 | 71.7 | 68.2 | 63.0 | 1.6 |
| 阿塞拜疆 | 22.4 | 32.5 | 42.8 | 44.7 | 50.6 | 50.9 | 1.3 |
| 印度尼西亚 | 53.1 | 48.9 | 47.5 | 49.0 | 47.9 | 47.8 | 1.2 |
| 阿曼 | 37.4 | 35.7 | 34.5 | 35.9 | 38.7 | 41.0 | 1.0 |
| 哥伦比亚 | 27.3 | 27.5 | 27.6 | 30.5 | 34.1 | 39.9 | 1.0 |
| 印度 | 34.6 | 35.8 | 36.1 | 36.1 | 35.4 | 38.9 | 1.0 |

数据来源：BP，Statistical Review of World Energy Full Report 2011。

中国陆上油田勘探程度较高，特别是东部一些高产油田已经进入开发后期，产量递减率加快，产油含水率上升，维持原来的高产越来越难，增产的重点区域未来将转向华北和西北。2010年东北、华北、西北原油产量占全国原油生产总量的比重分别为27.9%、19.4%和28.7%（如表12-2、表12-3所示）。

表12-2　　2006～2010年中国分区域原油产量　　单位：万吨

| 地区 | 2006年 | 2007年 | 2008年 | 2009年 | 2010年 |
|---|---|---|---|---|---|
| 华北 | 2553.9 | 2584.3 | 2637.0 | 2896.1 | 3931.7 |
| 东北 | 6247.3 | 6000.9 | 5918.3 | 5640.6 | 5657.2 |
| 华东 | 2965.0 | 3009.5 | 3028.2 | 3021.3 | 2980.3 |
| 华中 | 571.8 | 570.6 | 560.2 | 555.4 | 584.4 |
| 华南 | 1352.3 | 1274.7 | 1402.6 | 1366.4 | 1309.8 |
| 西南 | 18.0 | 18.1 | 22.8 | 21.7 | 15.1 |
| 西北 | 4768.3 | 5173.7 | 5474.0 | 5447.5 | 5822.9 |
| 总量 | 18476.57 | 18631.83 | 19043.07 | 18948.96 | 20301.4 |

数据来源：《中国能源统计年鉴2011》。

表12-3　　2006～2010年中国分区域原油生产构成　　单位：%

| 比重 | 2006年 | 2007年 | 2008年 | 2009年 | 2010年 |
|---|---|---|---|---|---|
| 华北 | 13.8 | 13.9 | 13.8 | 15.3 | 19.4 |
| 东北 | 33.8 | 32.2 | 31.1 | 29.8 | 27.9 |
| 华东 | 16.0 | 16.2 | 15.9 | 15.9 | 14.7 |
| 华中 | 3.1 | 3.1 | 2.9 | 2.9 | 2.9 |
| 华南 | 7.3 | 6.8 | 7.4 | 7.2 | 6.5 |
| 西南 | 0.1 | 0.1 | 0.1 | 0.1 | 0.1 |
| 西北 | 25.8 | 27.8 | 28.7 | 28.7 | 28.7 |

数据来源：《中国能源统计年鉴2011》。

从生产原油的具体省份来看，原油产量排名前五的是黑龙江、天津、陕西、山东和新疆，如图 12–2 所示。这五个省份的原油产量总和约为 15700 万吨，占全国原油产量的 77%。黑龙江、山东和新疆作为传统的产油区依然位列前五位，天津则受益于渤海油田，2010 产量突破 3000 万吨，位居第二位。随着西北大开发的推进，陕西矿产资源勘探开发取得了突破性进展，包括煤炭、石油、天然气等在内的扩种矿产资源新增储量大幅增加，为原油产量大幅增加奠定了坚实的基础，如表 12–4 所示。

表 12–4　　2006～2010 年我国部分地区原油生产量　　单位：万吨

| 地区 | 2006年 | 2007年 | 2008年 | 2009年 | 2010年 |
|---|---|---|---|---|---|
| 天津 | 1943.1 | 1924.3 | 1993.9 | 2297.0 | 3332.7 |
| 河北 | 610.8 | 660.0 | 643.1 | 599.1 | 599.0 |
| 辽宁 | 1226.5 | 1207.2 | 1199.3 | 1000.0 | 950.0 |
| 吉林 | 680.4 | 623.9 | 698.5 | 639.9 | 702.3 |
| 黑龙江 | 4340.5 | 4169.8 | 4020.5 | 4000.7 | 4004.9 |
| 上海 | 21.5 | 20.7 | 14.6 | 9.1 | 8.3 |
| 江苏 | 188.5 | 195.7 | 184.0 | 184.0 | 186.0 |
| 山东 | 2755.1 | 2793.1 | 2829.6 | 2828.2 | 2786.0 |
| 河南 | 492.1 | 485.1 | 476.3 | 474.5 | 497.9 |
| 湖北 | 79.7 | 85.5 | 83.9 | 80.9 | 86.5 |
| 广东 | 1337.8 | 1261.1 | 1387.7 | 1345.1 | 1287.1 |
| 广西 | 3.4 | 2.9 | 2.9 | 2.9 | 2.7 |
| 海南 | 11.1 | 10.7 | 12.1 | 18.4 | 20.0 |
| 四川 | 18.0 | 18.1 | 22.8 | 21.7 | 15.1 |
| 陕西 | 1988.9 | 2265.9 | 2463.6 | 2695.9 | 3017.3 |
| 甘肃 | 81.7 | 82.9 | 74.9 | 49.2 | 58.2 |
| 青海 | 223.0 | 220.7 | 220.4 | 186.4 | 186.1 |
| 宁夏 | | | | 3.1 | 3.1 |
| 新疆 | 2474.7 | 2604.3 | 2715.1 | 2512.9 | 2558.2 |

数据来源：《中国能源统计年鉴 2011》。

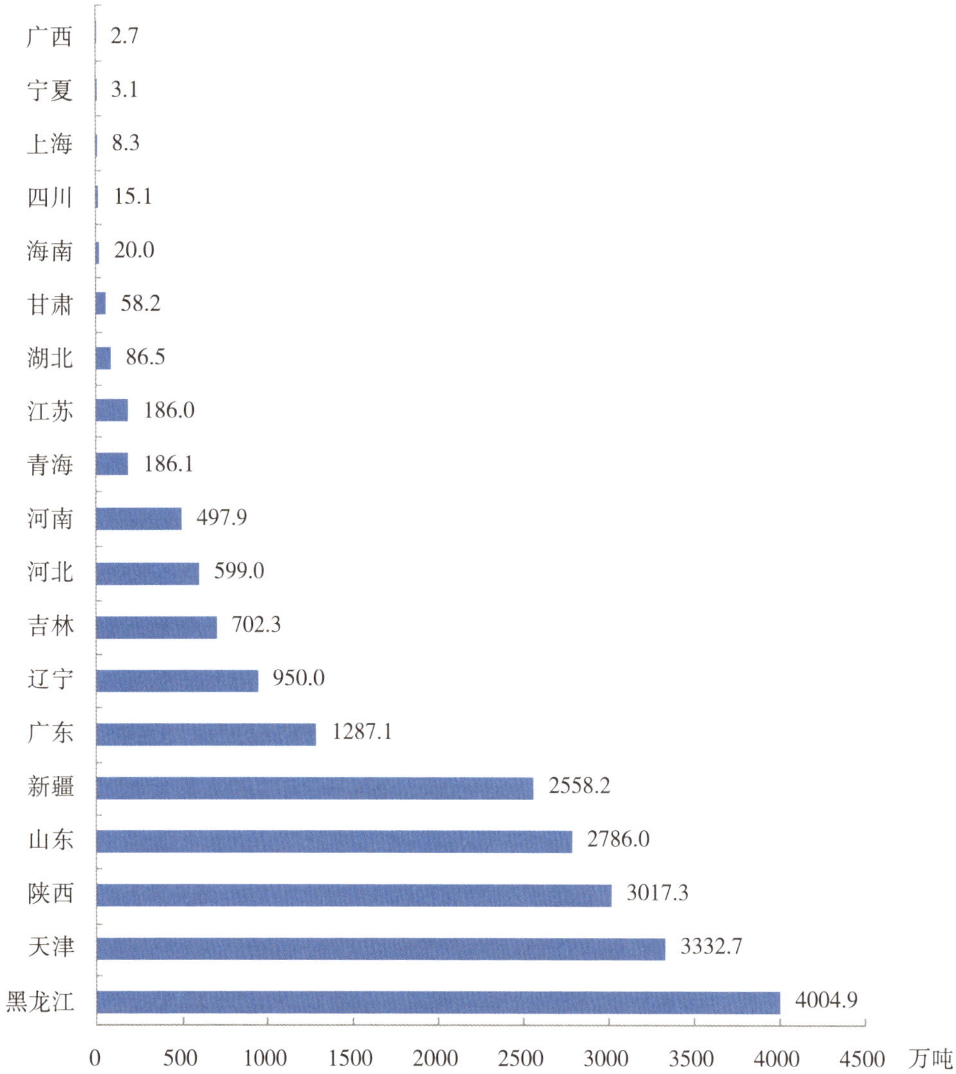


**图12-2　2010年中国部分地区原油生产量排序**

数据来源：《中国能源统计年鉴2011》。

## 二、汽油产量增幅较大，新增产量集中在华东和华南

2011年中国汽油产量为8142万吨，比2010年增加782.5万吨，同比增长10.6%，高于“十一五”期间年均增长率5个百分点，如图12-3所示。

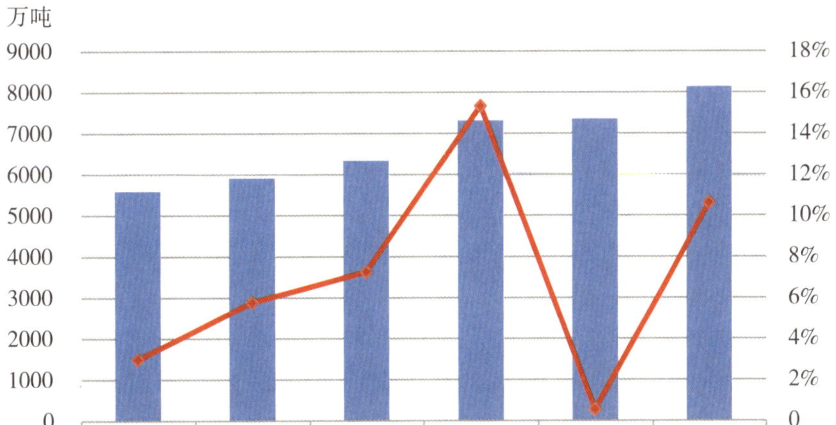


| | 2006年 | 2007年 | 2008年 | 2009年 | 2010年 | 2011年 |
|---|---|---|---|---|---|---|
| 汽油产量（万吨） | 5595.0 | 5917.9 | 6347.2 | 7320.7 | 7360.5 | 8142.0 |
| 增长率（%） | 3.0 | 5.8 | 7.3 | 15.3 | 0.5 | 10.6 |

**图12-3　2006～2011年中国汽油生产量及增长率**

数据来源：2006～2010年数据来自《中国能源统计年鉴2011》，2011年数据来自专家预计。

分地区看，尽管华北地区汽油产量绝对规模在上升，但在全国所占的比重在下降。这主要是由于除北京和天津外的华北地区总体经济发展程度相对较低，汽油需求增速较低，限制了汽油的发展，导致比重下降。华东和华南地区海洋运输便利，炼制海外原油的数量增加较多，同时，这两个区域经济非常活跃，对汽油的需求旺盛，因此不仅出现汽油生产量的绝对规模上升，其在全国所占比重也上升。虽然东北地区是中国原油的主要生产区域，但这两个地区经济并不发达，对汽油的需求较少，其在全国的比重出现下降的趋势，这说明需求对生产的吸引能力要大于资源的地域限制，如表12-5、表12-6所示。

**表12-5　　2006～2010年中国分区域汽油生产量**　　单位：万吨

| 地区 | 2006年 | 2007年 | 2008年 | 2009年 | 2010年 |
|---|---|---|---|---|---|
| 华北 | 576.18 | 607.9 | 647.16 | 733.85 | 737 |
| 东北 | 1579.51 | 1562.06 | 1574.97 | 1625.77 | 1683.64 |
| 华东 | 1377.77 | 1423.32 | 1739.94 | 2055.86 | 2252.36 |
| 华中 | 443.15 | 463.43 | 470.47 | 539.04 | 573.3 |
| 华南 | 594.52 | 784.22 | 818.73 | 963.34 | 1125.8 |
| 西南 | 32.47 | 45.53 | 52.46 | 69.4 | 57.8 |
| 西北 | 4603.6 | 4886.46 | 5303.73 | 5987.26 | 6429.9 |

数据来源：《中国能源统计年鉴2011》。

表12–6　　2006～2010年中国分区域汽油生产构成　　单位：%

| 地区 | 2006年 | 2007年 | 2008年 | 2009年 | 2010年 |
|---|---|---|---|---|---|
| 华北 | 6.3 | 6.2 | 6.1 | 6.1 | 5.7 |
| 东北 | 17.2 | 16.0 | 14.8 | 13.6 | 13.1 |
| 华东 | 15.0 | 14.6 | 16.4 | 17.2 | 17.5 |
| 华中 | 4.8 | 4.7 | 4.4 | 4.5 | 4.5 |
| 华南 | 6.5 | 8.0 | 7.7 | 8.0 | 8.8 |
| 西南 | 0.4 | 0.5 | 0.5 | 0.6 | 0.4 |
| 西北 | 50.0 | 50.0 | 50.0 | 50.0 | 50.0 |

数据来源：《中国能源统计年鉴2011》。

分地区看，大部分的省、自治区和直辖市汽油产量基本上都有所增加，除了海南和广西的较快增速与其汽油产量基数较低有关外，其余增长较快的地区主要是需求增长较快和资源地以及传统的炼油大省，如表12–7所示。

表12–7　　2006～2010年中国部分地区汽油生产量　　单位：万吨

| 地区 | 2006年 | 2007年 | 2008年 | 2009年 | 2010年 |
|---|---|---|---|---|---|
| 北京 | 172.93 | 181.72 | 215.53 | 272.55 | 257.10 |
| 天津 | 129.83 | 150.10 | 117.17 | 136.41 | 164.60 |
| 河北 | 212.85 | 230.15 | 272.49 | 275.24 | 270.00 |
| 山西 | | | | | 3.20 |
| 内蒙古 | 60.57 | 45.93 | 41.97 | 49.65 | 42.10 |
| 辽宁 | 1032.33 | 1005.40 | 1017.33 | 1043.57 | 1057.74 |
| 吉林 | 159.74 | 153.95 | 166.80 | 151.67 | 163.00 |
| 黑龙江 | 387.44 | 402.71 | 390.84 | 430.53 | 462.90 |
| 上海 | 248.16 | 211.10 | 244.88 | 260.04 | 259.70 |
| 江苏 | 200.58 | 223.65 | 232.18 | 318.24 | 286.50 |
| 浙江 | 254.94 | 259.64 | 288.75 | 321.32 | 305.10 |
| 安徽 | 86.91 | 89.38 | 87.87 | 97.49 | 97.00 |
| 江西 | 86.85 | 81.33 | 86.56 | 96.57 | 108.60 |
| 山东 | 500.33 | 558.22 | 799.70 | 962.20 | 1195.46 |
| 河南 | 140.86 | 157.83 | 159.43 | 189.40 | 208.00 |
| 湖北 | 178.09 | 175.74 | 173.21 | 216.49 | 239.80 |
| 湖南 | 124.20 | 129.86 | 137.83 | 133.15 | 125.50 |
| 广东 | 401.37 | 417.43 | 459.84 | 538.74 | 635.70 |
| 广西 | 24.84 | 29.58 | 31.48 | 37.91 | 77.30 |

续表

| 地区 | 2006年 | 2007年 | 2008年 | 2009年 | 2010年 |
|---|---|---|---|---|---|
| 海南 | 65.68 | 238.66 | 244.05 | 264.31 | 263.20 |
| 福建 | 102.63 | 98.55 | 83.36 | 122.38 | 149.60 |
| 四川 | 32.47 | 45.53 | 51.61 | 69.40 | 57.80 |
| 陕西 | 410.32 | 465.86 | 465.09 | 526.21 | 572.50 |
| 甘肃 | 239.14 | 276.04 | 289.31 | 314.44 | 287.90 |
| 青海 | 31.52 | 32.60 | 30.89 | 23.62 | 40.80 |
| 宁夏 | 58.15 | 51.72 | 65.56 | 69.38 | 76.80 |
| 新疆 | 252.03 | 276.76 | 280.18 | 274.57 | 268.15 |

数据来源：《中国能源统计年鉴2011》。

2010年汽油生产量排名前五的省份是山东、辽宁、广东、陕西和黑龙江，山东和辽宁的汽油生产量超过1000万吨，如图12-4所示，这五个省份的汽油产量总和占全国汽油产量的一半左右。排名后五的省份是宁夏、四川、内蒙古、青海和陕西，主要为经济欠发达或者资源匮乏的省份。

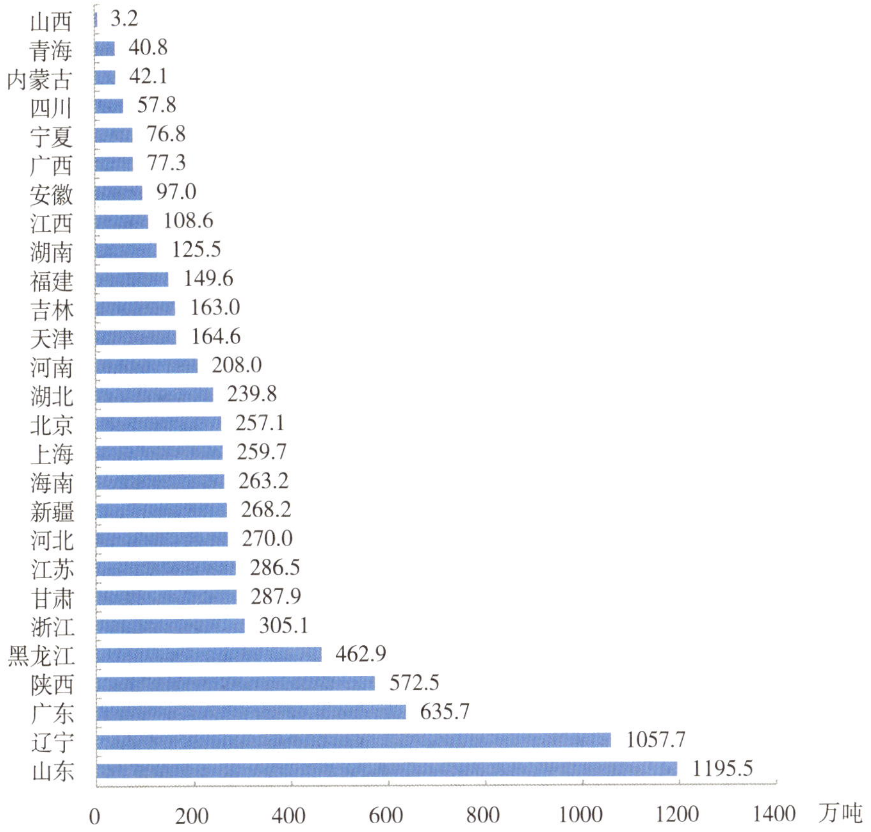


图12-4 2010年中国部分地区汽油生产量排序

数据来源：《中国能源统计年鉴2011》。

## 三、柴油产量较快增长，区域集中度进一步提高

2011 年柴油生产量为 16434 万吨，比 2010 年增加 1509 万吨，同比增长 10.1%，比“十一五”期间年均增长率高5.3个百分点，如图12-5所示。

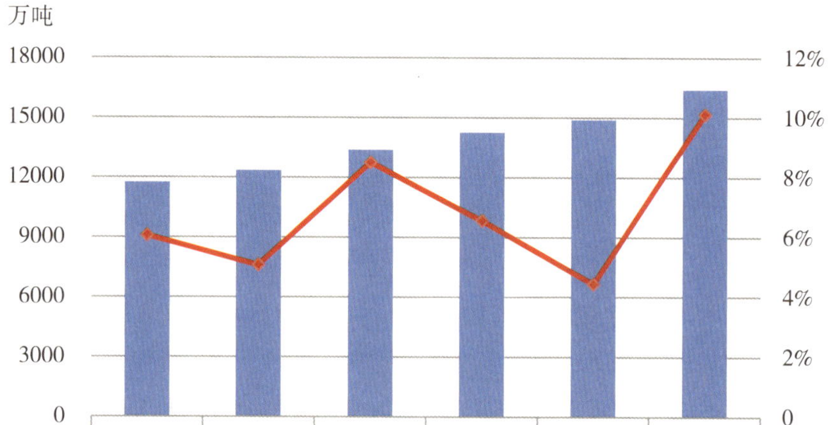


| | 2006年 | 2007年 | 2008年 | 2009年 | 2010年 | 2011年 |
|---|---|---|---|---|---|---|
| 柴油生产量（万吨） | 11762.4 | 12359.1 | 13409.2 | 14288.6 | 14924.4 | 16434.0 |
| 增长率（%） | 6.1 | 5.1 | 8.5 | 6.6 | 4.4 | 10.1 |

**图12-5　2006～2011年柴油生产量及增长率**

数据来源：2006～2010年数据来自《中国能源统计年鉴2011》，2011年数据来自专家预计。

分地区看，近年来，华南、华东和华北柴油产量增长较快。这主要源于需求的带动，特别是华东和华南地区经济发达，非汽车用柴油增长很快，为了适应这一状况，石油企业都增加了在这一区域的炼厂布局和建设。西南地区由于基数小，因此增长较快，而东北和西北的增幅较小。就地区构成来看，2010年华东和华南由于需求旺盛，产量较高，占全国柴油比重为31.9%和15.2%。东北和西北是传统的产油大区，因此柴油生产量占全国的比重也较大，分别为20.9%和16.4%，如表12-8、表12-9所示。

**表12-8**　**2006～2010年中国分区域柴油产量**　单位：万吨

| 地区 | 2006年 | 2007年 | 2008年 | 2009年 | 2010年 |
|---|---|---|---|---|---|
| 华北 | 1057.8 | 1133.9 | 1269.9 | 1236.4 | 1519.5 |
| 东北 | 2832.2 | 2953.3 | 2917.3 | 3011.4 | 3317.5 |
| 华东 | 3504.7 | 3521.1 | 4354.6 | 4570.6 | 5065.2 |
| 华中 | 836.9 | 851.0 | 825.9 | 862.1 | 892.2 |
| 华南 | 1287.2 | 1575.6 | 1684.0 | 1947.1 | 2410.5 |
| 西南 | 61.2 | 80.6 | 83.5 | 103.0 | 83.9 |
| 西北 | 2075.4 | 2243.8 | 2323.2 | 2396.4 | 2599.4 |

数据来源：《中国能源统计年鉴2011》。

表12–9　　2006～2010年中国分区域柴油生产构成　　单位：%

| 地区 | 2006年 | 2007年 | 2008年 | 2009年 | 2010年 |
|---|---|---|---|---|---|
| 华北 | 9.1 | 9.2 | 9.4 | 8.8 | 9.6 |
| 东北 | 24.3 | 23.9 | 21.7 | 21.3 | 20.9 |
| 华东 | 30.1 | 28.5 | 32.4 | 32.4 | 31.9 |
| 华中 | 7.2 | 6.9 | 6.1 | 6.1 | 5.6 |
| 华南 | 11.0 | 12.7 | 12.5 | 13.8 | 15.2 |
| 西南 | 0.5 | 0.7 | 0.6 | 0.7 | 0.5 |
| 西北 | 17.8 | 18.2 | 17.3 | 17.0 | 16.4 |

数据来源：《中国能源统计年鉴2011》。

分地区看，各省柴油生产量在“十一五”期间除了因为基数小表现出较大的增速外，其他有较大增幅的省份主要是经济发达。对柴油需求旺盛的省份和石油资源丰富以及炼油能力集中的省份，区域集中程度进一步提高，如表12–10所示。

表12–10　　2006～2010年中国部分地区柴油生产量　　单位：万吨

| 地区 | 2006年 | 2007年 | 2008年 | 2009年 | 2010年 |
|---|---|---|---|---|---|
| 北京 | 204.78 | 270.89 | 373.28 | 364.24 | 350.40 |
| 天津 | 386.99 | 383.48 | 340.19 | 338.69 | 602.70 |
| 河北 | 412.08 | 425.82 | 513.58 | 482.34 | 486.90 |
| 山西 | | | | | 0.20 |
| 内蒙古 | 53.96 | 53.73 | 42.80 | 51.13 | 79.30 |
| 辽宁 | 1911.19 | 2048.93 | 2048.35 | 2101.38 | 2379.82 |
| 吉林 | 344.02 | 320.73 | 321.68 | 320.88 | 322.20 |
| 黑龙江 | 577.03 | 583.59 | 547.30 | 589.15 | 615.50 |
| 上海 | 639.32 | 603.47 | 747.98 | 682.63 | 773.60 |
| 江苏 | 702.33 | 696.30 | 738.33 | 751.10 | 808.30 |
| 浙江 | 749.50 | 758.73 | 862.33 | 825.89 | 832.60 |
| 安徽 | 193.75 | 188.20 | 177.95 | 184.93 | 196.00 |
| 福建 | 155.89 | 135.51 | 112.86 | 273.50 | 388.00 |
| 江西 | 179.04 | 166.86 | 182.86 | 187.47 | 190.80 |
| 山东 | 1040.80 | 1107.53 | 1645.17 | 1938.55 | 2263.86 |
| 河南 | 265.47 | 243.96 | 253.61 | 287.01 | 297.57 |
| 湖北 | 352.35 | 378.28 | 341.08 | 360.08 | 379.60 |
| 湖南 | 219.06 | 228.74 | 231.16 | 215.03 | 215.00 |
| 广东 | 994.26 | 1033.53 | 1187.35 | 1287.36 | 1531.00 |

续表

| 地区 | 2006年 | 2007年 | 2008年 | 2009年 | 2010年 |
|---|---|---|---|---|---|
| 广西 | 42.37 | 47.46 | 38.90 | 44.85 | 145.50 |
| 海南 | 94.70 | 359.06 | 344.87 | 341.38 | 346.00 |
| 重庆 | | | | 0.30 | 0.60 |
| 四川 | 61.22 | 80.56 | 83.43 | 102.68 | 83.30 |
| 陕西 | 605.17 | 707.69 | 769.50 | 801.61 | 854.40 |
| 甘肃 | 585.65 | 597.39 | 594.76 | 641.83 | 619.90 |
| 青海 | 47.51 | 49.58 | 46.59 | 37.27 | 56.70 |
| 宁夏 | 77.64 | 69.15 | 85.60 | 79.94 | 92.30 |
| 新疆 | 759.46 | 819.96 | 826.75 | 835.78 | 976.10 |

数据来源：《中国能源统计年鉴2011》。

2010年柴油生产量排名前五的省份是辽宁、山东、广东、新疆和陕西，可以看出柴油生产主要集中在有良好的市场需求前景和丰富的资源地区。这五个省份的柴油生产量加总占全国柴油生产量的一半。山西、重庆、青海、内蒙古和四川的柴油生产量排名末五位，如图12-6所示。

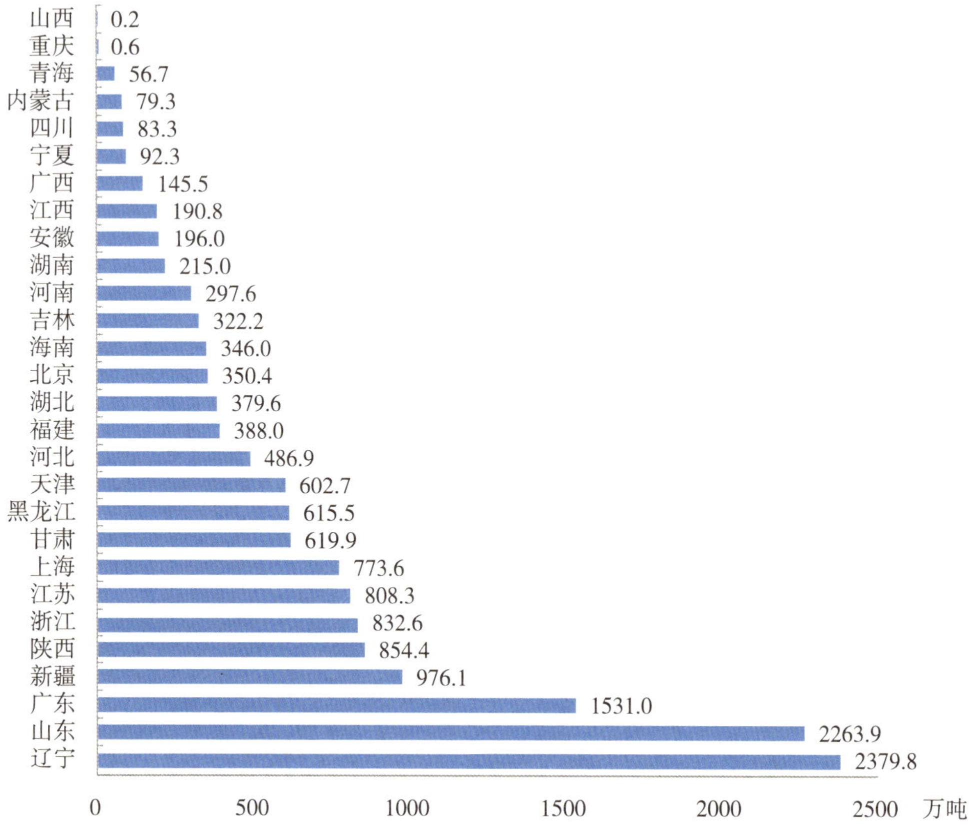


图12-6　2010年中国部分地区柴油生产排序

数据来源：《中国能源统计年鉴2011》。

## 四、煤油产量负增长

2011 年煤油产量为 1870 万吨，比 2010 年减少 54 万吨，同比降低 2.8%，比“十一五”期间年均增长率低 17.3 个百分点，如图 12-7 所示。

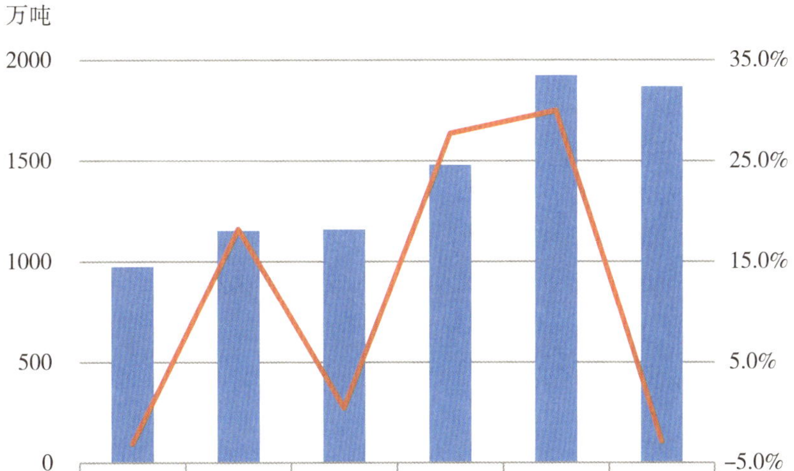


| | 2006年 | 2007年 | 2008年 | 2009年 | 2010年 | 2011年 |
|---|---|---|---|---|---|---|
| 煤油生产量（万吨） | 975.5 | 1153.3 | 1158.9 | 1480.3 | 1924.4 | 1870.0 |
| 增长率（%） | -3.1 | 18.2 | 0.5 | 27.7 | 30.0 | -2.8 |

**图 12-7　2006～2011 年中国煤油生产量及增长率**

数据来源：2006～2010 年数据来自《中国能源统计年鉴 2011》，2011 年数据来自专家预计。

从煤油生产的地区构成来看，华东和华南的煤油产量占全国生产量的比重最大。这源于两地区的航空运输规模较大，煤油需求较大，故产量有较大增长，如表 12-11、表 12-12 所示。

表 12-11　　2006～2010 年中国分区域煤油生产量　　单位：万吨

| 地区 | 2006年 | 2007年 | 2008年 | 2009年 | 2010年 |
|---|---|---|---|---|---|
| 华北 | 52.17 | 82.65 | 119.24 | 151.4 | 201.6 |
| 东北 | 239.31 | 229.73 | 255.07 | 260.36 | 255.7 |
| 华东 | 372.29 | 452.36 | 413.27 | 520.69 | 556.2 |
| 华中 | 36.99 | 53.51 | 50.96 | 76.69 | 107.9 |
| 华南 | 173.95 | 243.14 | 226.06 | 369.22 | 486.6 |
| 西南 | 1.88 | 1.43 | 1.11 | 0.83 | 1.1 |
| 西北 | 92.28 | 90.45 | 103.96 | 100.24 | 105.6 |

数据来源：《中国能源统计年鉴 2011》。

表12-12　2006~2010年中国分区域柴油生产构成　单位：%

| 地区 | 2006年 | 2007年 | 2008年 | 2009年 | 2010年 |
|---|---|---|---|---|---|
| 华北 | 5.4 | 7.2 | 10.2 | 10.2 | 11.8 |
| 东北 | 24.7 | 19.9 | 21.8 | 17.6 | 14.9 |
| 华东 | 38.4 | 39.2 | 35.3 | 35.2 | 32.4 |
| 华中 | 3.8 | 4.6 | 4.4 | 5.2 | 6.3 |
| 华南 | 18.0 | 21.1 | 19.3 | 25.0 | 28.4 |
| 西南 | 0.2 | 0.1 | 0.1 | 0.1 | 0.1 |
| 西北 | 9.5 | 7.8 | 8.9 | 6.8 | 6.2 |

数据来源：《中国能源统计年鉴2011》。

分省区看，大部分的省、自治区和直辖市煤油产量基本上都有所增加，其中福建、海南和北京在“十一五”期间的煤油产量分别增长了14、12倍和9倍，如表12-13所示。

表12-13　2006~2010年中国部分地区煤油生产　单位：万吨

| 地区 | 2006年 | 2007年 | 2008年 | 2009年 | 2010年 |
|---|---|---|---|---|---|
| 北京 | 11.60 | 36.39 | 85.23 | 111.61 | 116.10 |
| 天津 | 27.42 | 35.12 | 21.80 | 32.74 | 81.20 |
| 河北 | 13.15 | 11.14 | 12.21 | 7.05 | 4.30 |
| 辽宁 | 218.74 | 206.19 | 230.06 | 231.90 | 224.20 |
| 黑龙江 | 20.57 | 23.54 | 24.96 | 28.46 | 31.50 |
| 上海 | 112.27 | 121.19 | 136.98 | 149.71 | 149.30 |
| 江苏 | 99.45 | 141.03 | 108.93 | 156.87 | 165.60 |
| 浙江 | 127.29 | 153.78 | 129.41 | 146.08 | 154.60 |
| 山东 | 31.71 | 35.07 | 37.88 | 68.03 | 86.70 |
| 河南 | 21.18 | 32.45 | 31.19 | 49.33 | 56.90 |
| 湖北 | 7.84 | 12.62 | 15.72 | 23.52 | 46.20 |
| 湖南 | 7.97 | 8.44 | 4.05 | 3.84 | 4.80 |
| 广东 | 164.21 | 204.81 | 188.59 | 298.61 | 344.00 |
| 广西 | | | | 2.90 | 3.30 |
| 海南 | 3.43 | 32.78 | 31.06 | 35.43 | 44.60 |
| 福建 | 6.31 | 5.55 | 6.41 | 32.28 | 94.70 |
| 四川 | 1.88 | 1.43 | 1.11 | 0.83 | 1.10 |
| 陕西 | 8.92 | 11.32 | 15.73 | 18.69 | 27.70 |

续表

| 地区 | 2006年 | 2007年 | 2008年 | 2009年 | 2010年 |
|---|---|---|---|---|---|
| 甘肃 | 48.57 | 48.53 | 49.58 | 50.69 | 32.30 |
| 新疆 | 34.79 | 30.60 | 38.65 | 30.86 | 45.60 |

数据来源：《中国能源统计年鉴2011》。

分地区看，2010年中国煤油产量超过100万吨的省份基本上都是经济发达地区，煤油生产布局完全靠近市场，而不受资源约束。煤油生产第一大省广东2010年产量已经突破300万吨，辽宁突破200万吨，江苏、浙江、上海和北京的煤油生产量均已超过100万吨，如图12-8所示。

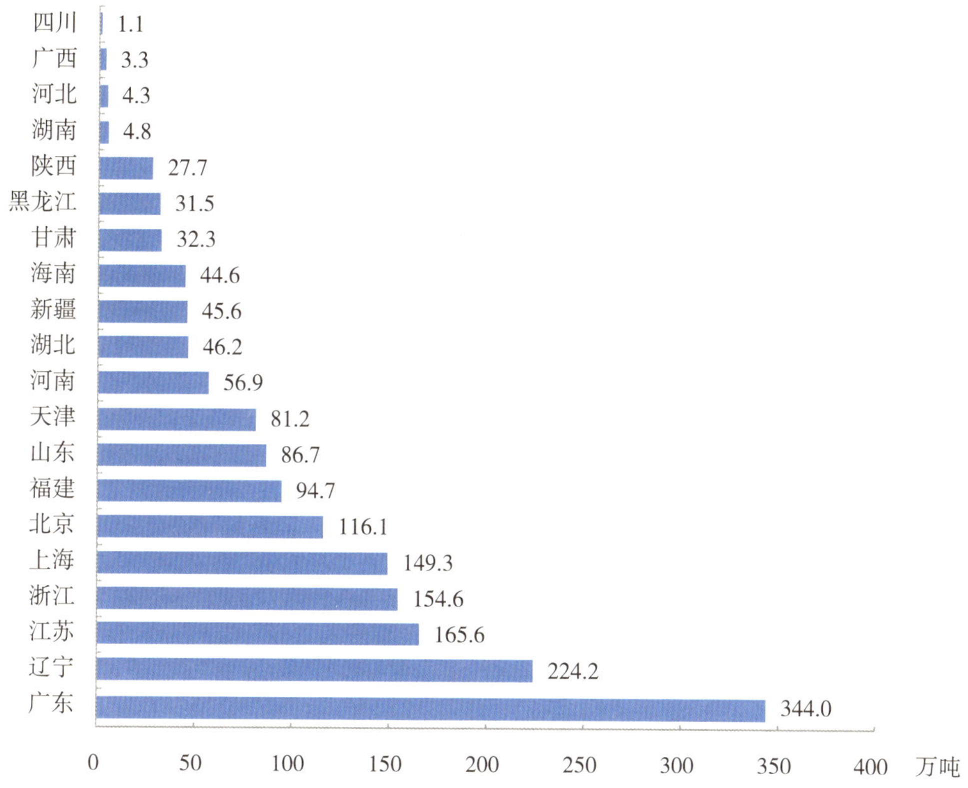


**图12-8 2010年中国部分省份煤油生产量排序**

数据来源：《中国能源统计年鉴2011》。

## 五、石油净调入集中在经济大省，净调出集中在资源大省

从各省的调入调出情况来看，原油净调入省份主要集中在经济实力雄厚、原油消费需求旺盛的省份和炼油能力较强的省份。2010年原油净调入最多的省份是辽宁，调入量3998万吨，其次是广东、江苏、福建和甘肃，这五个省份净调入原油占全部净调入省份的65%，如图12-9所示。除了图中所列的省份外，海南省的原油净调入量不足100万吨，约为32万吨。原油净调出省份主要集中在原油生产大省，天津、

黑龙江、新疆和陕西分别净调出2863万、2382万、1241万吨和1032万吨（如图12–9所示），占全部净调出省份的98%，其余净调出省份原油净调出量不足100万吨，有青海（61万吨）、内蒙古（47万吨）、河南（19万吨）和山东（4万吨）。陕西、重庆、贵州和云南四省既无石油调入也无石油调出。

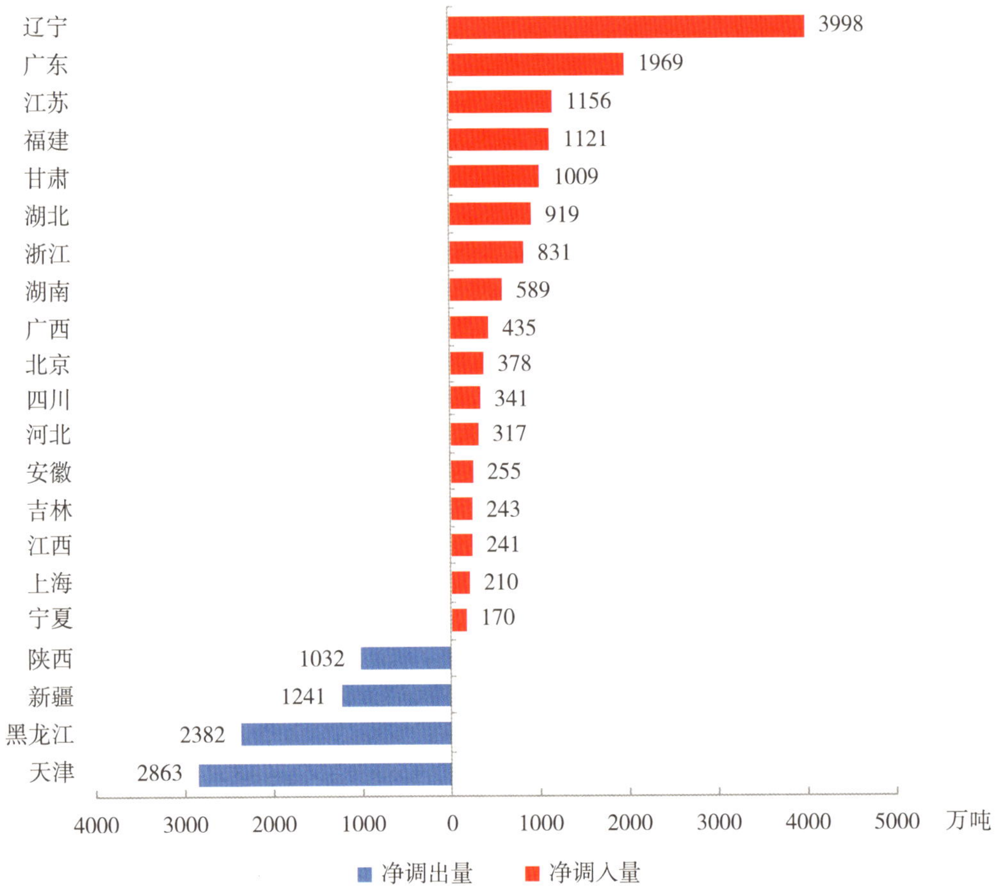


**图12–9　2010年中国部分省份原油净调入情况**

数据来源：《中国能源统计年鉴2011》。

从成品油的调入调出情况看，净调入成品油的省份多为原油资源匮乏和炼油能力薄弱的省份。如图12–10所示，成品油净调入最多的省份是四川，净调入1096万吨，其次是内蒙古、云南、山西和广西，这五个省份成品油净调入总量占全部成品油净调入的一半左右。除了图中所列的成品油净调入省份外，还有青海和吉林，分别净调入21万吨和1万吨。成品油的净调出省份主要集中在石油资源丰富和炼油能力比较强的省份，辽宁、山东、新疆、甘肃和陕西是成品油净调出最多的五个省份，如图12–10所示。这五个省份成品油净调出总量占全部成品油净调出总量的85%。除了图中所列的省份，宁夏净调出成品油28万吨、上海净调出不足1万吨。

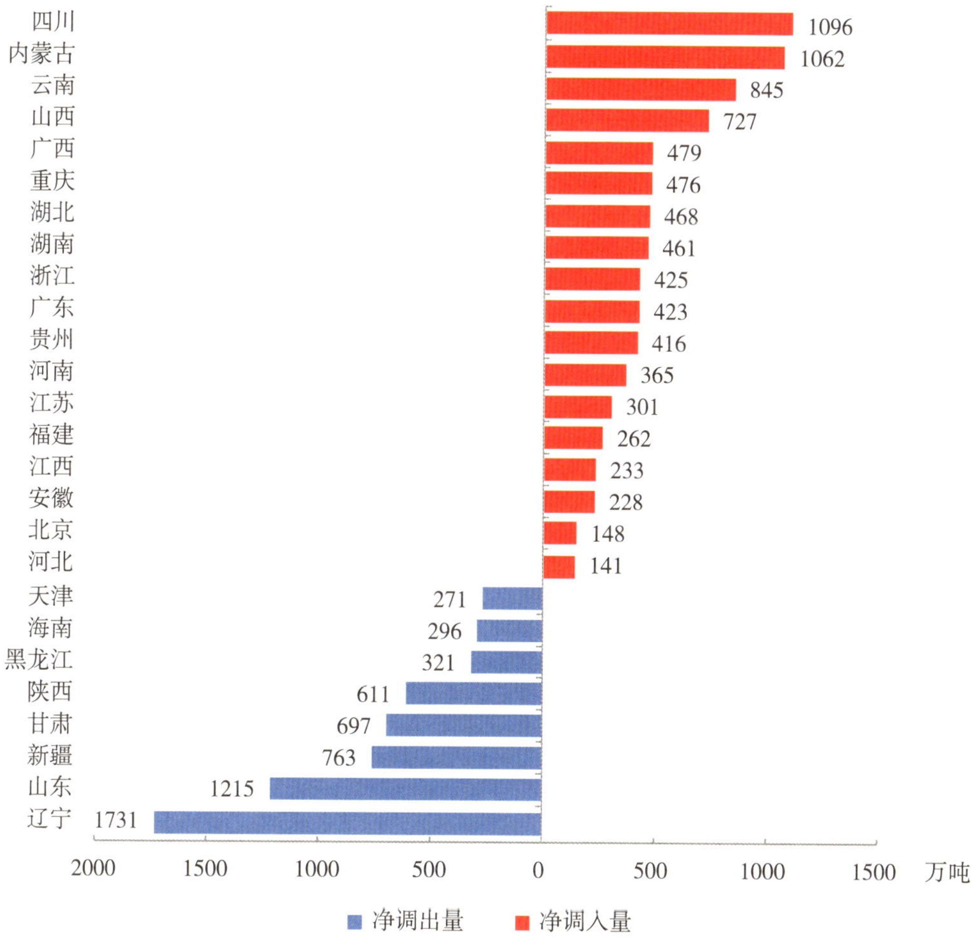


图12-10 2010年中国部分省份成品油净调入情况

数据来源：《中国能源统计年鉴2011》。

## 六、储产比基本保持不变，原油生产可持续形势严峻

2010年中国的石油剩余经济可采储量为23.6亿吨，比2010年多2亿吨，储产比为11.62，与2010年基本持平。在整个“十一五”期间，中国的储产比比较稳定，在11～12之间波动，如表12-14所示。

表12-14　2006～2010年我国石油剩余经济可采储量及储产比

| 年份 | 剩余经济可采储量（亿吨） | 石油产量（亿吨） | 储产比 |
|---|---|---|---|
| 2006 | 22.0 | 1.85 | 11.9 |
| 2007 | 21.0 | 1.86 | 11.3 |
| 2008 | 21.3 | 1.90 | 11.2 |
| 2009 | 21.6 | 1.89 | 11.4 |
| 2010 | 23.6 | 2.03 | 11.6 |

数据来源：国土资源部，全国油气矿产储量通报2010。

根据BP统计数据，2010年中国的石油储产比为9.9，是世界主要原油生产国中最低的，在世界排名15位。世界的石油储产比为46.2，其中委内瑞拉、伊拉克、科威特的储产比超过100，是世界储产比最高的三个国家，美国的储产比为11.3，比中国高1.4，排名14位，如表12–15所示。

表12–15　2010年国际部分国家和地区可采储量及储产比

| 国家/地区 | 可采储量（亿吨） | 占比 | 储产比 |
|---|---|---|---|
| 世界 | 1888 | 1 | 46.2 |
| 沙特阿拉伯 | 363 | 0.191234 | 72.4 |
| 委内瑞拉 | 304 | 0.152669 | ＞100 |
| 伊朗 | 188 | 0.099052 | 88.4 |
| 伊拉克 | 155 | 0.08314 | ＞100 |
| 科威特 | 140 | 0.07338 | ＞100 |
| 阿联酋 | 130 | 0.070705 | 94.1 |
| 俄罗斯 | 106 | 0.055959 | 20.6 |
| 利比亚 | 60 | 0.033561 | 76.7 |
| 哈萨克斯坦 | 55 | 0.032643 | 62.1 |
| 尼日利亚 | 50 | 0.028794 | 42.4 |
| 加拿大 | 50 | 0.026894 | 26.3 |
| 美国 | 37 | 0.023187 | 11.3 |
| 卡塔尔 | 27 | 0.01873 | 45.2 |
| 中国 | 20 | 0.010688 | 9.9 |
| 巴西 | 20 | 0.010299 | 18.3 |

数据来源：BP，Statistical Review of World energy Full Report 2011。

分地区看，2010年中国石油剩余经济可采储量为229485万吨，黑龙江、新疆、渤海、河北和山东分别位列前五位，剩余经济可采储量分别为43159万、31245万、28203万、23189万吨和21011万吨。广西、海南、广东、云南和四川分别位列后五位。

从储产比来看，全国储产比为11.3。储产比排名前五的是甘肃、河北、宁夏、广西和吉林。其中甘肃的储产比为210.6，主要原因是原油产量比较小，而剩余经济可采储量比较大。除了河北和吉林外，宁夏和广西由于原油产量偏低而导致储产比较高，如表12–16所示。

表12–16　　2010年我国分地区储量及储产比　　单位：万吨

| 地区 | 累计探明地质储量 | | | 剩余技术可采量 | 剩余经济可采量 | 原油产量 | 储产比 |
|---|---|---|---|---|---|---|---|
| | 合计 | 已开发 | 未开发 | | | | |
| 全国 | 3101641 | 2365344 | 736297 | 309198 | 229485 | 20301.4 | 11.3 |
| 天津 | 39851 | 31181 | 8670 | 3130 | 1940 | 3332.7 | 0.6 |
| 河北 | 246592 | 158985 | 87607 | 27625 | 23189 | 599.0 | 38.7 |
| 内蒙古 | 55671 | 34055 | 21616 | 7644 | 4894 | | |
| 辽宁 | 237011 | 186150 | 50861 | 18738 | 11787 | 950.0 | 12.4 |
| 吉林 | 145654 | 88870 | 56784 | 18862 | 13811 | 702.3 | 19.7 |
| 黑龙江 | 609888 | 519929 | 89959 | 54516 | 43159 | 4004.9 | 10.8 |
| 江苏 | 27380 | 22769 | 4611 | 2688 | 1715 | 186.0 | 9.2 |
| 安徽 | 1992 | 1495 | 497 | 187 | 127 | | |
| 山东 | 511312 | 439186 | 72126 | 34208 | 21011 | 2786.0 | 7.5 |
| 河南 | 78190 | 69389 | 8801 | 5040 | 2403 | 497.9 | 4.8 |
| 湖北 | 15025 | 11854 | 3171 | 1308 | 810 | 86.5 | 9.4 |
| 广东 | 60 | 54 | 6 | 8 | 8 | 1287.1 | |
| 广西 | 1708 | 1078 | 630 | 146 | 65 | 2.7 | 24.1 |
| 海南 | 158 | 0 | 158 | 29 | 29 | 20.0 | 1.5 |
| 四川 | 8241 | 8241 | 0 | 32 | −18 | 15.1 | |
| 云南 | 41 | 41 | 0 | 12 | 4 | | |
| 陕西 | 234132 | 183519 | 50613 | 24948 | 18760 | 3017.3 | 6.2 |
| 甘肃 | 109523 | 60202 | 49321 | 16085 | 12256 | 58.2 | 210.6 |
| 青海 | 43565 | 34210 | 9355 | 5633 | 3652 | 186.1 | 19.6 |
| 宁夏 | 3628 | 3546 | 82 | 203 | 110 | 3.1 | 35.5 |
| 新疆 | 415962 | 277064 | 138898 | 45288 | 31245 | 2558.2 | 12.2 |
| 渤海 | 221453 | 157344 | 64109 | 31043 | 28203 | | |
| 东海 | 2205 | 853 | 1352 | 412 | 411 | | |
| 南海 | 92399 | 75330 | 17069 | 11412 | 9916 | | |

数据来源：国土资源部，全国油气矿产储量通报2010。

分盆地看，剩余经济可采储量最高的是渤海湾盆地，剩余经济可采储量为59000万吨，占全国剩余经济可采储量的25.7%，其次是松辽盆地、鄂尔多斯盆地、渤海海域和准噶尔盆地，如表12–17所示。这五个盆地剩余经济可采加储量总占全国的剩余经济可采储量的83.%。

表 12–17　　2010年中国分盆地原油储量　　单位：万吨

| 地区 | 累计探明地质储量 | | | 剩余技术可采储量 | 剩余经济可采储量 |
|---|---|---|---|---|---|
| | 合计 | 已开发 | 未开发 | | |
| 全国 | 3101641 | 2365344 | 736297 | 309198 | 229485 |
| 松辽盆地 | 756586 | 609930 | 146656 | 73180 | 56245 |
| 海拉尔盆地 | 21172 | 12466 | 8706 | 3764 | 2859 |
| 依兰伊通盆地 | 7931 | 3970 | 3961 | 1262 | 1019 |
| 二连盆地 | 25179 | 16488 | 8691 | 2739 | 1673 |
| 彰武盆地 | 408 | 239 | 169 | 35 | −4 |
| 银根盆地 | 344 | 0 | 344 | 78 | 67 |
| 渤海湾盆地 | 1083952 | 861801 | 222151 | 86401 | 59000 |
| 苏北盆地 | 29372 | 24264 | 5108 | 2875 | 1842 |
| 江汉盆地 | 15025 | 11854 | 3171 | 1308 | 810 |
| 南襄盆地 | 28596 | 22851 | 5745 | 2305 | 1333 |
| 鄂尔多斯盆地 | 330385 | 233027 | 97358 | 39901 | 30361 |
| 四川盆地 | 8241 | 8241 | 0 | 32 | −18 |
| 准噶尔盆地 | 216002 | 158264 | 57738 | 25085 | 17797 |
| 吐鲁番–哈密盆地 | 32494 | 26131 | 6363 | 4002 | 1823 |
| 焉耆盆地 | 2021 | 1715 | 306 | 114 | 48 |
| 塔里木盆地 | 156959 | 85001 | 71958 | 15133 | 10800 |
| 三塘湖盆地 | 8486 | 5953 | 2533 | 955 | 777 |
| 柴达木盆地 | 43454 | 34210 | 9244 | 5611 | 3636 |
| 酒西盆地 | 16898 | 14240 | 2658 | 1335 | 765 |
| 民和盆地 | 111 | 0 | 111 | 22 | 16 |
| 三水盆地 | 60 | 54 | 6 | 8 | 8 |
| 百色盆地 | 1708 | 1078 | 630 | 146 | 65 |
| 景谷盆地 | 41 | 41 | 0 | 12 | 4 |
| 渤海海域 | 221453 | 157344 | 64109 | 31043 | 28203 |
| 东海盆地 | 2205 | 853 | 1352 | 412 | 411 |
| 珠江口盆地 | 71593 | 63616 | 7977 | 8798 | 7796 |
| 北部湾盆地 | 20964 | 11714 | 9250 | 2644 | 2150 |

数据来源：国土资源部，全国油气矿产储量通报2010。

分公司看，中石油的剩余经济可采储量为15.2万吨，占全国剩余经济可采储量的66%；其次是中海油，剩余经济可采储量为3.6万吨，占全国剩余经济可采储量的17%；中石化紧随其后，剩余经济可采储量为3.5万吨，占全国剩余经济可采储量的15%；地方经济可采储量为0.5万吨，仅占全国剩余经济可采储量的2%，如表12–18、图12–11所示。

表12–18　　2010年中国分公司石油储量　　单位：万吨

| 地区 | 累计探明地质储量 | | | 剩余技术可采量 | 剩余经济可采量 |
|---|---|---|---|---|---|
| | 合计 | 已开发 | 未开发 | | |
| 全国 | 310.2 | 236.5 | 73.6 | 30.9 | 23 |
| 中石油 | 193.3 | 145.1 | 48.2 | 20.3 | 15.2 |
| 中石化 | 76.6 | 61.2 | 15.4 | 5.7 | 3.5 |
| 中海油 | 31.5 | 23.3 | 8.3 | 4.3 | 3.9 |
| 地方 | 9 | 7.1 | 1.9 | 0.7 | 0.5 |

数据来源：国土资源部，全国油气矿产储量通报2010。

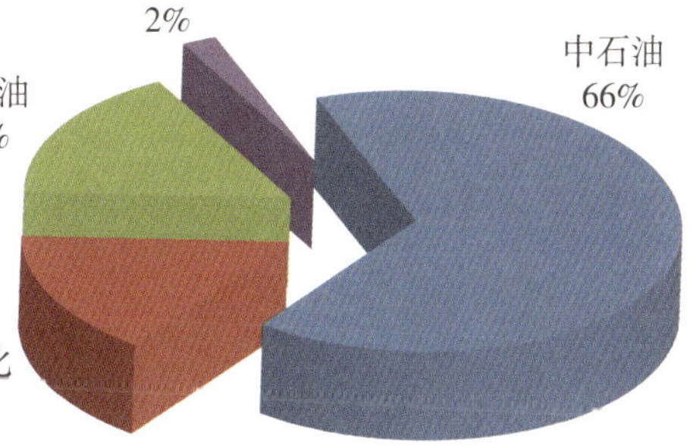


图12–11　2010年我国分公司石油储量构成
数据来源：国土资源部，全国油气矿产储量通报2010。

## 七、石油进口持续增长，对外依存度继续增加

2011年，在石油消费需求的带动下，中国原油进口量为25378万吨，同比增长6%。这一增速较2010年原油进口17.5%的增长率显著下滑。同期原油净进口25138万吨，比2010年增加1510万吨，同比增长6.4%，比2010年原油净进口增长率低12.5个百分点，这主要是受2010年国内经济结构调整以及对耗能大户需求抑制的影响，另外经济增速放缓也直接带动了石油消费增速下滑。不过，由于消费领域如汽车、公路投资的增长，国内石油消费整体仍在持续增加。

中国2011年全年炼厂成品油资源总体上供大于求，但是部分时段、部分地区供应略显偏紧。2011年全国成品油产量约为2.677亿吨，同比增加5.8%，成品油净出口约为490万吨，如表12–19所示。下半年部分时段由于柴油定价低于接轨价800～900元/吨，加之部分炼厂检修和大连石化、惠州炼厂事故停工的影响，在华东和华中等地区出现了柴油供应紧张的情况。

表12-19　　2000～2011年中国原油及成品油产量及进出口量　　单位：万吨

| 年份 | 产量 | 进口量 | 出口量 | 净进口 | 表观消费量 |
|---|---|---|---|---|---|
| 原　油 | | | | | |
| 2000 | 16300.0 | 7027 | 1031 | 5996.0 | 22296 |
| 2005 | 18135.3 | 12682 | 807 | 11875.0 | 30010.29 |
| 2006 | 18476.6 | 14517 | 634 | 13883.3 | 32359.85 |
| 2007 | 18631.8 | 16317 | 389 | 15928.0 | 34559.82 |
| 2008 | 19044.0 | 17889 | 424 | 17464.8 | 36508.71 |
| 2009 | 18949.0 | 20365 | 507 | 19858 | 38820.75 |
| 2010 | 20301.4 | 23768.2 | 303 | 23465.2 | 43929.4 |
| 2011 | 20400.0 | 25378 | 240 | 25138.0 | 45460 |
| 汽　油 | | | | | |
| 2000 | 4134.7 | 0 | 455 | -455.2 | 3679.49 |
| 2005 | 5433.0 | 0 | 560 | -560.0 | 4873 |
| 2006 | 5595.0 | 6 | 351 | -344.9 | 5250.05 |
| 2007 | 5917.9 | 23 | 464 | -441.6 | 5476.33 |
| 2008 | 6347.2 | 199 | 203 | -4.7 | 6342.52 |
| 2009 | 7320.7 | 4 | 492 | -487.5 | 6833.2 |
| 2010 | 7360.5 | 133 | 517 | -384.0 | 6976.47 |
| 2011 | 8142.0 | 12 | 430 | -418.0 | 7724 |
| 煤　油 | | | | | |
| 2000 | 872.3 | 255 | 199 | 56.6 | 928.88 |
| 2005 | 1006.5 | 328 | 269 | 59.6 | 1066.08 |
| 2006 | 975.5 | 561 | 371 | 189.8 | 1165.28 |
| 2007 | 1153.3 | 524 | 448 | 76.3 | 1229.55 |
| 2008 | 1158.9 | 648 | 536 | 111.4 | 1270.26 |
| 2009 | 1480.3 | 612 | 594 | 17.7 | 1497.99 |
| 2010 | 1924.4 | 487 | 605 | -118.0 | 1806.39 |
| 2011 | 1870.0 | 588 | 650 | -62.0 | 1808 |
| 柴　油 | | | | | |
| 2000 | 7079.6 | 26 | 55 | -29.5 | 7050.08 |
| 2005 | 11090.2 | 53 | 148 | -94.4 | 10995.79 |
| 2006 | 11762.4 | 71 | 78 | -7.1 | 11755.34 |
| 2007 | 12359.1 | 162 | 66 | 96.1 | 12455.2 |
| 2008 | 13409.2 | 624 | 63 | 561.4 | 13970.55 |

续表

| 年份 | 产量 | 进口量 | 出口量 | 净进口 | 表观消费量 |
|---|---|---|---|---|---|
| 2009 | 14288.6 | 184 | 451 | −267.1 | 14021.5 |
| 2010 | 14924.4 | 180 | 464 | −284.0 | 14640.38 |
| 2011 | 16434.0 | 220 | 230 | −10.0 | 16424 |

数据来源：2006～2010年数据来自《中国能源统计年鉴2011》，2011年数据来自《中国统计公报2011》和中石化经济技术研究院。

近年来，国内原油产量相对平稳，而需求增长较快，进口石油（原油和石油产品）数量逐年增加。2011年进口石油3.03亿吨，约占全球石油贸易量的12%。其中进口原油2.53亿吨，同比增加5.7%，出口240万吨，同比下降21%；进口石油产品4980万吨，同比4.3%，出口2900万吨，同比下降4.7%。石油对外依存度上升到56.6%，比2010年增加1个百分点左右，原油对外依存度上升到55.16%，比2010年上升了1.5个百分点，石油进口的安全问题日显重要，如图12-12所示。

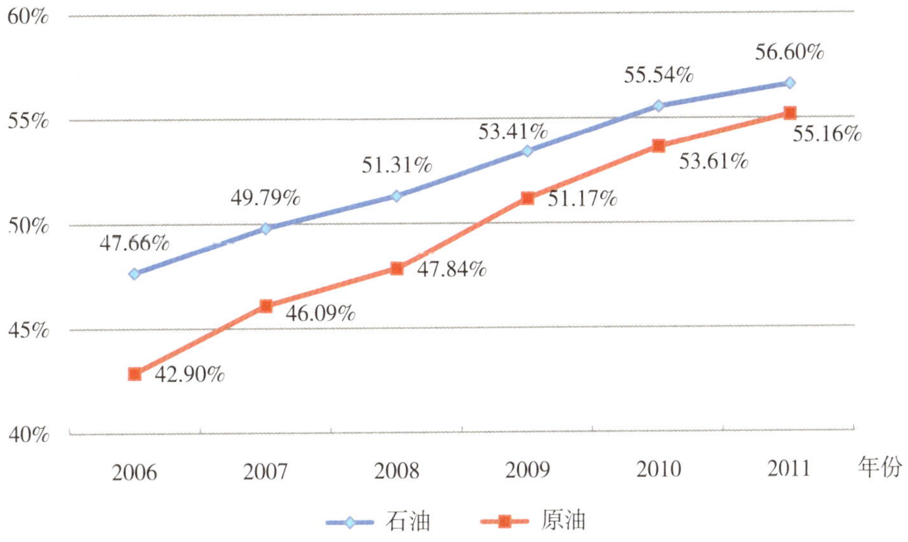


图12-12 我国石油和原油对外依存度

数据来源：2006～2010年数据来自《中国能源统计年鉴2011》，2011年数据来自专家预计。

# 第十三章 天然气生产与供应

## 一、天然气产量首次突破1000亿米$^3$

随着四川盆地、鄂尔多斯盆地、柴达木盆地、塔里木盆地等天然气的大规模开发，天然气产量呈现出快速上升的良好势头。基本形成了四川、塔里木、鄂尔多斯、柴达木、准格尔、松辽、渤海湾、琼—莺八大年产量大于10亿米$^3$的产气区。其中四川、塔里木和鄂尔多斯是目前国内天然气的主要生产基地，海域天然气产量仅占全国总量的10%左右。2011年中国天然气产量达1030.6亿米$^3$左右，首次突破1000亿米$^3$，创历史新高，较2010年的948.5亿米$^3$增加82.1亿米$^3$，同比增长8.7%。尽管2011年中国天然气产量保持较快增长，但是增长率与2010年相比回落了2.5个百分点，较“十一五”期间的平均增长率（14.4%）低5.7个百分点。2006~2011年中国天然气产量与增长率如图13-1所示。

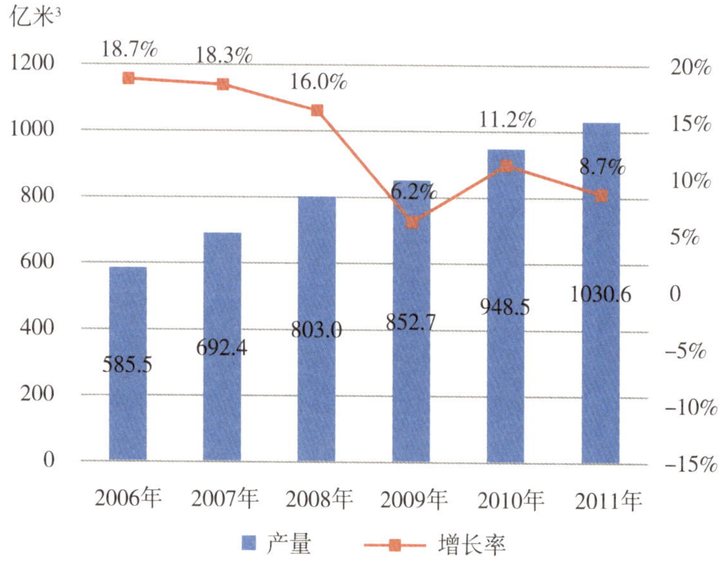


图13-1 2006~2011年中国天然气产量与增长率

数据来源：2006~2011年数据来自《中国能源统计年鉴2011》，2011年数据来自统计公报。

根据BP的统计数据，2010年全球天然气产量为31933亿米$^3$，中国的天然气产量占全球天然气产量的比重为3.0%，略低于挪威的占比，在世界天然气产量排名中排名第7位。中国的天然气产量约为全球第一大天然气生产国美国（6110 亿米$^3$）的 1/6，俄罗斯（5889 亿米$^3$）的 16.4%（如表 13-1 所示）。

2010 年世界天然气产量超过 1000 亿米$^3$的国家有美国、俄罗斯、加拿大、伊朗、卡塔尔和挪威。2011 年，中国也成为天然气产量千亿立方米俱乐部的一员。

表 13-1　2005～2010 年世界主要国家和地区天然气产量　单位：十亿米$^3$

| 国家/地区 | 2005年 | 2006年 | 2007年 | 2008年 | 2009年 | 2010年 | 2010年占比（%） |
|---|---|---|---|---|---|---|---|
| 世界总计 | 2778.0 | 2880.7 | 2950.5 | 3062.1 | 2975.9 | 3193.3 | 100.0 |
| 非经合组织国家 | 1701.6 | 1787.9 | 1848.3 | 1927.8 | 1849.5 | 2033.5 | 63.5 |
| 经合组织国家 | 1076.4 | 1092.9 | 1102.2 | 1134.3 | 1126.3 | 1159.8 | 36.5 |
| 美国 | 511.1 | 524.0 | 545.6 | 570.8 | 582.8 | 611.0 | 19.3 |
| 俄罗斯 | 580.1 | 595.2 | 592.0 | 601.7 | 527.7 | 588.9 | 18.4 |
| 加拿大 | 187.1 | 188.4 | 182.5 | 176.4 | 163.9 | 159.8 | 5.0 |
| 伊朗 | 103.5 | 108.6 | 111.9 | 116.3 | 131.2 | 138.5 | 4.3 |
| 卡塔尔 | 45.8 | 50.7 | 63.2 | 77.0 | 89.3 | 116.7 | 3.6 |
| 挪威 | 85.0 | 87.6 | 89.7 | 99.3 | 103.7 | 106.4 | 3.3 |
| 中国 | 49.3 | 58.6 | 69.2 | 80.3 | 85.3 | 96.8 | 3.0 |
| 沙特阿拉伯 | 71.2 | 73.5 | 74.4 | 80.4 | 78.5 | 83.9 | 2.6 |
| 印尼 | 71.2 | 70.3 | 67.6 | 69.7 | 71.9 | 82.0 | 2.6 |
| 阿尔及利亚 | 88.2 | 84.5 | 84.8 | 85.8 | 79.6 | 80.4 | 2.5 |
| 荷兰 | 62.5 | 61.6 | 60.5 | 66.6 | 62.7 | 70.5 | 2.2 |
| 马来西亚 | 61.1 | 63.3 | 64.6 | 64.7 | 64.1 | 66.5 | 2.1 |
| 埃及 | 42.5 | 54.7 | 55.7 | 59.0 | 62.7 | 61.3 | 1.9 |
| 乌兹别克斯坦 | 54.0 | 54.5 | 59.1 | 62.2 | 60.0 | 59.1 | 1.8 |
| 英国 | 88.2 | 80.0 | 72.1 | 69.6 | 59.7 | 57.1 | 1.8 |
| 墨西哥 | 45.0 | 51.5 | 53.6 | 54.2 | 54.9 | 55.3 | 1.7 |
| 阿联酋 | 47.8 | 49.0 | 50.3 | 50.2 | 48.8 | 51.0 | 1.6 |
| 印度 | 29.6 | 29.3 | 30.1 | 30.5 | 39.2 | 50.9 | 1.6 |
| 澳大利亚 | 37.2 | 40.2 | 41.9 | 41.6 | 47.9 | 50.4 | 1.6 |
| 特立尼达岛和多巴哥岛 | 31.0 | 36.4 | 39.0 | 39.3 | 40.6 | 42.4 | 1.3 |
| 土库曼斯坦 | 57.0 | 60.4 | 65.4 | 66.1 | 36.4 | 42.4 | 1.3 |
| 阿根廷 | 45.6 | 46.1 | 44.8 | 44.1 | 41.4 | 40.1 | 1.3 |
| 巴基斯坦 | 35.5 | 36.1 | 36.8 | 37.5 | 38.4 | 39.5 | 1.2 |
| 泰国 | 23.7 | 24.3 | 26.0 | 28.8 | 30.9 | 36.3 | 1.1 |

续表

| 国家/地区 | 2005年 | 2006年 | 2007年 | 2008年 | 2009年 | 2010年 | 2010年占比（%） |
|---|---|---|---|---|---|---|---|
| 尼日利亚 | 22.4 | 28.4 | 35.0 | 35.0 | 24.8 | 33.6 | 1.1 |
| 哈萨克斯坦 | 22.6 | 23.9 | 26.8 | 29.8 | 32.5 | 33.6 | 1.1 |

数据来源：BP，Statistical Review of World Energy 2011。

## 二、西北、西南产气占比超过八成，中石油产量占比接近3/4

分地区看，中国天然气产量主要集中在西北地区和西南地区。2010年，西北地区天然气产量最大，西南地区次之。西北地区产气达到529.7亿米$^3$，西南地区产气达到239亿米$^3$。2010年西北地区产气占比保持在全国50%以上，但较2009年占比有略微下降，西南地区产气占比有所上升，由2009年的22.7%上升至25.2%。西北和西南产气占比超过80%，天然气产量远高于其他地区。华南地区、东北地区和华北地区产气占比分别为8.5%、5.5%和3.2%，产量分别为80.2亿、51.7亿米$^3$和29.9亿米$^3$。华东地区和华中地区的产气占比都低于1%，产量分别为9.32亿米$^3$和8.72亿米$^3$。2006～2010年中国各地区天然气产量占比如图13-2所示。

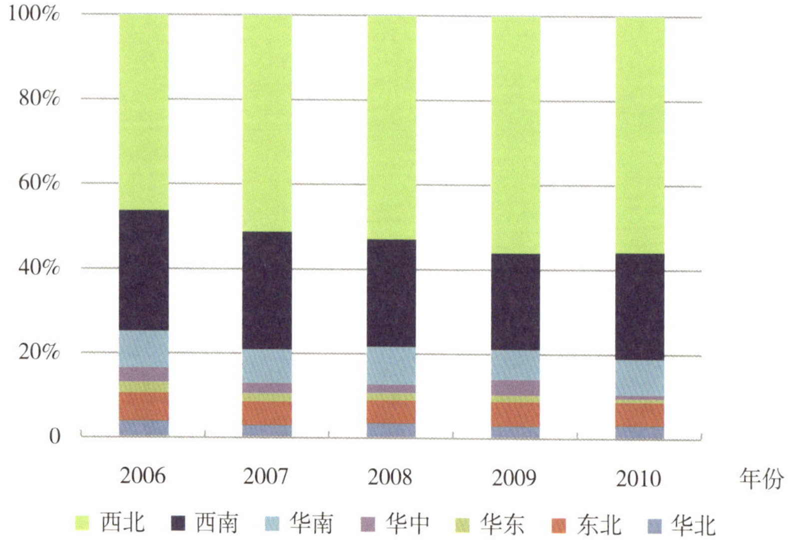


图13-2　2006～2010年中国各地区天然气产量占比

分省区看，2010年新疆继续保持天然气产量全国第一，产量为249.9亿米$^3$，产气占全国总产量的26.3%。四川和陕西天然气产量也较高，分别为237.7亿米$^3$和223.5亿米$^3$。新疆、四川和陕西三省的天然气产量之和接近全国总产量的3/4。2006～2010年中国部分省份天然气产量如表13-2所示。

表13–2　　2006～2010年中国部分省份天然气产量　　单位：亿米³

| 地区 | 省份 | 2006年 | 2007年 | 2008年 | 2009年 | 2010年 |
|---|---|---|---|---|---|---|
| 华北 | 天津 | 10.50 | 13.34 | 14.01 | 14.30 | 17.20 |
| | 河北 | 6.55 | 7.14 | 8.74 | 10.87 | 12.70 |
| | 山西 | 6.02 | | 5.21 | | |
| 东北 | 辽宁 | 11.94 | 8.72 | 8.71 | 8.10 | 8.00 |
| | 吉林 | 2.41 | 5.22 | 8.74 | 11.62 | 13.70 |
| | 黑龙江 | 24.65 | 25.50 | 27.10 | 30.04 | 30.00 |
| 华东 | 上海 | 5.64 | 5.07 | 4.29 | 4.03 | 3.30 |
| | 江苏 | 0.61 | 0.58 | 0.58 | 0.57 | 0.60 |
| | 浙江 | | | 0.31 | | |
| | 山东 | 8.55 | 7.84 | 8.85 | 9.05 | 5.33 |
| 华中 | 河南 | 18.68 | 15.76 | 11.22 | 29.58 | 6.72 |
| | 湖北 | 1.16 | 1.17 | 1.40 | 1.67 | 2.00 |
| | 湖南 | | | 3.19 | | |
| 华南 | 广东 | 48.95 | 52.48 | 60.78 | 58.43 | 78.40 |
| | 广西 | | | 8.54 | | |
| | 海南 | 2.05 | 2.03 | 2.32 | 1.86 | 1.80 |
| 西南 | 重庆 | 6.47 | 5.00 | 9.54 | 0.60 | 1.20 |
| | 四川 | 159.95 | 187.46 | 194.23 | 193.56 | 237.65 |
| | 贵州 | | | | 0.12 | 0.12 |
| | 云南 | 0.17 | 0.14 | 0.06 | 0.02 | 0.06 |
| 西北 | 陕西 | 80.47 | 110.10 | 144.20 | 189.52 | 223.50 |
| | 甘肃 | 1.53 | 0.63 | 1.43 | 0.29 | 0.20 |
| | 青海 | 25.03 | 34.02 | 43.65 | 43.07 | 56.10 |
| | 新疆 | 164.20 | 210.20 | 235.89 | 245.39 | 249.90 |

数据来源：《中国能源统计年鉴2011》。

分气田看，2011年中石油天然气开发以提高单井产量为主线，优化开发方式，确保天然气快速增长。长庆苏里格气田集成创新形成了以井位优选、快速钻井、井下节流、水平井开发等关键技术为主体的开发配套技术和数字化核心技术，提高了单井产量。大庆油田加强新钻气井压裂、完井一体化和大规模压裂技术研究，努力实现一次性施工解决产层改造问题，加快天然气上产速度。中石化抓好在产气田安全平稳运行，加快元坝地区勘探开发评价，在大湾区块、川西地区、大牛地气田产能建设进展顺利。中海油年初预计油气产量将达到3.55亿～3.65亿桶油当量，同比增长8%～12%，但原油泄漏事故使其削减了年产量目标。年内将启动新油田以稳定产量，近海将有4个新项目投产，包括金县1-1、锦州25-1等，将为中海油全年产量增长提供有力支持。2001～2010年中国主要油田天然气产量如表13-3所示。

表13-3　　2001～2010年中国主要油田天然气产量　　单位：亿米$^3$

| 油气田 | 2001年 | 2002年 | 2003年 | 2004年 | 2005年 | 2006年 | 2007年 | 2008年 | 2009年 | 2010年 |
|---|---|---|---|---|---|---|---|---|---|---|
| 大庆 | 22 | 20 | 20 | 20 | 24 | 25 | 26 | 27 | 30 | 30 |
| 辽河 | 12 | 11 | 11 | 10 | 9 | 9 | 9 | 9 | 8 | 8 |
| 华北 | 5 | 5 | 6 | 6 | 6 | 6 | 6 | 6 | 6 | 6 |
| 大港 | 4 | 4 | 4 | 3 | 3 | 3 | 5 | 6 | 5 | 4 |
| 新疆 | 18 | 20 | 22 | 26 | 29 | 29 | 29 | 34 | 36 | 38 |
| 塔里木 | 10 | 11 | 11 | 14 | 57 | 110 | 154 | 174 | 181 | 184 |
| 吐哈 | 10 | 11 | 12 | 13 | 15 | 17 | 17 | 15 | 15 | 13 |
| 西南 | 84 | 88 | 92 | 98 | 120 | 139 | 145 | 148 | 150 | 154 |
| 长庆 | 34 | 39 | 52 | 74 | 75 | 80 | 110 | 144 | 190 | 211 |
| 青海 | 6 | 12 | 15 | 18 | 21 | 25 | 34 | 44 | 43 | 56 |
| 其他 | 3 | 4 | 4 | 5 | 6 | 7 | 8 | 12 | 19 | 23 |
| 中石油 | 206 | 225 | 249 | 287 | 367 | 448 | 542 | 617 | 683 | 725 |
| 胜利 | 9 | 8 | 8 | 9 | 9 | 8 | 8 | 8 | 7 | 5 |
| 中原 | 15 | 16 | 17 | 18 | 17 | 16 | 15 | 11 | 9 | 47 |
| 西北分公司 | 0 | 0 | 5 | 5 | 5 | 9 | 10 | 13 | 13 | 16 |
| 西南分公司 | 0 | 0 | 17 | 19 | 21 | 22 | 27 | 27 | 29 | 27 |
| 华北分公司 | 0 | 0 | 0 | 1 | 4 | 10 | 15 | 19 | 20 | 22 |
| 其他 | 23 | 26 | 5 | 5 | 5 | 5 | 4 | 4 | 5 | 6 |
| 中石化 | 46 | 49 | 52 | 57 | 61 | 71 | 77 | 81 | 83 | 124 |
| 中海油 | 39 | 37 | 33 | 49 | 58 | 69 | 69 | 76 | 75 | 102 |
| 延长石油 | 0 | 0 | 0 | 0 | 0 | 0 | 0 | 0 | 0 | 1.5 |
| 全国合计 | 303 | 316 | 344 | 408 | 500 | 586 | 693 | 761 | 830 | 951 |

数据来源：中石化经济技术研究院。

分企业看，2011年中石油天然气产量为760亿米$^3$，占全国天然气产量的74%。中石化和中海油天然气产量分别为140亿米$^3$和110亿米$^3$，分别占全国产量的13%和11%，如图13-3所示。

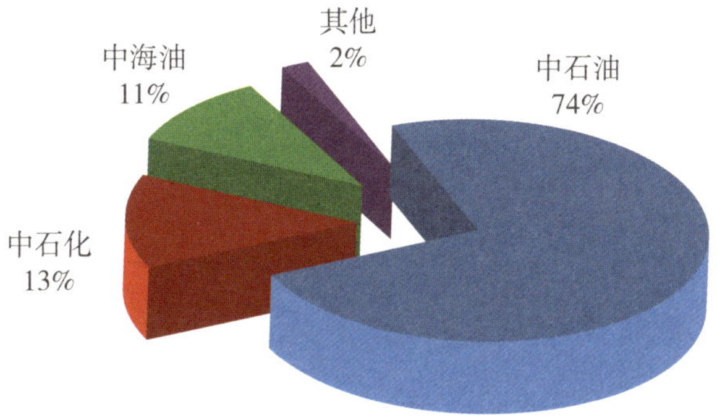


图 13-3　2011 年中国天然气生产企业天然气产量结构

## 三、天然气储产比为世界平均水平的一半

2011 年，中国天然气储产比为 27.2。2010 年，中国天然气储产比为 29，低于世界平均储产比 58.6。在天然气产量超过世界天然气总产量 1% 的国家和地区中，储产比超过 100 的国家有卡塔尔、伊朗、土库曼斯坦、尼日利亚和阿拉伯联合酋长国。世界上产量超过 1000 亿米$^3$的国家中，卡塔尔和伊朗的储产比很高，分别为 217.0 和 213.8，俄罗斯储产比为 76.0，而挪威、美国和加拿大的储产比分别仅为 19.2、12.6 和 10.8，远低于世界平均水平，资源约束明显，如表 13-4 所示。

表 13-4　　2010 年世界主要国家和地区天然气储产比

| 国家/地区 | 储量（十亿米$^3$） | 产量（十亿米$^3$） | 储产比 |
|---|---|---|---|
| 世界 | 187142.3 | 3193.3 | 58.6 |
| 非OECD国家 | 170045.4 | 2033.5 | 83.6 |
| OECD国家 | 17096.9 | 1159.8 | 14.7 |
| 美国 | 7716.6 | 611.0 | 12.6 |
| 俄罗斯 | 44762.4 | 588.9 | 76.0 |
| 加拿大 | 1727.5 | 159.8 | 10.8 |
| 伊朗 | 29610.0 | 138.5 | 213.8 |
| 卡塔尔 | 25321.6 | 116.7 | 217.0 |
| 挪威 | 2042.0 | 106.4 | 19.2 |
| 中国 | 2807.7 | 96.8 | 29.0 |
| 沙特阿拉伯 | 8015.3 | 83.9 | 95.5 |
| 印度尼西亚 | 3069.5 | 82.0 | 37.4 |
| 阿尔及利亚 | 4504.0 | 80.4 | 56.0 |
| 荷兰 | 1173.8 | 70.5 | 16.6 |
| 马来西亚 | 2397.0 | 66.5 | 36.1 |

续表

| 国家/地区 | 储量（十亿米$^3$） | 产量（十亿米$^3$） | 储产比 |
|---|---|---|---|
| 埃及 | 2210.0 | 61.3 | 36.0 |
| 乌兹别克斯坦 | 1559.6 | 59.1 | 26.4 |
| 英国 | 256.0 | 57.1 | 4.5 |
| 墨西哥 | 490.3 | 55.3 | 8.9 |
| 阿拉伯联合酋长国 | 6030.6 | 51.0 | 118.2 |
| 印度 | 1450.3 | 50.9 | 28.5 |
| 澳大利亚 | 2920.1 | 50.4 | 58.0 |
| 特立尼达岛和多巴哥岛 | 364.7 | 42.4 | 8.6 |
| 土库曼斯坦 | 8030.1 | 42.4 | 189.4 |
| 阿根廷 | 346.4 | 40.1 | 8.6 |
| 巴基斯坦 | 823.7 | 39.5 | 20.9 |
| 泰国 | 312.2 | 36.3 | 8.6 |
| 尼日利亚 | 5292.0 | 33.6 | 157.5 |
| 哈萨克斯坦 | 1845.6 | 33.6 | 54.9 |

数据来源：BP，Statistical Review of World Energy 2011。

中国各主要省区储产比差异很大，体现了资源分布不均，各省区面临不同程度的资源约束。2010 年，重庆由于有较高的天然气储量1246.7亿米$^3$，而天然气产量仅为1.2亿米$^3$，其储产比高达1038.9。天然气产量最高的三个省区新疆、四川和陕西的储产比分别为28.4、20.0 和 18.3。青海天然气储量超过 1000 亿米$^3$，其储产比为21.1，如表13-5所示。

表13-5　　2010年中国主要省份天然气储产比

| 省份 | 煤层气剩余经济可采量（亿米$^3$） | 气层气剩余经济可采量（亿米$^3$） | 天然气剩余经济可采量（亿米$^3$） | 产量（亿米$^3$） | 储产比 |
|---|---|---|---|---|---|
| 天津 | | 26.8 | 26.8 | 17.2 | 1.56 |
| 河北 | | 55.3 | 55.3 | 12.7 | 4.35 |
| 山西 | 857.55 | 4522.8 | 5380.35 | | |
| 辽宁 | | 17.6 | 17.6 | 8 | 2.20 |
| 吉林 | | 360.6 | 360.6 | 13.7 | 26.32 |
| 黑龙江 | | 748.6 | 748.6 | 30 | 24.95 |
| 上海 | | | 0 | 3.3 | 0.00 |
| 江苏 | | 12 | 12 | 0.6 | 20.00 |
| 山东 | | 86.3 | 86.3 | 5.33 | 16.19 |

续表

| 省份 | 煤层气剩余经济可采量（亿米$^3$） | 气层气剩余经济可采量（亿米$^3$） | 天然气剩余经济可采量（亿米$^3$） | 产量（亿米$^3$） | 储产比 |
|---|---|---|---|---|---|
| 河南 | | 28.5 | 28.5 | 6.72 | 4.24 |
| 湖北 | | | 0 | 2 | 0.00 |
| 广东 | | 0.2 | 0.2 | 78.4 | 0.00 |
| 海南 | | 0.5 | 0.5 | 1.8 | 0.28 |
| 重庆 | | 1246.7 | 1246.7 | 1.2 | 1038.92 |
| 四川 | | 4750.5 | 4750.5 | 237.65 | 19.99 |
| 贵州 | | 3.9 | 3.9 | 0.12 | 32.50 |
| 云南 | | 0.8 | 0.8 | 0.06 | 13.33 |
| 陕西 | 182.49 | 3904.8 | 4087.29 | 223.5 | 18.29 |
| 甘肃 | | | 0 | 0.2 | 0.00 |
| 青海 | | 1183.9 | 1183.9 | 56.1 | 21.10 |
| 新疆 | | 7097.9 | 7097.9 | 249.9 | 28.40 |
| 宁夏 | | 0.5 | 0.5 | | |

数据来源：储量数据根据《能源数据手册2011》数据计算，产量数据来自《中国能源统计年鉴》。

## 四、天然气进口量大幅攀升，对外依存度超过20%

随着中亚天然气管道的稳定运行及江苏、大连 LNG 接收站的建成投产，我国 2011 年天然气进口量大幅提升，进口总量 310 亿米$^3$，其中管道气进口 150 亿米$^3$，占 48.4%；LNG 进口 1221 万吨，占 51.6%，2006～2011 年中国天然气进口量如表 13-6 所示。

表 13-6　　2006～2011 年中国天然气进出口量　　单位：亿米$^3$

| 项目 | 2006年 | 2007年 | 2008年 | 2009年 | 2010年 | 2011年 |
|---|---|---|---|---|---|---|
| 生产量 | 585.5 | 692.4 | 803 | 852.7 | 948.5 | 1060.8 |
| 进口量 | 9.5 | 40.2 | 46 | 76.3 | 164.7 | 310 |
| 出口量 | 29 | 26 | 32.5 | 32.1 | 40.3 | 40 |
| 净进口 | −19.5 | 14.2 | 13.6 | 44.3 | 124.4 | 270 |
| 对外依存度 | −3.44% | 2.01% | 1.66% | 4.93% | 11.60% | 20.80% |

数据来源：《中国能源统计年鉴2011》，2011 年的数据来自统计公报，出口量为预计数。

2011 年天然气进口大幅增加，天然气对外依存度进一步提高。天然气净进口量 270 亿米$^3$，较 2010 年净进口量 124.4 亿米$^3$增长了 117%。天然气对外依存度由 2010 年的 11.6% 提高到 2011 年的 20.8%，如图 13-4 所示。

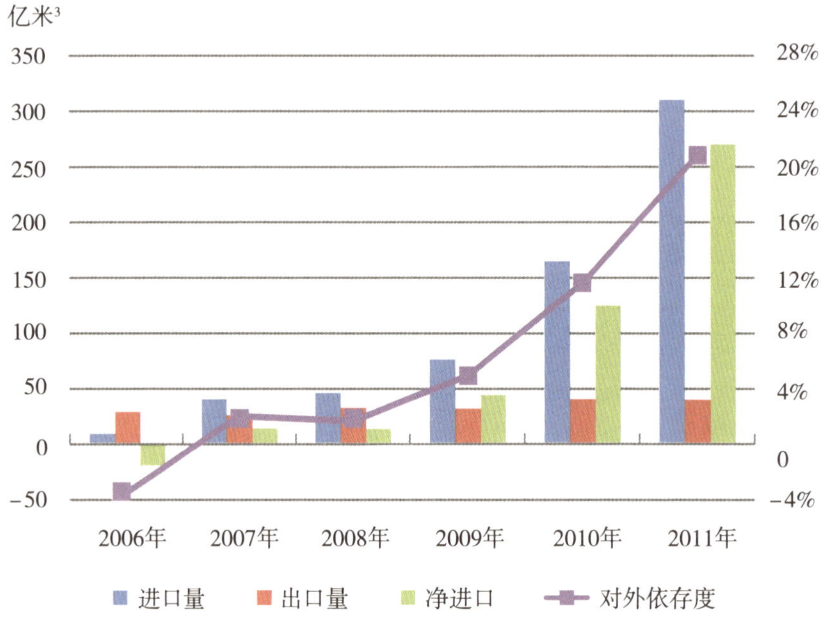


图13-4 2006～2011年中国天然气进出口量与对外依存度

## 五、北京从外省调入量居首位，新疆调出量最大

由于中国天然气资源分布不均，需天然气资源相对丰裕的省区调出天然气，以缓解天然气相对匮乏省份面临的资源压力。2010年，中国天然气调出主要集中在新疆、陕西等天然气产量较高的省区。天然气调入量较大的省区则主要集中在北京、江苏等东部经济较发达地区。天津、河北、山西、河南、重庆既有调出又有调入，而黑龙江、福建和广东既无调出也无调入。从净调入量来看，北京居首位，天然气净调入量为75.03亿米³，如表13-7、图13-5所示。

表13-7　2010年中国主要省份天然气调入调出量　单位：亿米³

| 省份 | 外省（区、市）调入量 | 本省（区、市）调出量 | 净调入量 |
|---|---|---|---|
| 北京 | 75.03 | | 75.03 |
| 天津 | 12.22 | 23.63 | -11.41 |
| 河北 | 19.88 | 3.09 | 16.79 |

续表

| 省份 | 外省（区、市）调入量 | 本省（区、市）调出量 | 净调入量 |
|---|---|---|---|
| 山西 | 10.95 | 3.52 | 7.43 |
| 内蒙古 | | 157.57 | -157.57 |
| 辽宁 | 11.00 | | 11.00 |
| 吉林 | 4.51 | | 4.51 |
| 黑龙江 | | | 0.00 |
| 上海 | 25.45 | | 25.45 |
| 江苏 | 71.01 | | 71.01 |
| 浙江 | 31.80 | | 31.80 |
| 安徽 | 12.04 | | 12.04 |
| 福建 | | | 0.00 |
| 江西 | 3.51 | | 3.51 |
| 山东 | 37.30 | | 37.30 |
| 河南 | 42.44 | 2.04 | 40.40 |
| 湖北 | 19.56 | | 19.56 |
| 湖南 | 11.25 | | 11.25 |
| 广东 | | | 0.00 |
| 广西 | 1.70 | | 1.70 |
| 海南 | 54.00 | | 54.00 |
| 重庆 | 33.42 | 44.01 | -10.59 |
| 四川 | | 58.90 | -58.90 |
| 贵州 | 4.14 | | 4.14 |
| 云南 | 3.58 | | 3.58 |
| 陕西 | | 165.99 | -165.99 |
| 甘肃 | 13.18 | | 13.18 |
| 青海 | | 32.36 | -32.36 |
| 宁夏 | 15.48 | | 15.48 |
| 新疆 | | 169.76 | -169.76 |

数据来源：《中国能源统计年鉴2011》。

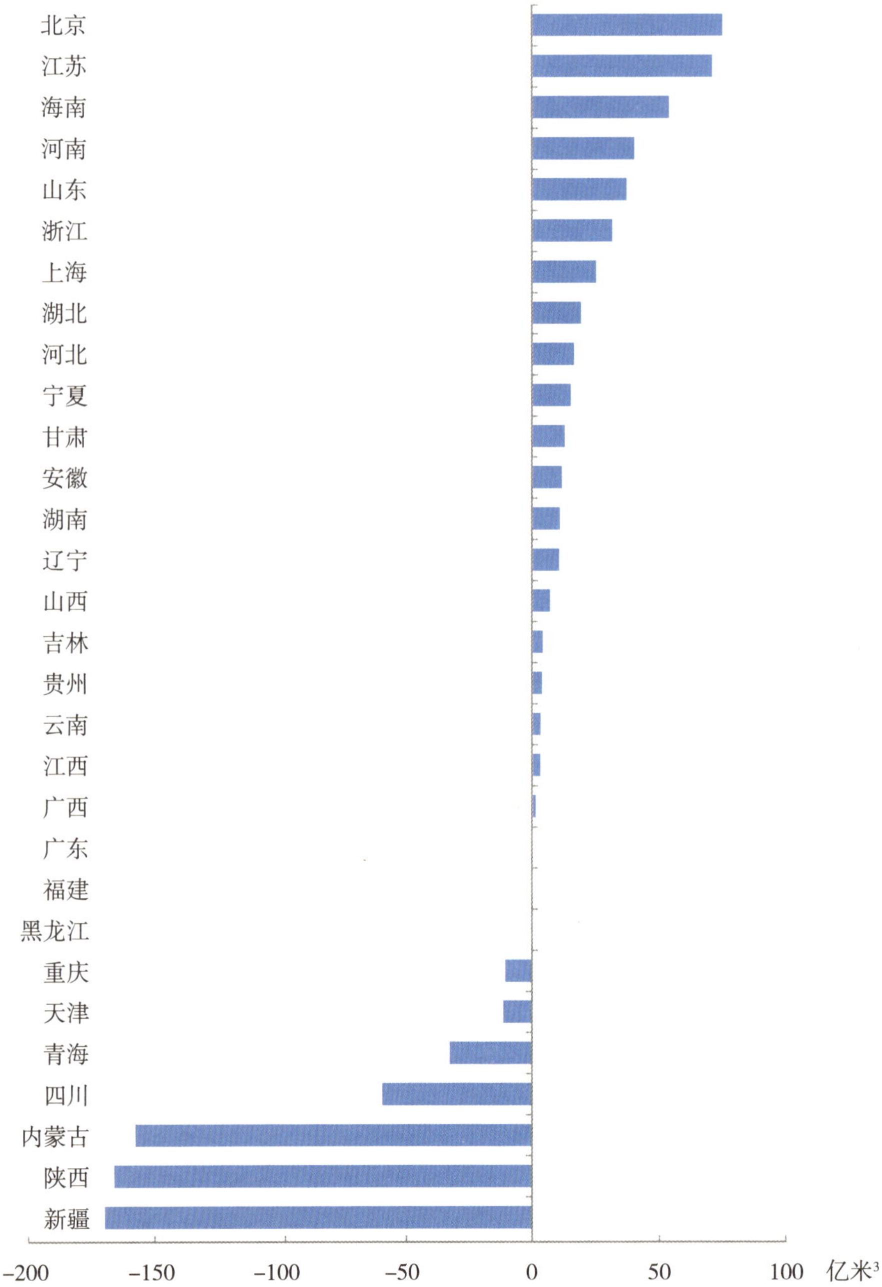


**图 13-5　2010 年中国主要省份天然气净调入量**

数据来源：《中国能源统计年鉴 2011》。

# 第十四章 电力生产与供应

## 一、发电量4.72万亿千瓦·时，居世界第一

2011年中国发电量为4.72万亿千瓦·时，比2010年增加近5000亿千瓦·时，同比增长11.68%，增长率较2010年约降低3个百分点，但高于“十一五”期间的平均增长率（11.18%），如图14–1所示。

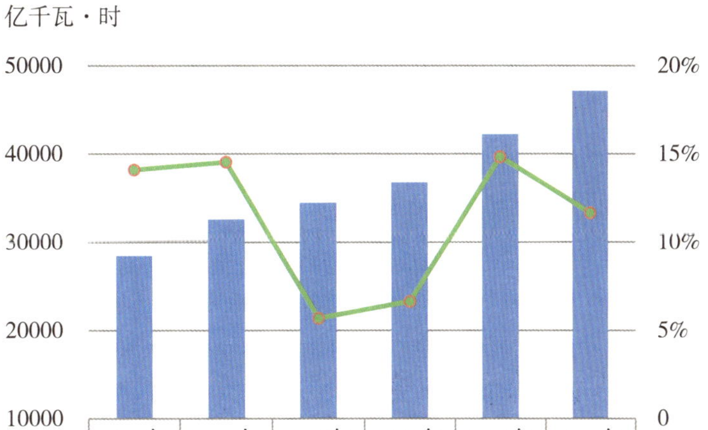


| | 2006年 | 2007年 | 2008年 | 2009年 | 2010年 | 2011年 |
|---|---|---|---|---|---|---|
| 总发电量（亿千瓦·时） | 28498.55 | 32643.97 | 34510.13 | 36811.86 | 42278 | 47217 |
| 增长率（%） | 14.11 | 14.55 | 5.72 | 6.67 | 14.85 | 11.68 |

**图14–1 2006～2011年中国发电总量历史比较**

数据来源：中国电力企业联合会，《中国电力工业统计资料汇编2010》；
2011年数据来源于电力行业统计快报2011。

根据 BP 提供的数据，2010 年中国发电量为 42278 亿千瓦·时，占世界发电量的比重为 19.83%，低于美国（43259 亿千瓦·时）；而到了 2011 年，中国的发电量为 47217 亿千瓦·时，超越美国，居世界首位；同时，这 47217 亿千瓦·时相当于日本、俄罗斯、印度、加拿大以及德国五国 2010 年发电量的总和，如图 14–2 所示。

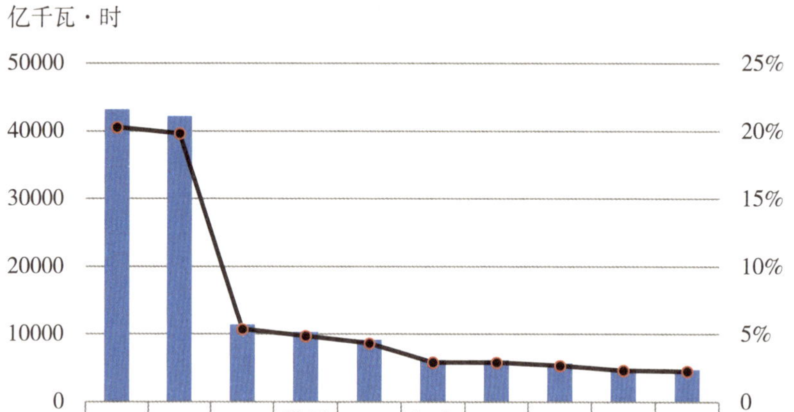


| | 美国 | 中国 | 日本 | 俄罗斯 | 印度 | 加拿大 | 德国 | 法国 | 韩国 | 巴西 |
|---|---|---|---|---|---|---|---|---|---|---|
| 发电总量（亿千瓦·时） | 43259 | 42278 | 11453 | 10368 | 9222 | 6229 | 6210 | 5732 | 4972 | 4848 |
| 占比（%） | 20.29 | 19.83 | 5.37 | 4.86 | 4.32 | 2.92 | 2.91 | 2.69 | 2.33 | 2.27 |

**图 14–2　2010 年主要国家发电量比较**

数据来源：中国 2011 年的数据来源于电力行业统计快报 2011；

其他均来源于 BP，Statistical Review of World Energy 2011.

## 二、火电占比 82.54%，非化石能源发电比重略有下降

2011 年中国发电电源结构中，火电发电量占比依然最高，为 82.54%，比 2010 年增加 1.85 个百分点；水电发电量占比有所下降，为 14.03%，比 2010 年下降 2.21 个百分点。水电发电量在总发电量中的比重的

降低主要源于2011年干旱气候，许多水电发电大省或者地区受到较大的影响。同时，由于水电减发，一次电力占总发电量的比重略有下降，由2010年的19.31%下降到2011年的17.46%，如图14-3所示。

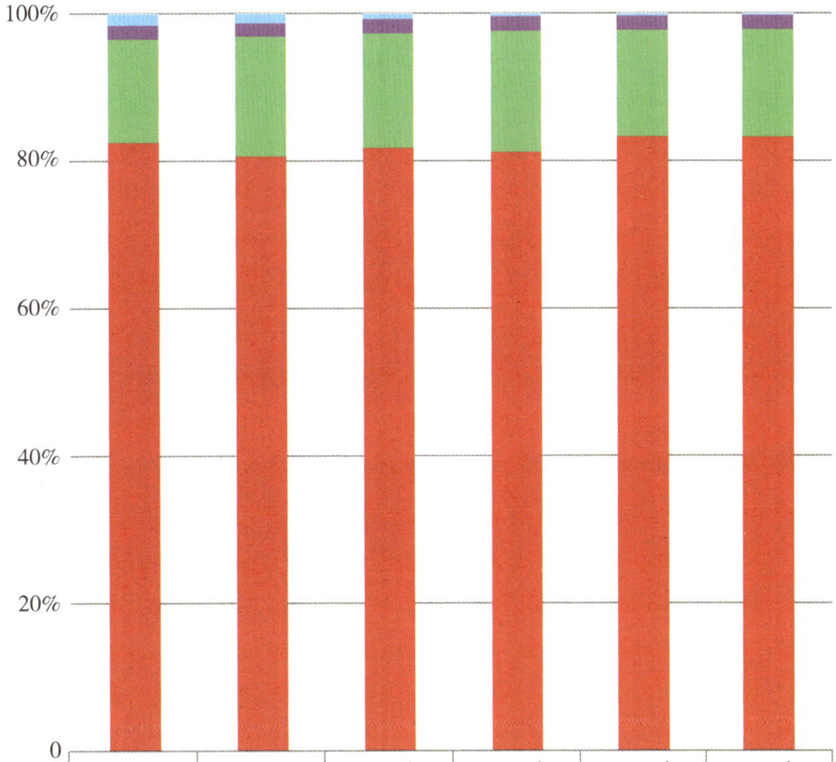


| | 2006年 | 2007年 | 2008年 | 2009年 | 2010年 | 2011年 |
|---|---|---|---|---|---|---|
| 火电（%） | 83.31 | 83.34 | 81.22 | 81.81 | 80.69 | 82.54 |
| 水电（%） | 14.56 | 14.44 | 16.39 | 15.53 | 16.24 | 14.03 |
| 核电（%） | 1.92 | 1.93 | 2.01 | 1.90 | 1.77 | 1.85 |
| 其他（%） | 0.21 | 0.29 | 0.39 | 0.75 | 1.30 | 1.57 |

**图14-3　2006～2011年中国发电电源结构**

数据来源：中国电力企业联合会，《电力工业统计资料汇编2010》；
2011年数据来源于电力行业统计快报2011。

与世界主要国家相比，2011年中国的火电占比依然较高，为82.54%，仅次于印度（83.8%，2009年），如图14-4所示。水电占比为14.03%，低于俄罗斯（17.6%，2009年），略高于印度（11.9%，2009年），远远低于水电占比最高的两个国家，即巴西（83.80%）和加拿大（58.8%）。2011年中国核电占比为

1.85%，远远低于核电占比最高的两个国家，即法国（75.5%）和韩国（31.1%）。从上述比较看，中国清洁能源发电占比较低，中国拥有丰富的水力资源和较为成熟的核能发电技术，未来应着力提高水电和核电的比重，走清洁能源发展道路。

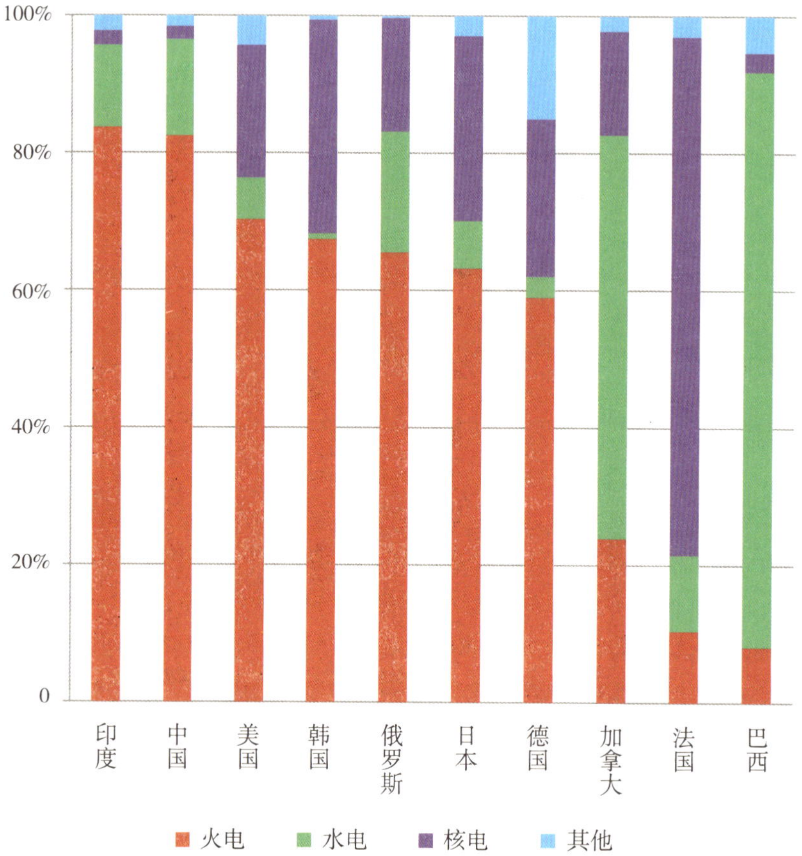


**图14-4　2010年世界及主要国家发电结构比较**

数据来源：中国的数据为2011年数据，来源于电力行业统计快报2011；而俄罗斯、印度、巴西数据为2009年数据；其他国家数据为2010年，均来源于IEA，Energy Balances of OECD Countries 2011，Energy Balances of non-OECD Countries 2011，转引自《能源数据手册2011》。

## 三、发电机组平均利用小时为4731小时，水电设备利用小时数有所下降

2011年中国发电设备平均利用小时达4731小时，比2010年增加81小时，同比增长1.74%，如图14-5所示。另外，2011年火电设备平均利用小时增长较快，为5294小时，较2010年增加263小时，同比增长

5.27%；而水电发电设备平均利用小时有所下降，为3028小时，比2010年减少376小时，同比降低11%，水电发电设备平均利用小时的降低，直接导致水电发电量的减少。2006～2011年中国发电可利用小时统计如图14-5所示。

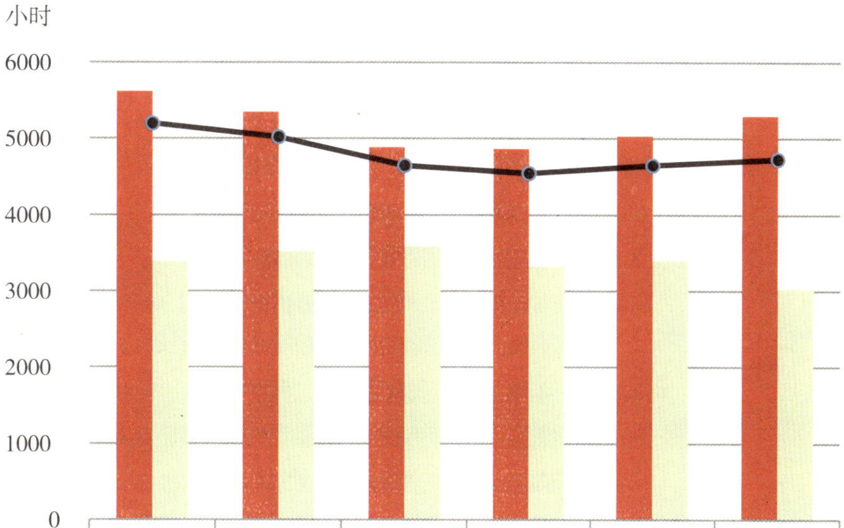


| | 2006年 | 2007年 | 2008年 | 2009年 | 2010年 | 2011年 |
|---|---|---|---|---|---|---|
| 火电设备利用小时平均值（小时） | 5612 | 5344 | 4885 | 4865 | 5031 | 5294 |
| 水电设备利用小时平均值（小时） | 3393 | 3520 | 3589 | 3328 | 3404 | 3028 |
| 发电设备利用小时平均值（小时） | 5198 | 5020 | 4648 | 4546 | 4650 | 4731 |

**图14-5 2006～2011年中国发电机利用小时**

数据来源：中国电力企业联合会，《电力工业统计资料汇编2010》；
2011年数据来源于电力行业统计快报2011。

2011年全国发电设备平均利用小时为4731小时，各省区发电设备平均利用小时中，排名前五的省份依次是宁夏（6065小时）、江苏（5650小时）、天津（5525小时）、安徽（5478小时）、广东（5378小时）；排名最后的五个省份依次是西藏（3015小时）、吉林（3376小时）、贵州（3698小时）、青海（3790小时）、云南（3992小时），如图14-6所示。

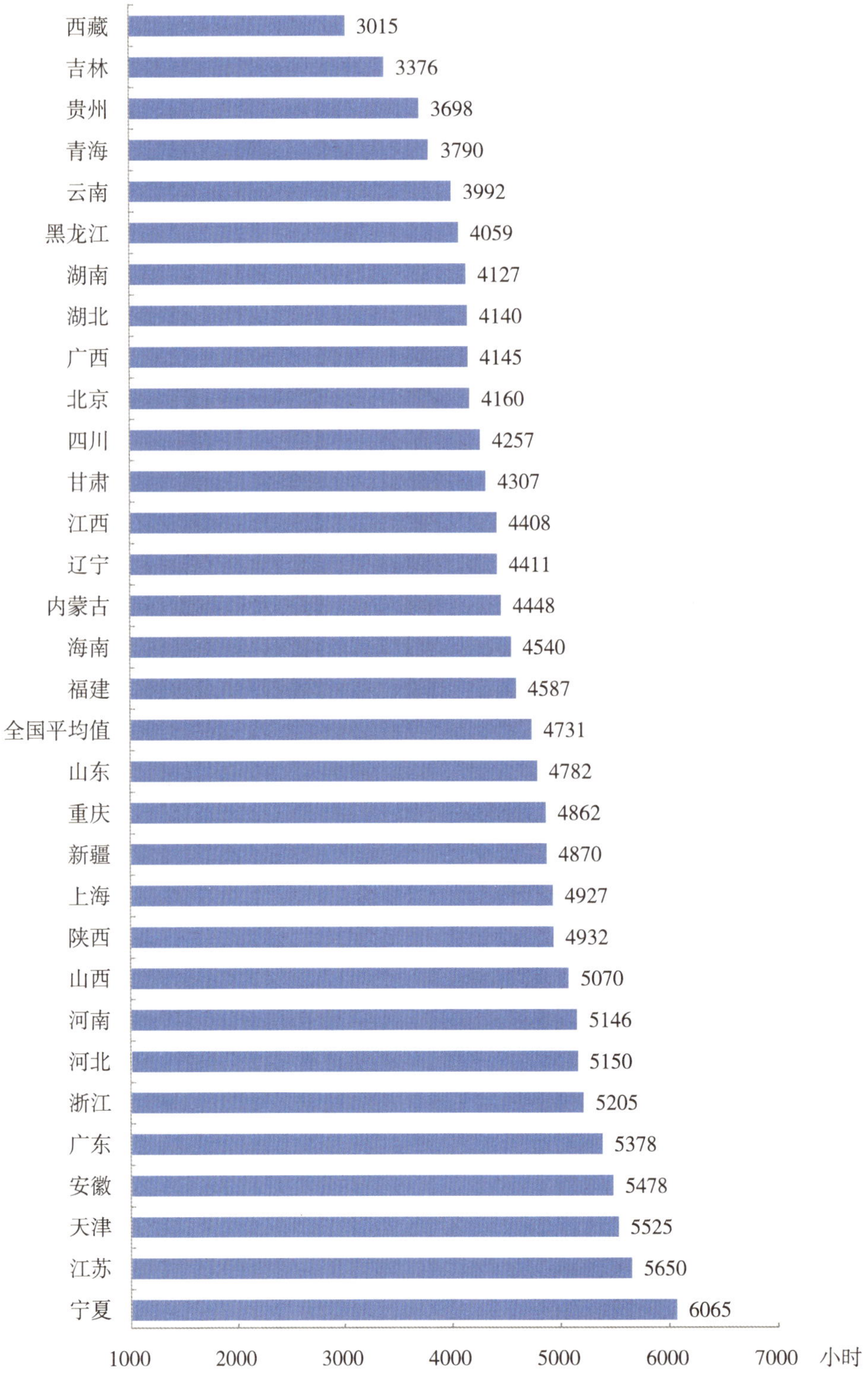


**图14-6　2011年中国主要省份发电设备平均利用小时**

数据来源：电力行业统计快报2011。

## 四、各地区发电量调入、调出情况

2011 年，净调出电量超过 100 亿千瓦时的省区有 9 个，分别是内蒙古（1277 亿千瓦·时）、山西（699 亿千瓦·时）、湖北（627 亿千瓦·时）、安徽（443 亿千瓦·时）、贵州（412 亿千瓦·时）、云南（355 亿千瓦·时）、宁夏（272亿千瓦·时）、陕西（211亿千瓦·时）和甘肃（150亿千瓦·时）。

净调入电量超过 100 亿千瓦·时的省区也有 9 个，分别是河北（754 亿千瓦·时）、广东（686 亿千瓦·时）、北京（551 亿千瓦·时）、山东（459 亿千瓦·时）、辽宁（439 亿千瓦·时）、江苏（351 亿千瓦·时）、浙江（326亿千瓦·时）、上海（316亿千瓦·时）和重庆（174亿千瓦·时）。

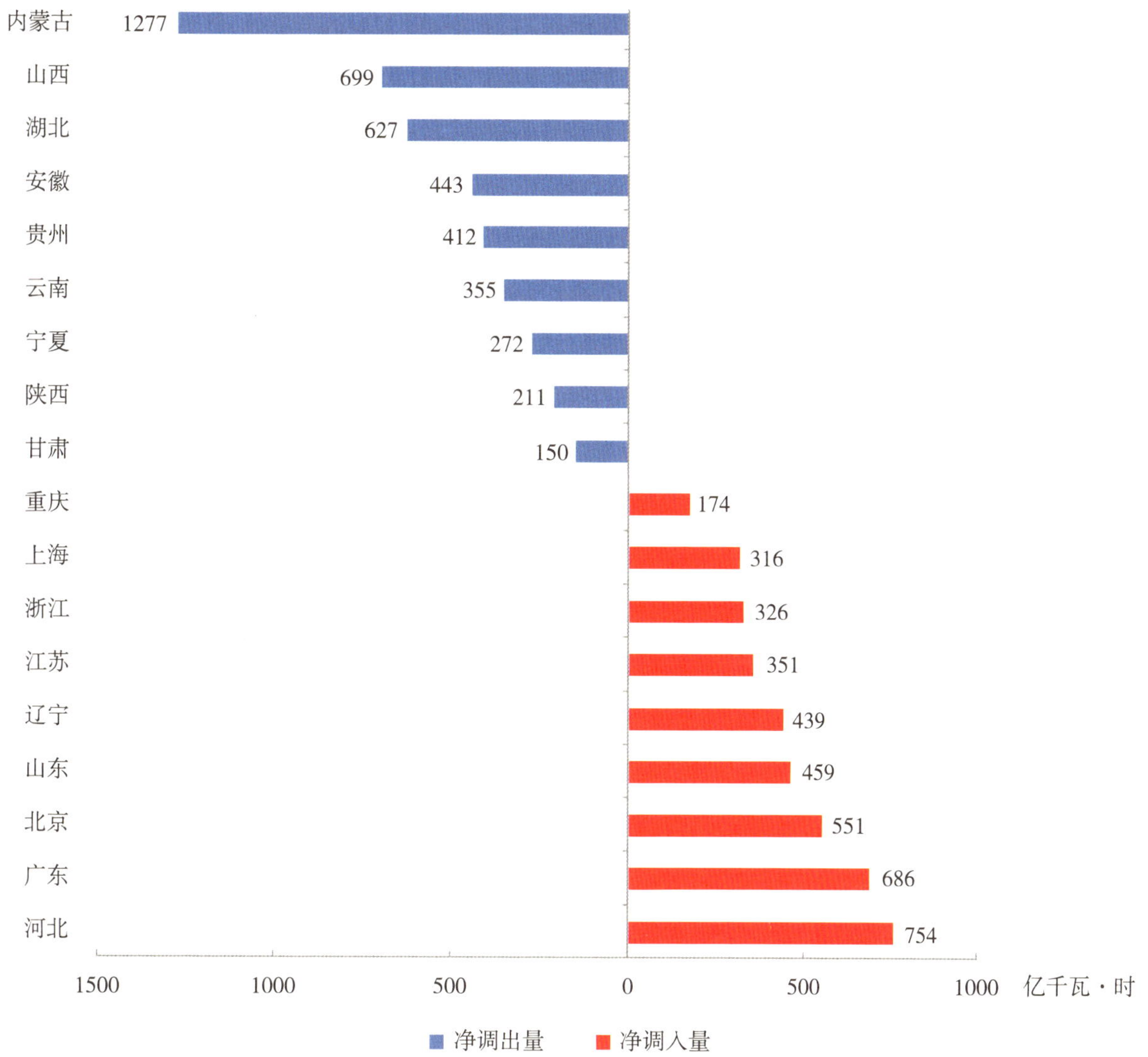


图 14-7 2011 年中国部分省份发电量净调出、净调入情况

数据来源：电力行业统计快报2011。

从净调出（调入）电量在全部发电量（用电量）中所占比重来看，2011 年净调出电量占发电量比重超过 15% 的省区有 8 个，分别是内蒙古（40%）、贵州（30%）、湖北（30%）、山西（30%）、宁夏（27%）、安徽（27%）、云南（23%）和陕西（18%）。

净调入电量占用电量比重超过 15% 的省区有 6 个，分别是北京（67%）、河北（25%）、重庆（24%）、上海（24%）、辽宁（24%）和广东（16%）。

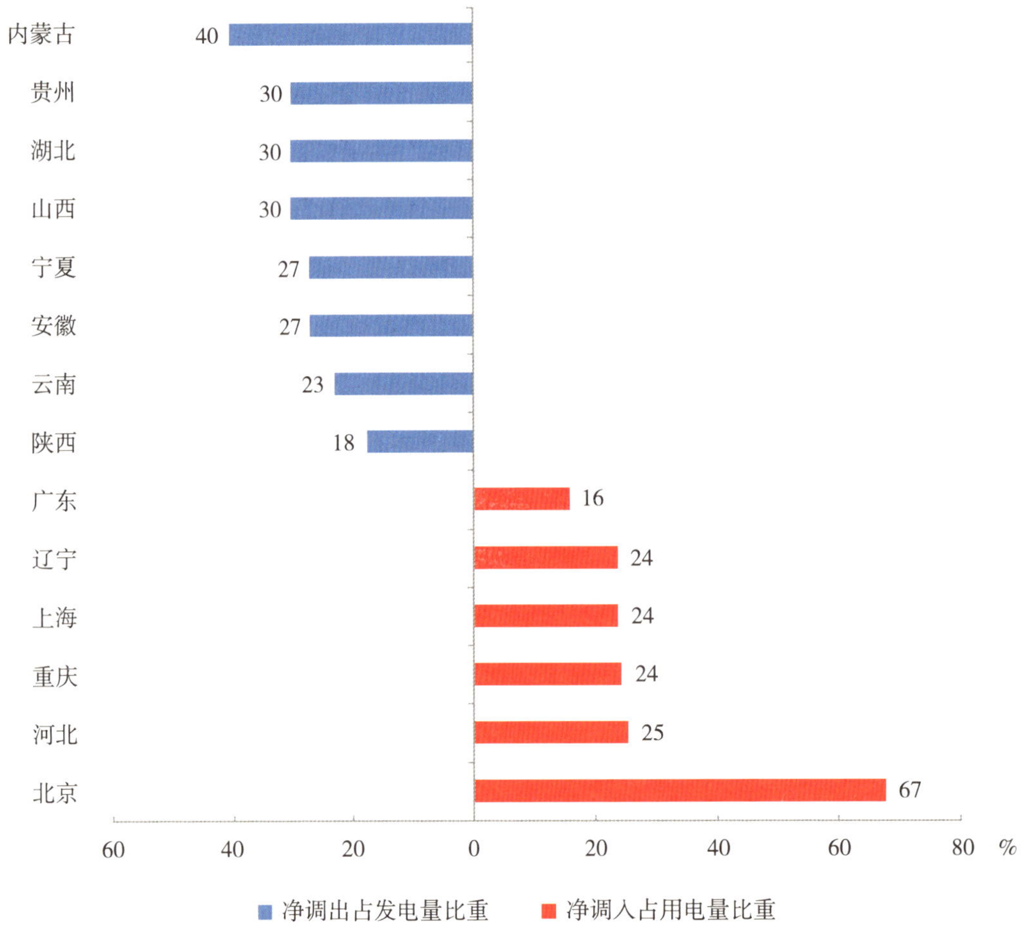


**图 14-8　2011 年中国部分省区净调出、净调入电量比重**

数据来源：电力行业统计快报 2011。

# 第十五章 非化石能源生产

2011年中国非化石能源利用量为3.22亿吨标准煤，比2010年增加1600万吨标准煤，其中，一次电力发电量为8242亿千瓦·时，约相当于2.85亿吨标准煤，占非化石能源总量比重为89%，如表15-1所示。

2011年由于气候干旱，导致水电比重从16.24%下降到14.03%。虽然风电比重从2010年的1.17%上升到2011年的1.55%，核电比重从1.77%上升到1.85%，太阳能、地热等发电比重虽有所上升，但其占比重仍然较小，水电比重的下降，使得非化石能源发电量比重略有下降，由2010年的19.2%下降到2011年的17.5%，如表15-2所示。

表15-1 2011年中国非化石能源主要指标

| 分类 | 2010年 | 2011年 | 同比增长（%） |
|---|---|---|---|
| 一、发电 | 8111 | 8242 | |
| 1. 水电（亿千瓦·时） | 6867 | 6626 | -3.52 |
| 2. 核电（亿千瓦·时） | 747 | 874 | 16.95 |
| 3. 风电（亿千瓦·时） | 494 | 732 | 48.16 |
| 4. 其他（亿千瓦·时） | 3 | 10 | 296.69 |
| 二、供气 | | | |
| 沼气（亿米$^3$） | 140 | 160 | 14.3 |
| 三、供热 | | | |
| 地热等（万吨标准煤） | 460 | 500 | 8.7 |
| 四、燃料 | | | |
| 1. 燃料乙醇（万吨） | 180 | 190 | 5.6 |
| 2. 生物柴油（万吨） | 50 | 60 | 20.0 |
| 总利用量（亿吨标准煤） | 3.06 | 3.22 | 5.2 |

数据来源：电力数据来源于2011年电力行业统计快报，其他数据来源于中交水运规划设计院有限公司（简称水规院）。

表 15–2　　2006～2011 年中国非化石能源发电量及占总发电量比重　　单位：亿千瓦·时

| 项目 | | 2006年 | 2007年 | 2008年 | 2009年 | 2010年 | 2011年 |
|---|---|---|---|---|---|---|---|
| 总发电量 | | 28498.55 | 32643.97 | 34510.13 | 36811.86 | 42278 | 47217 |
| 增长率（%） | | 14.11 | 14.55 | 5.72 | 6.67 | 14.85 | 11.68 |
| 水电 | 发电量 | 4147.69 | 4713.54 | 5655.48 | 5716.82 | 6867 | 6626 |
| | 增长率（%） | 4.63 | 13.64 | 19.98 | 1.08 | 20.12 | –3.51 |
| | 占总发电量比重（%） | 14.55 | 14.44 | 16.39 | 15.53 | 16.24 | 14.03 |
| 核电 | 发电量 | 548.44 | 628.63 | 692.19 | 700.5 | 747 | 874 |
| | 增长率（%） | 3.28 | 14.62 | 10.11 | 1.2 | 6.64 | 17.01 |
| | 占总发电量比重（%） | 1.92 | 1.93 | 2.01 | 1.9 | 1.77 | 1.851 |
| 风电 | 发电量 | 28 | 57.1 | 130.79 | 276.15 | 494 | 732 |
| | 增长率（%） | 75 | 103.93 | 129.05 | 111.14 | 78.89 | 48.12 |
| | 占总发电量比重（%） | 0.1 | 0.17 | 0.38 | 0.75 | 1.17 | 1. 549 |
| 地热、潮汐、太阳能等 | 发电量 | | | | 2.65 | 1.52 | 10 |

数据来源：中国电力企业联合会，《2010年电力工业统计资料汇编》；2011年数据来源于电力工业统计快报。

## 一、水电发电量负增长，地区分布不均

水电发电量呈负增长。2011年水电发电量为6626亿千瓦·时，占全部发电量比重的14.03%，比2010年下降3.51%。2006～2011年间，中国水电发电量先升后降，2006～2010年发电量逐年递增，年均增长率为11.89%，发电量由2006年的4147.69亿千瓦·时上升到2010年的6867亿千瓦·时，如图15–1所示。

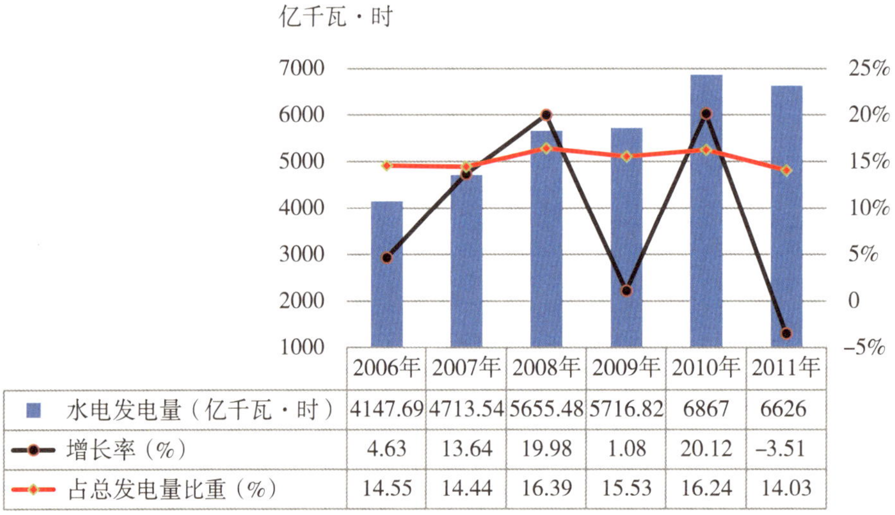


图 15–1　2006～2011 年中国水电发电量及占比、增长率

数据来源：中国电力企业联合会，《2010年电力统计资料汇编》；
2011年数据来源于2011年电力行业统计快报。

从水电发电量的世界排名看，2011年中国水电发电量为6626亿千瓦·时，远超过居于第二位的巴西，居于世界首位。但从水电占发电量的比重来看，中国仅为14.03%，远远低于巴西的83.85%和加拿大的58.85%，如图15-2所示。

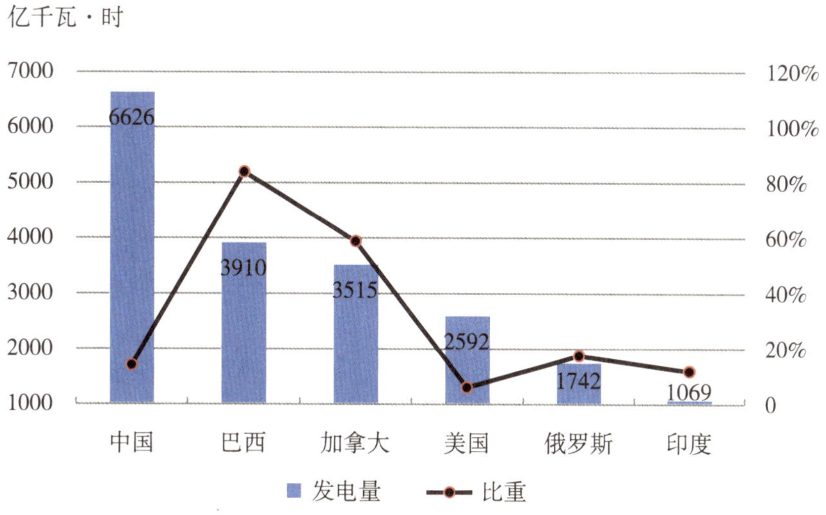


**图15-2 世界主要国家水电发电量及占比**

数据来源：中国为2011年数据，来源于2011年电力行业统计快报；
印度、俄罗斯为2009年数据，其他国家为2010数据，来源于IEA，Energy Balances of OECD Countries 2011；
IEA，Energy Balances of non-OECD Countries 2011。

水电生产西多东少，与需求分布不一致。从各省区的水电生产量看，2011年水电生产主要集中在湖北、四川、云南、福建等省市。而北京、上海、天津、江苏、山东等东部地区水电生产量较少。同时，从水电占总发电量比重看，2011年水电占比最高的五个省份依次是青海、西藏、四川、云南、湖北，分别为75.02%、71.56%、67.67%、64.85%、56.18%；而江苏、山东、天津、上海几个东部省区水电占比最低，几乎为零。但是这些地区是全国用电负荷最大的地区，因此，大力发展水电，实现全国电力资源的清洁化转型，必须实施西电东送。

与此同时，由于受干旱气候影响，2011年南方各地区如湖南、广东、福建、浙江、江西等地水电发电量出现大幅降低，降幅分别为-38.17%、-40.68%、-36.39%、-32.14%、-37.03%，如表15-3所示。

表 15–3　　2006～2011 年中国主要省份水电生产量　　单位：亿千瓦·时

| 地区 | 2006年 | 2007年 | 2008年 | 2009年 | 2010年 | 2011年 | 增长率（%） |
|---|---|---|---|---|---|---|---|
| 四川 | 784.65 | 814.13 | 980.86 | 1065.41 | 1213.42 | 1246.74 | 2.75 |
| 湖北 | 756.06 | 937.7 | 1272.47 | 1205.92 | 1263.83 | 1164.78 | −7.84 |
| 云南 | 355.72 | 430.95 | 647.28 | 622.8 | 814.12 | 998.84 | 22.69 |
| 广西 | 243.69 | 323.52 | 522.97 | 516.77 | 475.26 | 415.00 | −12.68 |
| 青海 | 209.58 | 207.76 | 207.1 | 276.32 | 371.11 | 372.22 | 0.30 |
| 贵州 | 225.96 | 340.62 | 394.04 | 400.88 | 416.58 | 338.06 | −18.85 |
| 湖南 | 290.69 | 312.56 | 407 | 409.43 | 502.53 | 308.02 | −38.71 |
| 甘肃 | 170.45 | 189.08 | 188.72 | 250.21 | 262.32 | 288.95 | 10.15 |
| 福建 | 346.82 | 311.59 | 399.61 | 275.92 | 453.69 | 288.60 | −36.39 |
| 广东 | 267.99 | 241.03 | 388.31 | 269.34 | 348.86 | 206.96 | −40.68 |
| 浙江 | 139.76 | 118.15 | 143.49 | 152.67 | 230.85 | 156.65 | −32.14 |
| 重庆 | 56.43 | 83.75 | 171.61 | 165.74 | 169.25 | 150.50 | −11.08 |
| 新疆 | 53.42 | 58.84 | 73.93 | 79.55 | 97.08 | 131.30 | 35.25 |
| 陕西 | 39.88 | 55.45 | 64.23 | 74.59 | 87.24 | 94.21 | 7.99 |
| 河南 | 88.26 | 88.53 | 98.77 | 93.15 | 91.67 | 93.58 | 2.09 |
| 江西 | 95.4 | 85.06 | 167.26 | 85.07 | 117.85 | 74.21 | −37.03 |
| 吉林 | 54.6 | 61.83 | 58.91 | 56.28 | 105.5 | 73.94 | −29.91 |
| 辽宁 | 47.03 | 43.81 | 38.58 | 28.81 | 43.98 | 41.63 | −5.35 |
| 山西 | 23.87 | 47.32 | 23.36 | 21.66 | 36.63 | 34.67 | −5.34 |
| 安徽 | 15.72 | 19.67 | 28.14 | 16.39 | 18.85 | 28.51 | 51.23 |
| 海南 | 11.59 | 13.09 | 12.72 | 14.95 | 13.34 | 24.71 | 85.23 |
| 内蒙古 | 12.8 | 11.86 | 11.18 | 14.82 | 16.29 | 19.02 | 16.78 |
| 宁夏 | 16.38 | 17.47 | 16.08 | 17.36 | 18.02 | 16.89 | −6.27 |
| 西藏 | 13.79 | 13.99 | 14.53 | 15.27 | 15.85 | 16.23 | 2.40 |
| 黑龙江 | 14.74 | 10.41 | 17.56 | 17.09 | 22.53 | 15.71 | −30.28 |
| 江苏 | 3.05 | 2.95 | 6.65 | 2.23 | 2.98 | 12.35 | 314.43 |
| 河北 | 14.42 | 5.68 | 10.95 | 5.71 | 5.55 | 8.08 | 45.56 |
| 北京 | 4.94 | 4.93 | 0.36 | 0.37 | 4.4 | 4.48 | 1.71 |
| 山东 | 0.17 | 0.77 | 2.8 | 1.74 | 2.14 | 0.79 | −63.25 |
| 天津 |  | 0.14 | 0.14 |  |  | 0.13 | — |
| 上海 |  |  |  |  |  | 0.00 | — |

数据来源：《中国能源统计年鉴2011》，其他数据来源于2011年电力行业统计快报。

## 二、风电发展迅速，占总发电比重提高0.38%

2011 年中国风电发电量为 732 亿千瓦·时，比 2010 年（494 亿千瓦·时）增长 48.12%，增速为“十一五”期间平均增长率（99.6%）的一半，增速有所放缓如图 15–3 所示，但是大大高于同期其他能源发电量增速。同时，2011 年风电占总发电量的比重为 1.549%，比 2010 提高 0.38 个百分点，如图 15–4 所示。

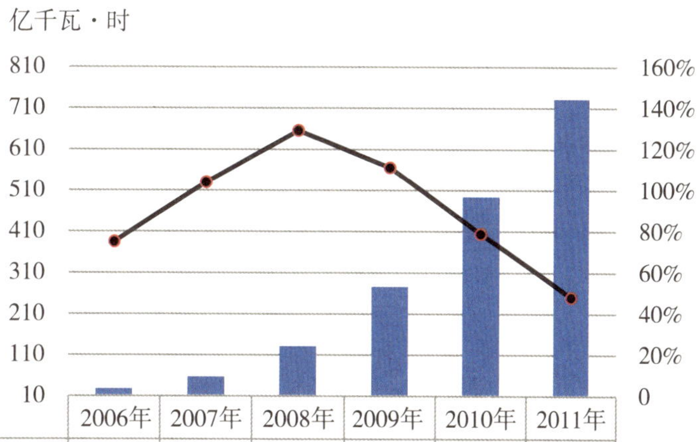


| | 2006年 | 2007年 | 2008年 | 2009年 | 2010年 | 2011年 |
|---|---|---|---|---|---|---|
| 风电发电量（亿千瓦·时） | 28 | 57.1 | 130.79 | 276.15 | 494 | 732 |
| 增长率（%） | 75 | 103.93 | 129.05 | 111.14 | 78.89 | 48.12 |

**图 15–3　2006 ~ 2011 年中国风电发电量及增长率**

数据来源：《中国能源统计年鉴 2011》，2011 年的数据来源于 2011 年电力行业统计快报。

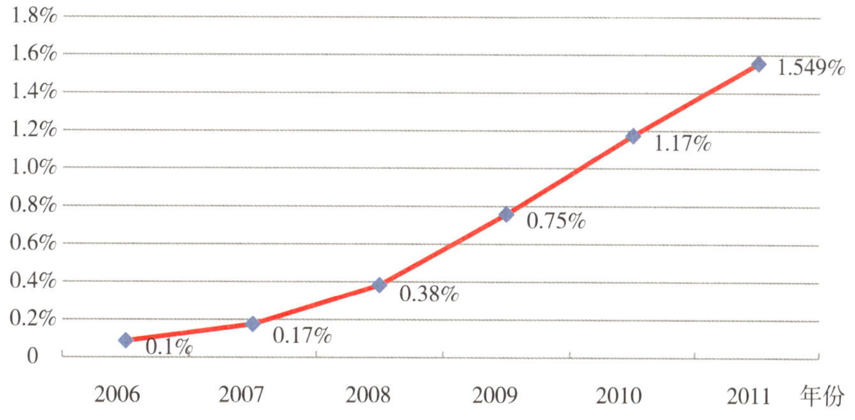


**图 15–4　2006 ~ 2011 年中国风电占总发电比重**

数据来源：《中国能源统计年鉴 2011》，2011 年的数据来源于 2011 年电力行业统计快报。

## 三、核电发电量持续增长，占总发电量比重处于世界低水平

2011年中国核电发电量为874亿千瓦·时，与2010年相比，同比增加17.01%，是“十一五”期间平均增速（7.2%）的2倍多，占总发电量的比重为1.85%，这主要与政府支持核电发展的政策有直接的关系。但核电发电量在总发电量中所占比重依然很小，基本维持在2%甚至更低，如图15-5所示。

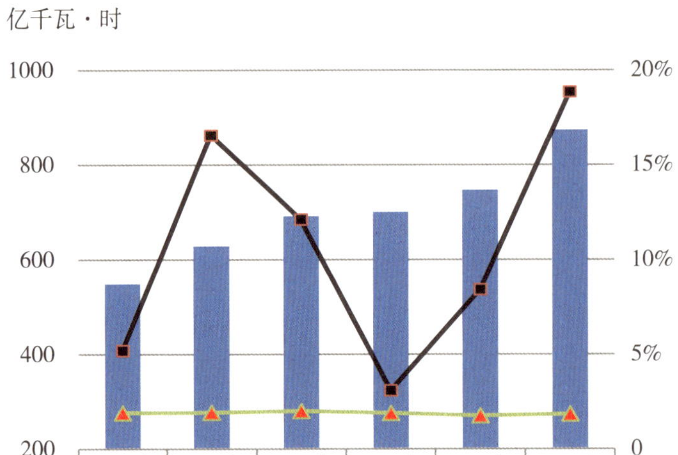


| | 2006年 | 2007年 | 2008年 | 2009年 | 2010年 | 2011年 |
|---|---|---|---|---|---|---|
| 核电发电量（亿千瓦·时） | 548.44 | 628.63 | 692.19 | 700.5 | 747 | 874 |
| 增长率（%） | 3.28 | 14.62 | 10.11 | 1.2 | 6.64 | 17.01 |
| 占总发电量比重（%） | 1.92 | 1.93 | 2.01 | 1.9 | 1.77 | 1.85 |

**图15-5　2006～2011年中国核电发电量、增长率及占发电总量比重**

数据来源：《中国能源统计年鉴2011》，

2011年的数据来源于2011年电力行业统计快报。

从世界排名看，2011年中国核电发电量为874亿千瓦·时，排名世界第九，核电发电量最高的是美国（2010年，8389亿千瓦·时）。从核电发电量占总发电量比重看，中国2011年核电比重为1.85%，排名很低，核电占比最高的国家是法国，为75.5%（2010年），而核电生产大国美国2010年的核电比重也只有19.3%，如图15-6所示。

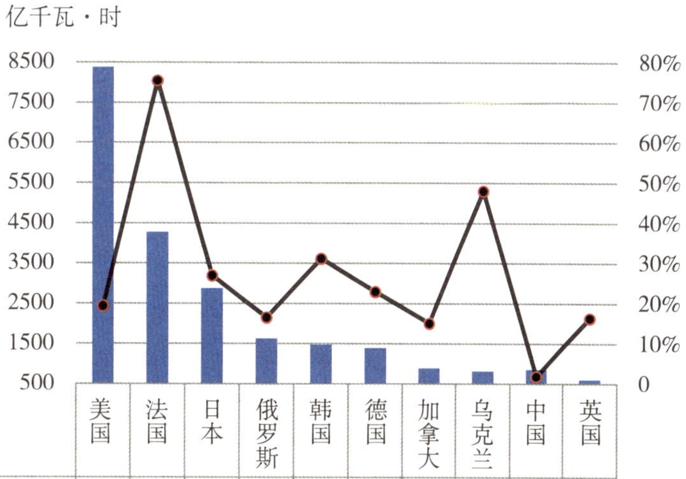


| | 美国 | 法国 | 日本 | 俄罗斯 | 韩国 | 德国 | 加拿大 | 乌克兰 | 中国 | 英国 |
|---|---|---|---|---|---|---|---|---|---|---|
| 核电发电量（亿千瓦·时） | 8389 | 4286 | 2882 | 1636 | 1486 | 1406 | 903 | 832 | 874 | 621 |
| 占比（%） | 19.3 | 75.5 | 26.9 | 16.5 | 31.1 | 22.9 | 15.1 | 48 | 1.85 | 16.4 |

**图 15–6　2010 年世界国家核电发电量及占比的国际比较**

数据来源：IEA，Energy of OECD Countries 2011, Energy of non–OECD Countries 2011，
转引自《能源数据手册 2011》；中国的数据来源于电力行业统计快报 2011；
同时俄罗斯和乌克兰的数据为 2009 年数据，其他国家为 2010 年数据。

## 四、太阳能发电量比重较小，区域分布集中

2011 我国的太阳能发电量为 9 亿千瓦·时，与 2010 年的 1 亿千瓦·时相比，同比增加 900%，但是太阳能发电量在总发电量中的比重几乎可以忽略不计。

与此同时，从太阳能光伏发电企业的地域分布看，主要集中于上海、江苏、山东、云南和宁夏几个省份。尤其是太阳能资源丰富的宁夏回族自治区，发电量约为 5930 万千瓦·时，约占全国总发电量的 60%。

## 五、生物质能利用多元发展

2011 年生物质能利用多元发展。生物质发电装机容量 750 万千瓦，发电量折合 1130 万吨标准煤。户用沼气池和大中型沼气工程的年沼气利用量约为 160 亿米$^3$，折合 1140 万吨标准煤。2011 年全国燃料乙醇约 190 万吨，比 2010 年增加 6 万吨，同比增长 3.3%，如图 15–7 所示。中国是继美国和巴西之后的世界第三大燃料乙醇生产国。

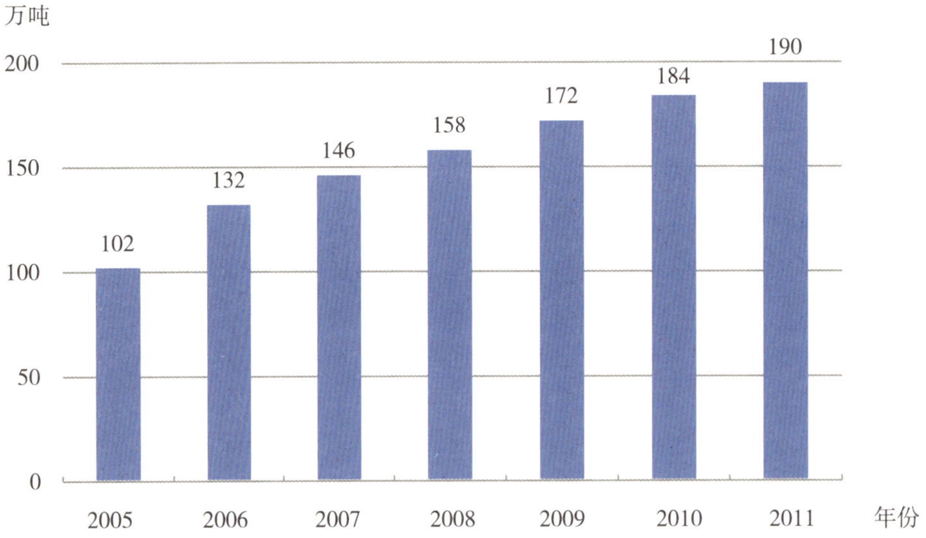


图 15-7　2005～2011 年中国燃料乙醇产量

数据来源：水规院。

# 第四篇 能源价格与绩效

2011年能源价格呈总体上涨、前升后降态势。环渤海5500千卡动力煤价格由1月份774元上涨到853元，继而下降到12月份的808元。国际油价总体震荡攀升，布伦特原油年均价约为111美元/桶，比2010年上涨约30美元/桶（涨幅38%）；国内汽柴油价格经历了三次调整，“两升一降”，调整后的汽、柴油价格分别为8280元和7430元，比2010年年底分别上涨550元和450元。天然气价格方面，2011年12月26日起，在广东省、广西壮族自治区开展天然气价格形成机制改革试点，以探索建立反映市场供求和资源稀缺程度的价格动态调整机制。电价方面，2011年国家发展改革委共进行了四次电价调整，总体上，2011年全国销售电价为583.16元/（千千瓦·时），比2010年增长2.05%。

2011年能源行业总体运行良好，但也出现“淡季电荒”、火电厂亏损加剧等不稳定因素。煤炭行业利润同比增长超过20%，安全生产形势好转，但产能扩张过快与运输瓶颈矛盾依然突出。油气供需形势总体平衡，但存在炼厂亏损、天然气价格偏低等问题。电力季节性、区域性供需矛盾比较突出，火电业务亏损加剧。针对能源行业运行中的一系列问题，本篇提出了促进能源工业健康发展的政策建议。

# 第十六章 煤炭价格与绩效

## 一、国内煤炭价格上涨，国际煤炭价格下降

2011年中国煤炭供求总体基本平稳，但受煤炭供需关系等多种因素推动，国内煤炭价格呈现波动态势。以环渤海5500千卡动力煤综合平均价格为例，3月到6月由773元/吨上涨到843元/吨，6月到10月进行了小幅微调，之后回落，由10月最高的853元/吨下降到年末的808元/吨，如图16-1所示。

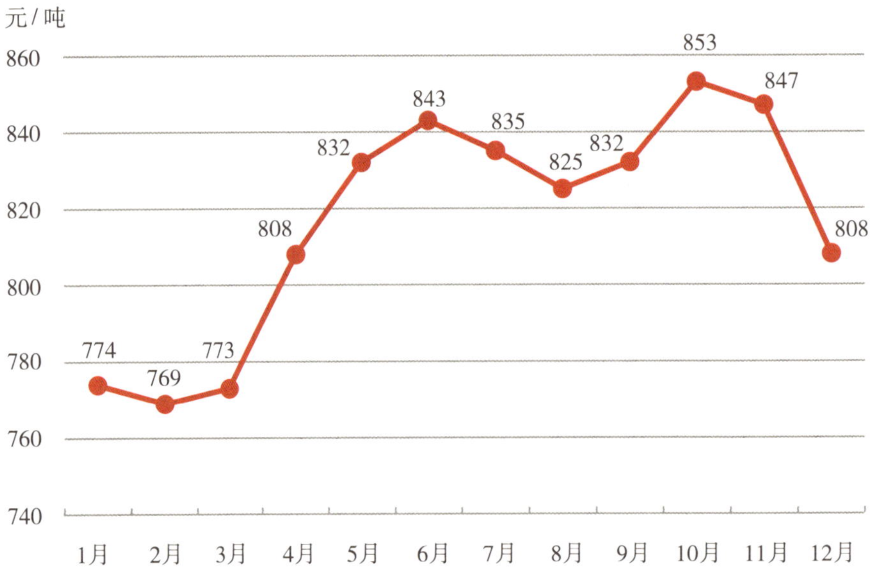


**图16-1 2011年各月末中国环渤海5500千卡动力煤综合平均价格**

数据来源：海运煤炭网。

2011年国际煤炭市场价格整体处于下降通道，从国际动力煤市场来看，由于全球经济低迷导致动力煤需求严重不足，价格整体呈现“前高后低”的走势，主要港口动力煤价格全年跌幅均在15%左右。从国际炼焦煤市场来看，尽管澳大利亚洪灾一度使炼焦煤价格出现飞涨。但由于钢铁、焦化等下游行业需求大幅萎缩，直接导致炼焦煤价格持续下跌，全年澳大利亚炼焦煤价格整体跌幅近40%。

## 二、煤炭行业运行基本良好

2011年，我国煤炭产业经济运行基本良好，大型煤炭企业原煤产量商品煤销售量、主营业务收入、利润等各项指标均保持稳定增长。但成本上涨较为突出，税额及应收账款增长，收入增速高于利润增幅。中国煤炭工业协会《2011年全国煤炭经济运行主要指标》显示，2011年90家大型煤炭企业（集团）主营业务成本17773.86亿元，同比增长35.62%；主营业务收入22037.75亿元，同比增长33.6%；实现利润（补贴后）2029.56亿元，同比增长21.2%；应交税金总额2343.12亿元，同比增长19.9%；应收账款净值1418.89亿元，同比增长70.4%。

## 三、安全生产形势稳定好转

2011年，国家继续加大煤矿安全监察监管力度，继续深入开展煤矿瓦斯集中整治，加快生产矿井技术改造和大中型现代化煤矿建设步伐，煤矿安全形势稳定好转。2011年全国煤矿发生事故1201起，死亡1973人，同比减少202起460人，分别下降14.4%和19.0%。百万吨死亡率由2010年的0.75下降到0.56，下降近25%。

## 四、需要重点关注的问题

（1）关注煤炭铁路运输瓶颈制约。煤炭开发战略性西移趋势日益明显，目前晋陕蒙宁煤炭增量已超过全国煤炭增量的80%，预计2012年煤炭生产继续向“三西”集中，煤炭生产与消费逆向布局的矛盾更加突出。而铁路运输已经成为影响我国煤炭市场供需关系的主要因素，煤炭是我国铁路货物运输中最大的货种，2011年煤炭占货运总运量的比重达到58%。在铁路各主要干线的货物运输中，其中“三西”主要外运通路煤炭占货物运输量的绝对比重。但根据国家铁路建设规划，没有新建煤炭运输铁路投入运行，在现有的主要煤炭铁路运输通道扩能中，北通道的大秦线、朔黄线、丰沙大线、集通线，中通道的石太线、邯长线，南通道的候月线、太焦线等运输能力没有明显增加，预计煤炭运输的区域性、时段线的问题短期难以解决。特别是区域性干旱、雨雪冰冻，时段性、季节性大雾、雨雪等异常天气仍将严重影响煤炭运输。

（2）关注煤炭产能的快速增长和进口大幅增加。2011年，煤炭采选业固定资产投资4879亿元，同比增长25.9%，新增煤炭产能9500万吨。今后两年煤炭产能将继续大规模释放。在煤炭需求增速放缓的情况下，煤炭产能的快速增长将给市场带来压力。

另外，随着国际煤炭价格的下降，煤炭进口大幅度增加，特别是褐煤进口量的大幅度增加。据统计，2010年中国褐煤进口1983万吨，2011年增加到3914.8万吨，同比增长97%。随着中国与东盟合作的继续推进，从印度尼西亚等国的褐煤进口量预计还将增加。褐煤进口量的大幅增长将对中国南方地区煤炭市场产生较大影响。

## 五、促进煤炭行业健康发展的政策建议

（1）继续推进煤炭企业兼并重组。煤炭作为主要能源和重要工业原料，煤炭工业健康发展关系国家能源安全和经济安全。但是煤炭工业长期粗放发展积累的矛盾仍然很突出，产业集中度低、技术落后，煤炭资源回采率低，资源浪费和环境污染严重，部分地区煤炭勘探开发秩序混乱，生产安全事故多发，不能适应经济和社会的发展。加快煤矿企业兼并重组对规范煤炭开发秩序、保护和集约开发煤炭资源、保障能源可靠供应、调整优化产业结构、提高发展质量和效益以及实现长期可持续发展有着重大意义。

（2）加快资源税改革。2011年试点一年多的新疆资源税改革开始向全国范围推开，但由于煤炭资源税改革比较复杂，因此并没有纳入到从价定率范围当中，一般煤炭税率依然沿袭从量计征的模式，其中焦煤税率为8元/吨，其他煤炭为2～4元/吨不等。

近年来，随着中国经济持续、快速发展，资源产品日益增长的需求与资源有限性、稀缺性的矛盾越来越突出，现行资源税税制存在与经济发展和构建资源节约型社会要求不相适应的问题。作为资源性产品，煤炭价格实际上包括了两个主要组成部分，一是生产成本，二是资源的租金。特别是由于市场需求扩张而导致的价格上涨部分应该归属于租金部分，而从原则上讲，租金应该上交资源的所有者。而在中国当前的资源税收体系下，煤炭资源的租金几乎被煤炭企业据为己有，这不仅破坏了公平，还刺激了煤炭企业加大煤炭资源的开采力度，从而导致稀缺煤炭资源的过度消耗。因此，应该稳步推进煤炭资源税改革，理顺煤炭生产成本、资源租金与价格之间的关系、理顺企业与政府之间的权责利关系。具体的做法包括变从量税为从价税、征收特别收益金（俗称暴利税）等。

# 第十七章 石油价格与绩效

## 一、三次调整成品油价格，汽油柴油价格分别提高550、450元/吨

2011年国内汽柴油价格经历了三次调整，分别是2月20日每吨上调350元，4月7日每吨分别上调500元和400元，10月9日每吨下调300元，调整后的汽油、柴油价格分别为8280元/吨和7430元/吨，比2010年底分别上涨550元和450元，涨幅7.1%和6.4%。此外，从2011年8月1日起，国内航空煤油出厂价格按照不超过新加坡市场进口到岸完税价的原则，由供需双方协商确定，每月1日进行调整。2011年中国汽油、柴油价格调整情况见图17-1。

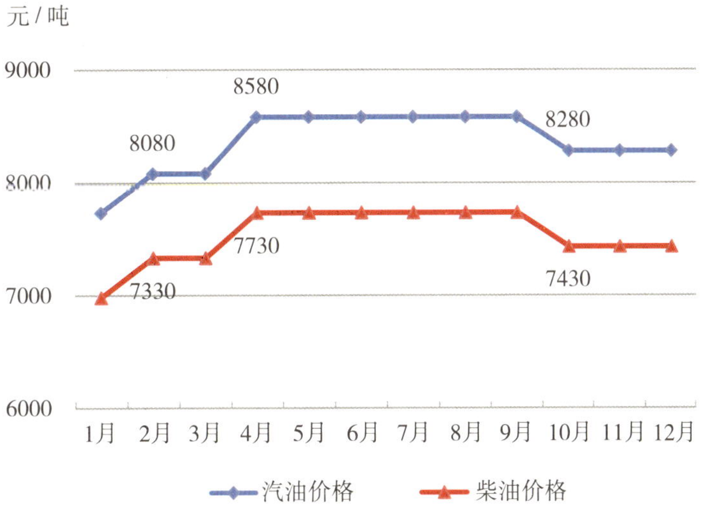


图17-1　2011年中国汽油、柴油价格调整

2011年国际石油市场整体呈现供给略小于需求、原油价格高位震荡的特点。受中东北非局势动荡、日本地震、伊朗核问题等多重因素影响，国际油价总体震荡攀升。如图17-2所示，布伦特原油年均价约为111美元/桶，比2010年上涨约30美元/桶（涨幅38%），创1859年世界石油工业诞生以来涨幅最高的纪录。2011年WTI原油年均价格约为96美元/桶，比2010年上涨21%，OPEC原油价格在2011年平均价格为108美元/桶，比2010年上涨40%。从国内外市场对比来看，2011年布伦特、WTI和OPEC在2011年1月到4月处于一个上升的周期，因此中国国内成品油价格在2月和4月分别上调汽油、柴油价格，布伦

特、WTI 和 OPEC 原油价格在 5 月至 9 月处于下降的态势，并且下降幅度较大，国内成品油价格在 10 月进行了一次下调。总体上，国内汽油和柴油的涨幅分别为 7.1% 和 6.4%，通过对比可以看出，国内汽柴油出厂价格调整幅度低于原油价格上涨幅度。

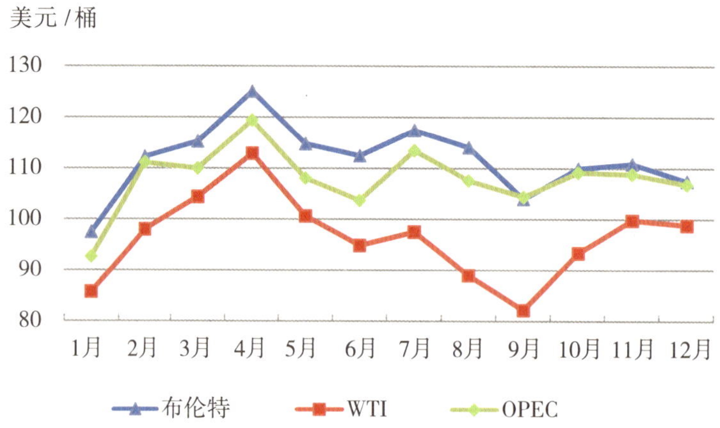


图 17-2　2011 年国际原油价格调整

## 二、成品油供需形势总体平衡，但阶段性供应紧张仍存在

2011 年，中国全年炼厂成品油资源供应总体上大于需求，但是部分时段、部分地区供应略有偏紧。2011 年全国成品油产量约为 2.67 亿吨，同比增加 5.8%，成品油净出口约 490 万吨。下半年部分时段由于柴油定价低于接轨价 800 ~ 900 元 / 吨，加之部分炼厂检修和大连石化、惠州炼厂事故停工的影响，在华东和华中等地区出现柴油供应紧张的情况。主要单位成品油库存从 6 月的 1360 万吨下降到 10 月的 1080 万吨，年末略有好转。

## 三、油气开采加工业继续盈利，炼油工业出现亏损

2011 年，原油和天然气开采业销售收入总计为 10515 亿元，同比增长 31%；利润总额为 4018 亿元，比上年同期增加 1232 亿元。截止到 2011 年 12 月底，共有 135 家企业从事原油和天然气开采业，资产总计为 15594 亿元，同比增长 12.58%，负债总计为 7398 亿元，同比增长 19.1%，资产负债率为 47.44%。其中，20 家企业亏损，亏损总额为 115 亿元。

截至 2011 年底，石油加工、炼焦及核燃料加工业资产总计为 18182 亿元，同比增长 21.2%，负债合计为 11711 亿元，同比增长为 28.11%，资产负债率为 64.41%。2011 年全年销售收入为 37057 亿元，同比增长 26.88%，销售成本为 32652 亿元，全年利润总额为 73 亿元，比 2010 年降低 950 亿元，销售利润率为 0.2%。截止到 2011 年 12 月，共有 1966 家企业从事石油加工、炼焦及核燃料加工业，其中 397 家亏损，亏损总计为 853 亿元。

精炼石油产品制造业2011年12月31日资产总计为12030亿元，同期增长21%，负债总计为7224亿元，同比增长27%，资产负债率为60.05%。2011年全年销售收入为30795亿元，同比增长40%，销售成本为27007亿元，利润总额为–108亿元，比2010年同期减少988亿元。截止到2011年12月底，共有1229家企业从事精炼石油产品制造业，其中156家企业亏损，亏损总额为782亿元。2011年中石油炼油业务经营亏损600.87亿元，中石化亏损357亿元，主要是受国际原油价格高位运行、国内成品油价格宏观调控的影响。

## 四、需要关注的问题与政策建议

（1）完善成品油定价机制。未来国际原油价格总水平仍可能高位运行，全球市场流动性宽松、部分地区地缘政治冲突时有发生、金融、舆论炒作等因素都可能造成价格剧烈波动。目前，国内成品油定价机制在稳定国内市场供需，加强市场管理等方面起到了积极作用。但是，由于成品油定价机制不够市场化，调价周期不确定，特别是在国际原油价格高涨时，炼油企业生产积极性受到影响，而销售商的库存剧烈变化影响市场的平稳运行，需进一步完善成品油定价机制，包括缩短调价周期加快调价频率、增加国内市场供需调节、改进价格调整运行操作方式等，使国内成品油价格尽快市场化。

（2）建立成品油市场信息监测体系。建立全国及分地区成品油市场信息监测体系，对国内石油生产、消费、库存、价格等进行信息采集和统计分析，整体掌握石油市场运行情况及供需薄弱地区及环节，及时发现问题，采取措施，保证市场稳定运行。

（3）加快成品油储备建设。建设成品油应急储备是为了稳定国内市场供求关系、应对突发事件和平抑市场波动。设备设施可以新建和征用，新建储备设施由国家补贴，征用企业现有设施用于储备时也应进行资产评估，按评估价给予企业补贴。同时，建议国家从特别收益金中划拨一部分用于建立成品油应急储备基金。在淡季或油价低迷时，由此基金购进成品油放入应急储备库；在国内资源紧张或市场价格高涨时，经主管部门审核批准，由保供企业按照当时出厂价收购并释放储备，平抑市场和油价。

（4）加强成品油加工市场管理。在开展全国炼油工业专项调查，在摸清炼厂的建设、运行、质量、环保和税收情况的前提下，制定今后的产业发展与市场监管政策。同时，将所有炼厂油品质量、安全环保均纳入地方政府的责任考核范围，强化中央与地方对企业的协同监管责任。按照产业结构调整的要求，对环境污染严重、油品质量低劣，资源利用率低下的炼厂，制定相应的退出机制，合理引导企业关停并转。对于转型企业，政府要给出扶持政策。

# 第十八章 天然气价格与绩效

## 一、天然气价格偏低，“两广”试点价格形成机制改革

经过2010年的提价后，国产陆上天然气出厂基准价为0.79～1.57元/米$^3$，低于进口天然气价格。终端销售价格方面，2011年7月中国36个大中城市工业和民用天然气价格分别为2.9元/米$^3$和2.42元/米$^3$，相当于48.3美元/$10^6$千卡❶和40.3美元/$10^6$千卡。根据IEA的数据，2011年中国工业用天然气价格与2010年法国工业用天然气价格水平相当，高于美国、加拿大和英国，低于韩国。民用天然气价格方面，中国低于美国、加拿大、英国、法国和韩国。在其他国家，工业用天然气价格一般低于民用天然气价格，而中国刚好相反，如图18-1所示。

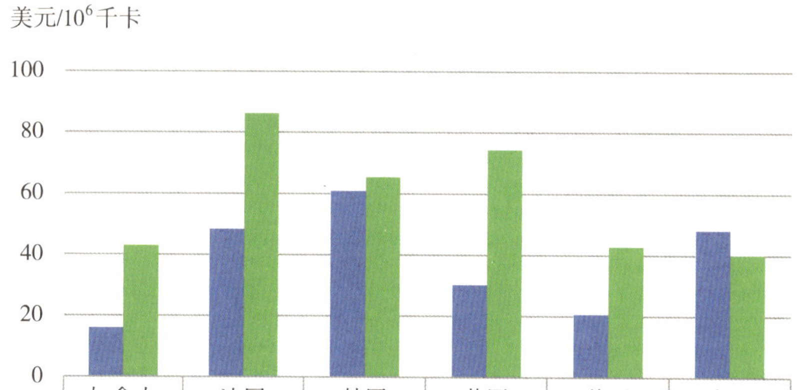


| | 加拿大 | 法国 | 韩国 | 英国 | 美国 | 中国 |
|---|---|---|---|---|---|---|
| 工业（美元/$10^6$千卡） | 16.01 | 48.44 | 61.03 | 30.33 | 20.74 | 48.3 |
| 民用（美元/$10^6$千卡） | 43.08 | 86.4 | 65.55 | 74.52 | 42.95 | 40.3 |

**图18-1 天然气销售价格的国际比较**

数据来源：中国的数据为2011年7月数，根据中国价格协会能源供水价格专业委员会能源市场价格行情提供的数据计算；其他国家为2010年数据，来自IEA统计数据，转引自《能源数据手册2011》。

❶ 每立方米天然气所含热值为9310千卡，相当于1.33千克标准煤，$10^6$千卡大约相当于107.4米$^3$天然气。汇率按照2011年7月22日人民币兑美元中间汇率6.4495。

总体上看，中国天然气价格偏低，不利于天然气行业的快速发展，天然气价格市场化改革是大势所趋。2011 年国家发展改革委《关于在广东省、广西自治区开展天然气价格形成机制改革试点的通知》（简称《通知》），决定自 2011 年 12 月 26 日起，在广东省、广西壮族自治区开展天然气价格形成机制改革试点，以探索建立反映市场供求和资源稀缺程度的价格动态调整机制，逐步理顺天然气与可替代能源比价关系，为在全国范围内推进改革积累经验，最终目标是放开天然气出厂价格，由市场竞争形成，政府只对具有自然垄断性质的天然气管道运输价格进行管理。这次天然气定价机制改革试点的主要内容包括：一是将现行以成本加成为主的定价方法改为按市场净回值方法定价，选取计价基准点和可替代能源品种，建立天然气与可替代能源价格挂钩调整的机制；二是以计价基准点价格为基础，综合考虑天然气主体流向和管输费用，确定各省区天然气门站价格；三是对天然气门站价格实行动态调整，根据可替代能源价格变化情况每年调整一次，并逐步过渡到每半年或者按季度调整；四是放开页岩气、煤层气、煤制气等非常规天然气出厂价格，实行市场调节。

另外，《通知》规定，天然气门站及以上价格由国务院价格主管部门管理，门站价格不再分类，实行政府指导价，供需双方可在不超过最高门站价格的范围内协商确定具体门站价格；门站价格以下销售价格由地方价格主管部门管理，地方可建立上下游价格联动机制并对机制进行听证。门站价格管理适用于国产陆上和进口管道天然气，进入长输管道混合输送并一起销售的页岩气、煤层气、煤制气等非常规天然气执行统一门站价格。从规定的内容来看，改革是朝着价格反映供求关系的市场化定价方向进行的，天然气逐步由生产端定价转为由消费端定价。

## 二、天然气销售收入大幅增加，但利润下降

中国天然气勘探和生产主要由中石油、中石化、中海油三大公司开展，三大石油公司的天然气产量占全国产量的 95% 以上。其中，中石油是国内最大的天然气供应商，其产量占全国总产量的 70%。根据中石油 2011 年的年报统计，2011 年中石油天然气与管道板块营业额为 1730.58 亿元，同比增长 47.9%。主要原因有：天然气销售量、输气量增加及天然气与管道板块持续优化销售结构，工业用气占销气量比重上升；2010 年 6 月 1 日起政府提高陆上天然气出厂基准价格以及城市燃气及液化石油气等业务销售收入增加。2011 年天然气与管道板块经营支出为 1575.28 亿元，同比增长 63%，主要原因是为确保向城市居民、公共事业和重点工业用户安全平稳供气、天然气与管道板块全年进口中亚天然气 155.3 亿米$^3$、液化石油气 18.3 亿米$^3$，购买支出增加；西气东输二线干线等重点工程投产，导致折旧相应增加。天然气与管道板块在 2011 年实现经营利润 155.3 亿元，受进口天然气亏损增大及重点工程集中增加折旧影响，经营利润同比下降 23.9%，其中销售进口天然气、液化石油气累计亏损约 214 亿元。

根据中石化 2011 年年报统计，2011 年中石化实现天然气销售收入 157 亿元，同比增长 36.5%，这主要是天然气的销量和价格都在上升的缘故。

根据中海油 2011 年年报统计，2011 年中海油实现天然气销售收入 125.8 亿元，同比增长 18.9%，主要由于 2011 年的天然气价格整体水平明显提高。中海油公司抓住东南亚天然气现货市场价格受日本地震事

件影响大幅攀升的实际，扩大现货市场销量。当年贸易利润（包括原油和天然气销售）为 1.62 亿元，同比下降 22.9%，主要原因是印度尼西亚地区天然气自产量可以满足合同要求的当年供气量，未发生天然气贸易业务。

## 三、重点关注的问题及对策

（一）重点关注的问题

（1）天然气勘探开发面临技术装备等难题。中国天然气探明程度低，气层气可采资源探明率只有 19.5%，相当于美国当年储量快速增长阶段的初期水平，需要加大勘探力度。中国的天然气储量大多分布西部地区，地表条件多为沙漠、黄土塬、山地，地理环境恶劣，勘探对象多为低孔、低渗、埋藏深、储层复杂、高温高压且远离消费市场的气田。如苏里格大气田，探明地质储量近 6000 亿米$^3$，但它是大面积、低孔、低渗的岩性气田，涉及钻井工艺、储层改造工艺等技术难题。同时我国已探明的天然气田近一半为高含硫气田，这些气藏中富含剧毒和强腐蚀性的硫化氢，钻井施工困难，开发难度大。

中国在天然气勘探开发方面的技术储备仍然不足。需要继续加大地面地下条件复杂地区的地震勘探技术的研发，解决深层、高压地层等水平井钻井技术，发展低孔低渗气藏、裂缝型气藏、凝析气藏等复杂类型气藏开发技术。

（2）天然气储备建设落后，调峰能力弱。随着中国天然气市场的快速发展，主干管网和区域管网建设快速推荐，用户不断增加。目前城市已步入大规模使用天然气时期，城市居民用气量快速增长，但天然气供应量和速度滞后于实际需求增长，且天然气储备和调峰能力弱，目前中国储气库的工作气量仅占国内天然气消费总量的 2%，远远低于国外发达国家水平。而且中国季节性用气峰谷差很大，华北地区高达 7∶1，两湖地区达 2∶1，北京更高达 10∶1，用气高峰时或遇极端异常天气，极易出现供需紧张。因此，加快储气库和天然气战略储备建设，对促进天然气的稳定供应十分迫切。

（3）现行天然气定价机制不合理。不同于国际上天然气价格由供需双方自主确定，中国的天然气价格主要由政府制定。1993 年之前，国家对天然气井口价格一直实行单一的国家定价，1993 年国家实行了企业自销天然气价格政策。1994 年 5 月 1 日以后，对企业自销天然气井口价格又规定了中准价，允许生产企业在此基础上上下浮动 10%。2005 年 12 月 26 日起，全面实行政府指导价格。2010 年 6 月 1 日起，取消一档、二档气价差。

中国天然气定价几经变革，然而现在依然存在很多问题。中国国内陆上天然气出厂价格长期低于进口价格，这降低了国内企业进口天然气的积极性，不利于扩大天然气进口，填补日益增大的天然气供需缺口。相比煤炭、石油等可替代能源价格而言，中国的国产天然气价格一直处于较低水平，一定程度上造成了中国天然气利用无序，无法得到合理配置，一方面各地区各企业争相以天然气为原料或燃料，导致天然气需求的过快增长；另一方面则是一些地区时常出现“气荒”现象。

（二）政策建议

（1）继续推进天然气价格改革。要在天然气经营过程中进行产销分离，在生产领域引入竞争机制，变一家独占为多家竞争，从而提高运行效率。只有培育竞争者，才可能真正建立以市场为导向的价格形成机制，合理确定天然气配气价格。要考虑到天然气价格具有随用气量增大而递减的特点，要鼓励用气。此外，还应考虑用户的用气负荷系数；还应区别夏季和冬季用气等季节差别。

政府要尽快制定天然气管道运输费用定价方法，对管输价格要有统一的测算方式，并明确有关测算参数，如计算折旧年限、还贷年限以及投资回报等。由于目前城市配气费由地方政府监管，国家对各地配气费的测算方法和相关参数没有统一规定，各地配气费水平差异很大，投资者回报率相差很多。因此，国家应加强对配气费的监管，保证用户和投资者的公平。

要引入成本倒逼机制，促使管道燃气企业努力降低成本，使实际经营成本低于市场可接受价格，从而真正赢得用户、扩大市场，取得规模经济效益。

应建立以《价格法》为核心的价格法规体系，完善价格监管与听证制度。从法律上明确规定自然垄断经营产品价格监管的范围、原则、程序和基本方法，维护政府价格监管的严肃性，从而对自然垄断经营产品的政府定价和价格监管有法可依，提高政府价格监管的科学性。

（2）建立天然气储备体系，稳定天然气供应。为保证天然气供应的稳定性、长期性和安全性，提高调节天然气供应的能力，国家有关部门应制定天然气储备的法律法规或政策，规定天然气储备的气量、责任和义务。由国家在天然气进口通道和重要城市附近投资建设战略或应急储气库。引导天然气生产与供应企业、大型工业用户和城市燃气公司建设商业型的季节储气库和调峰储气库。鼓励第三方出资建设商业型天然气储备设施。

# 第十九章 电力价格与绩效

## 一、四次调整电价，销售电价上涨2%

2011年国家发展改革委共进行了四次电价调整，第一次是在2011年4月10日，上调部分亏损严重火电企业上网电价，调价幅度视亏损程度不等。全国有11个省份的上网电价上调在0.01元/（千瓦·时）以上，暂不调居民电价。第二次是在2011年5月1日，国家发展改革委通知要求全国15个省市上网电价平均上调0.02元/（千瓦·时）左右。第三次是在2011年6月1日，将15个上调销售电价的省市销售电价平均每千瓦·时上调0.0167元。第四次是在2011年12月1日，上调了销售电价和上网电价，其中销售电价全国平均上调0.03元/（千瓦·时），上网电价对煤电企业上调0.026元/（千瓦·时），所有发电企业平均起来上调0.025元/（千瓦·时）。历年电价调整数据如表19–1所示。

表19–1 历年电价调整

| 时间 | 调整内容 |
|---|---|
| 2005年5月1日 | 煤电价格首次联动正式实施，全国销售电价平均提高0.0252元/（千瓦·时） |
| 2006年6月30日 | 第二轮煤电联动，上网电价平均上调0.01174元/（千瓦·时），销售电价平均提高0.025元/（千瓦·时） |
| 2007年 | 因灾害原因第三次煤电联动被搁置，同时考虑到通胀压力较大，电价并未整体上调 |
| 2007年7月1日 | 国家发展改革委发布通知，将山西省、内蒙古自治区内新投产电厂送京津唐电网上网电价分别调整为0.298元/（千瓦·时）和0.297元/（千瓦·时）（不含脱硫加价），电价调整自2007年7月1日起执行 |
| 2007年10月1日 | 国家发展改革委通知要求，上调东北电网内部分电厂的上网和输电价格，以维持电力企业正常运营 |
| 2008年7月1日 | 全国平均销售电价上调0.025元/（千瓦·时） |
| 2008年8月20日 | 将全国火力发电企业上网电价平均每千瓦时提高0.02元，电网经营企业对电力用户的销售电价不做调整。除西藏、新疆维吾尔自治区不做调整外，各地火力发电企业上网电价调整幅度为0.01～0.025元/（千瓦·时） |

续表

| 时间 | 调整内容 |
|---|---|
| 2009年11月20日 | 全国非居民销售电价平均提高人民币0.028元/（千瓦·时），暂不调整居民电价 |
| 2011年4月10日 | 上调部分亏损严重火电企业上网电价，调价幅度视亏损程度不等。全国有11个省份的上网电价上调在0.01元/（千瓦·时）以上，暂不调居民电价 |
| 2011年5月1日 | 发改委通知要求全国15个省市上网电价平均上调0.02元/（千瓦·时） |
| 2011年6月1日 | 15个上调销售电价的省市销售电价平均上调0.0167元/（千瓦·时） |
| 2011年12月1日 | 上调销售电价和上网电价，其中销售电价为全国平均0.03元/（千瓦·时），上网电价对煤电企业是0.026元/（千瓦·时），所有发电企业平均起来是0.025元/（千瓦·时） |

总体上，2011年全国销售电价为583.16元/（千千瓦·时），比2010年增长2.05%。南方电网和华东电网的销售电价水平较高，均超过600元/（千千瓦·时）；蒙西电网销售电价水平最低，低于400元/（千千瓦·时）；此外，西北电网电价水平也较低，为424.81元/（千千瓦·时）。

表19–2 2011年中国各地区销售电价 单位：元/（千千瓦·时）

| 地区 | | 2010年 | 2011年 | 同比增长 |
|---|---|---|---|---|
| 全国 | | 571.44 | 583.16 | 2.05% |
| 国家电网 | | 569.81 | 583.67 | 2.43% |
| 其中 | 华北 | 551.64 | 590.25 | 7.00% |
| | 东北 | 567.74 | 556.01 | -2.07% |
| | 西北 | 424.92 | 424.81 | -0.03% |
| | 华东 | 611.81 | 607.45 | -0.71% |
| | 华中 | 529.89 | 558.28 | 5.36% |
| 南方电网 | | 614.2 | 618.16 | 0.64% |
| 蒙西 | | 389.46 | 392.53 | 0.79% |

数据来源：国家电监会，《2010年电力监管年度报告》、《2011年电力监管年度报告》。

## 二、电力供需总体平衡偏紧，季节性、区域性缺电矛盾比较突出

2011年电力供需矛盾较为突出，缺电范围扩大、时间提前、程度加深。全国有17个省级电网出现电力缺口。部分地区出现持续性电力缺口，甚至在4、5月的传统用电淡季也存在电力供需缺口。南方电网和华中电网缺电形势较为严峻。江西、四川、重庆、湖南四省份日最大电力缺口超过统调最大用电负荷

的 20%，广西、贵州两省份缺电更为严重，日最大电力缺口超过当日统调最大用电负荷的三分之一，浙江、湖南、广东、广西四省份错避峰的累计天数超过 100 天。迎峰度夏期间最大电力缺口国网区域为 1633 万千瓦，南网区域为 1479 万千瓦，全国拉路 2.1 万条·次，错避峰 566 万户·次，累计影响电量 174 亿千瓦·时。

在全国电力供需总体偏紧的同时，东北地区和内蒙古地区仍存在一定程度的“窝电”现象。近年来东北地区发电能力增速远超负荷增长，出现较为严重的供大于求局面。蒙西电网则受外送通道建设严重滞后的影响，无法有力支援京津唐电网。扣除风电出力的随机特性，东北电网最小电力盈余在 600 万千瓦以上，最大盈余超过 1500 万千瓦，约占全网装机容量的 14%，蒙西电网电力盈余超过 300 万千瓦。“缺电”与“窝电”并存的实质是价格机制不合理、交易平台不健全，电源、电网规划不协调、建设不同步。

## 三、主要技术经济指标有所改善

（1）单位供电煤耗降低 4 克。2011 年全国 6000 千瓦及以上火电机组供电标准煤耗 329 克/（千瓦·时），比上年同期降低 4 克/（千瓦·时），如图 19–1 所示。

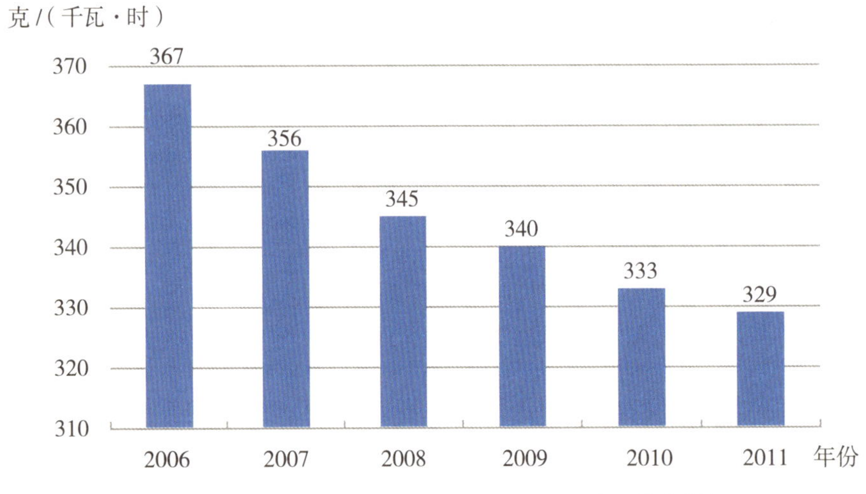


**图 19–1　2006～2011 年中国 6000 千瓦以上电厂供电煤耗**

数据来源：中国电力企业联合会，《电力工业统计资料汇编 2010》、《2011 年数据来源于电力行业统计快报 2011》。

（2）厂用电率基本持平。2011 年全国发电厂用电率 5.44%，与 2010 基本持平，如图 19–2 所示。

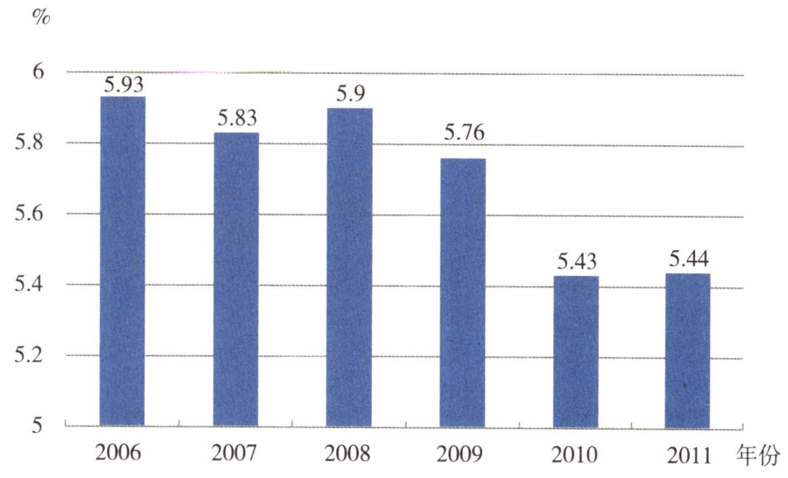


图19-2 2006～2011年中国6000千瓦以上电厂的厂用电率

数据来源：中国电力企业联合会，《电力工业统计资料汇编2010》；2011年数据根据电力行业统计快报2011预计。

（3）线损率为6.31%，有所下降。2011年中国线损率为6.31%，比2010年降低0.22个百分点，继续延续“十一五”期间逐年降低的趋势，如图19-3所示。

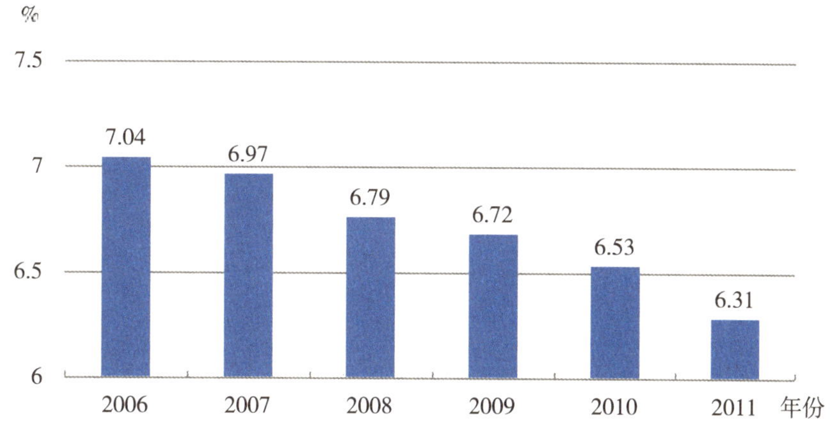


图19-3 2006～2011年中国线损率

数据来源：中国电力企业联合会，《电力工业统计资料汇编2010》；2011年数据来源于电力行业统计快报2011。

## 四、火电业务亏损加剧

2011年煤炭价格持续上涨，电价调整滞后，火电发电业务亏损加剧。1～9月火电生产企业实现利润总额104亿元，同比下降50.1%，下降幅度比1～8月扩大11个百分点。

2011年1～10月，五大发电集团火电业务亏损318.5亿元，是电力业务合计亏损的1.7倍，同比增亏196亿元，电力业务合计亏损189.2亿元（上年同期为盈利17.2亿元），综合业务实现利润总额4.0亿元，比上年同期降低121.9亿元，同比下降96.8%。电力企业的火电业务持续亏损，经营日益困难，这对未来电力供需平衡影响较大。

## 五、促进电力行业健康发展的政策建议

（1）进一步提高电力供应保障能力。①火力发电量一直占中国总发电量的80%以上，在今后较长时期火电仍将是保障电力供应的决定性力量。应尽快落实火电发展的相关政策，保障一定规模的火力发电建设能力。②2011年非化石能源发电量仅为全部发电量的17.46%，较2010年下降了1.72个百分点，实现2015年非化石能源占一次能源消费比重11.4%的约束性指标的压力大。应按照科学规划、协调发展、注重配套、政策引导的原则，积极有序地发展清洁能源。③加快铁路运煤通道建设，统筹安排好运力。尽快开工建设蒙西至湖北、湖南、江西地区的“北煤南运”通道，确保山西、内蒙古等省份的煤炭运输到电力供求紧张的地区。

（2）加强需求侧管理力度和顶峰发电能力建设。①注重节能减排政策和能源总量控制政策落实，加大产业差别电价实施力度，出台扶强扶优用电政策，引导产业布局和结构的合理调整。②加快在用电侧推行阶梯电价、峰谷电价和可中断负荷电价，抑制高峰时段的不合理用电需求。③加快抽水蓄能电站和燃气机组的建设，加快推进调峰调频等辅助服务的市场化，提高顶峰发电能力，适应日益扩大的峰谷差。

（3）深化电力体制改革，稳妥推进电价改革。①以化解煤电矛盾为切入点，积极推进电价形成机制改革。②制定输配电资产划分方法，推进独立的输配电价改革试点。③着眼于建立交易公平的电力市场机制，多种方式推进电力市场化交易。

# 第二十章 非化石能源价格与绩效

## 一、水电

（1）水电上网电价的核定和调整。2011年国家发展改革委对各地区的水电上网电价进行了一系列的核定和调整。首先，2011年5月27日，发布了《关于适当调整电价有关问题的通知》，对部分水电企业上网电价进行核定和调整，核定贵州石垭子、海南大广坝二期水电站临时结算上网电价分别为0.293元/（千瓦·时）和0.39元/（千瓦·时）。三峡地下电站投入商业运营后，三峡电站送湖北上网电价调整为0.2506元/（千瓦·时），送其他地区上网电价每千瓦·时提高0.019元。三峡电站送电至各地的落地电价相应调整。另外，为缓解水电企业经营困难，将贵州省统调水电站上网电价每千瓦·时提高0.03元；湖南省挂治、三板溪水电站上网电价调整为0.36元/（千瓦·时），凌津滩、洪江、碗米坡水电站上网电价调整为0.336元/（千瓦·时）；广西岩滩、甘肃大唐麒麟寺、重庆中电狮子滩水电站上网电价分别调整为0.1612元/（千瓦·时）、0.26元/（千瓦·时）和0.3元/（千瓦·时）。

2011年11月29日，国家发展改革委再一次对南方电网、华中电网、华北电网、东北电网、西北电网和华东电网的部分水电企业上网电价进行核定和调整，详如表20–1和表20–2所示。

表20–1　　2011年11月29日国家发展改革委对部分地区水电上网电价的核定

| 地区 | 上网电价核定 |
|---|---|
| 云南省龙江、三江口、太平江、金安桥和功果桥水电站 | 上网电价分别为0.26、0.26、0.26、0.273、0.3元/（千瓦·时） |
| 湖北省老渡口、周家坨、崔家营航电枢纽、三里坪和潘口水电站 | 上网电价分别为0.38、0.38、0.38、0.395、0.38元/（千瓦·时） |
| 四川省泸定、深溪沟、鸭嘴河和毛尔盖水电站 | 上网电价分别为0.3、0.3、0.32、0.32元/（千瓦·时） |
| 重庆市草街航电枢纽、银盘水电站 | 上网电价为0.33元/（千瓦·时） |

注：以上核算上网电价为临时结算上网电价，自投入商业运行之日起执行。

数据来源：国家发展改革委网站有关文件整理。

表 20–2　　2011 年 11 月 29 日国家发展改革委对部分地区水电上网电价的调整

| 地区 | 上网电价调整 |
|---|---|
| 贵州统调水电站 | 每千瓦·时提高 0.017 元 |
| 云南以礼河、鲁布革、绿水河、大赛、六郎洞、大盈江四级、马鹿塘二期、云鹏、赛珠水电站 | 每千瓦·时提高 0.018 元 |
| 广西西津水电站 | 每千瓦·时提高 0.01 元 |
| 海南牛路岭水电站 | 每千瓦·时提高 0.01 元 |
| 湖北、湖南、河南、四川部分水电企业 | 适当提高 |
| 葛洲坝电厂送湖北基数电量上网电价 | 调整为 0.195 元 /（千瓦·时），其余电量上网电价调整为 0.255 元 /（千瓦·时） |
| 贵州三板溪、挂治水电站送湖南落地电价 | 调整为 0.39 元 /（千瓦·时） |
| 重庆装机总容量 5 万千瓦以上水电站 | 调整为 0.32 元 /（千瓦·时） |
| 北京华电水电站和京西水电站容量电价 | 每千瓦每月分别提高 6 元和 10 元 |
| 河北潘家口水电站 1 号机组 | 每千瓦·时提高 0.02 元 |
| 华电黄壁庄水电站和岗南蓄能电站容量电价 | 每千瓦每月分别提高 11.6 元和 6.7 元 |
| 黄河万家寨水电站向内蒙古西部电网送电价格 | 价格调整为 0.3 元 /（千瓦·时） |
| 中朝界河电厂销售东北电网各省（区）的电价 | 每千瓦·时提高 0.05 元 |
| 陕西大唐石泉水电站 | 每千瓦·时提高 0.02 元，其他统调水电站上网电价每千瓦·时提高 0.01 元 |
| 甘肃盐锅峡、八盘峡和大唐碧口水电站 | 每千瓦·时提高 0.014 元 |
| 宁夏青铜峡水电站 | 每千瓦·时提高 0.03 元 |
| 江苏、安徽统调水电站 | 每千瓦·时分别提高 0.02、0.018 元 |

数据来源：根据国家发展改革委有关文件整理。

与此同时，为进一步加强水电行业的管理，2011 年国家有关部门相继出台了《河流水电规划及规划环境影响报告书审查暂行办法》、《水电工程勘察设计管理办法》、《水电工程设计变更管理办法》。

（2）水电发展中存在的核心问题。中国水电虽然得到较快的发展，但是目前仍存在较多的问题。首先，水电项目开工步伐迟缓。根据研究推算，要完成 2015 年和 2020 年非化石能源发展目标，2015 年和 2020 年水电规模分别超过 3 亿吨和 4 亿吨标准煤电量，相应的装机需达到 2.6 亿千瓦和 3.5 亿千瓦（常规水电），“十二五”须开工常规水电1亿～1.2亿千瓦以上，《中华人民共和国国民经济和社会发展第十二个五年规划纲要》（简称《纲要》）明确“十二五”期间中国常规水电目标是1.2亿千瓦，年均开工规模为2400万千瓦。2011年国家核准的大中型常规水电项目仅1165.7万千瓦，按此速度发展，完成《纲要》确定的预期开工目标难度很大。

其次，水电规划协调难度加大。金沙江上游、澜沧江上游、黄河上游（茨哈以上）、雅鲁藏布江中游和怒江等水电规划工作已经完成，雅鲁藏布江下游正在开展水电规划工作。目前，除了雅鲁藏布江下游水电规划外，其余河流水电规划都具备审查条件。尽快推动河流水电规划审批是确保和加快“十二五”规划目标实现的前提，2011年，只有《金沙江上游水电规划》通过了国家有关部门组织的审查。

再次，抽水蓄能建设规模不足。受抽水蓄能建设管理体制的影响，中国抽水蓄能建设步伐十分缓慢，2011年底抽水蓄能电站总规模为1840万千瓦，占电力系统总装机不足2%。国外发达国家比重较高，美国、德国、比利时等发达国家达到6%，日本、西班牙、意大利等达到10%以上。2011年仅核准了深圳抽水蓄能1座电站，总装机规模120万千瓦。抽水蓄能建设步伐与当前节能减排、非化石能源大规模开发等形势不匹配。

（3）促进水电发展的建议。为解决水电发展中存在的核心问题，进一步推动水电的发展，在下一阶段应着力从以下几个方面入手。首先，加快水电项目建设速度，要在水电建设中投入更多的人力、物力和财力，完成或者提前完成“十二五”规划中水电发展的目标。

其次，做好水电规划协调工作。要先对已完成规划的金沙江上游、澜沧江上游、黄河上游（茨哈以上）、雅鲁藏布江中游和怒江等水电规划进行审查，同时，还要对处于规划之中的雅鲁藏布江下游水电规划工作做好审查准备。

再次，不断扩大抽水蓄能建设规模。要对现有的抽水蓄能建设管理体制进行改革，加快抽水蓄能建设步伐。在这一方面还可以向水电发达国家，如美国、意大利等国家学习，采用最新的技术，从而使抽水蓄能建设步伐与当前节能减排、非化石能源大规模开发等形势相匹配。

## 二、风电

（1）价格补贴及相关政策。2011年是“十二五”开局之年，中国陆续发布了一系列风电开发、运行等技术标准和管理办法，进一步促进了风电产业的健康发展。2011年《风电信息管理暂行办法》、《风电开发建设管理暂行办法》、《海上风电开发建设管理暂行办法实施细则》等管理措施和政策也相继出台。

2011年中国海上风电建设有序推进，第一座自助设计、安装和建设的商业化大型海上风电场——东海大桥海上风电厂运行情况基本良好，目前已经完成了后评工作。此外，国家确定的江苏滨海等4个海上风电特权项目也基本完成了海域使用、环评以及路由等相关专题论证，如表20-3所示。

表 20–3　　2011 年中国海上风电建设项目

| 序号 | 风电厂项目名称 | 项目规模（万千瓦） | 中标人 | 中标上网电价［元/（千瓦·时）］ |
|---|---|---|---|---|
| 1 | 江苏滨海海上风电场 | 30 | 大唐集团新能源股份有限公司 | 0.737 |
| 2 | 江苏射阳海上风电场 | 30 | 中国电力投资有限公司、中国电力新能源发展有限公司、中电国际新能源控股有限公司联合体 | 0.7047 |
| 3 | 江苏东台潮间带风电场 | 20 | 山东鲁能集团有限公司 | 0.6235 |
| 4 | 江苏大丰潮间带风电场 | 20 | 龙源电力集团股份有限公司 | 0.6396 |

（2）风电发展存在的核心问题。尽管 2011 年中国风电建设成绩显著，但风电发展依然面临着诸多新的挑战。首先，风电建设不够规范。尽管 2011 年形成风电年度计划审核制度，但是在实际执行中依然存在一些未经国家能源主管部门同意的非计划项目通过了省级能源主管部门的核准。从目前全国已核准的 1000 多个风电项目来看，省级核准的 5 万千瓦以下的项目有 1046 个，明显存在资源拆分的现象，在一定程度上对配套电网统一规划和建设造成了困难，且不易进行资源的整体开发和集中管理，不利于风电的开发建设。

其次，风电安全运行管理有待加强。2011 年甘肃酒泉和河北地区的风电由于设备及运行等原因，均出现了多起大面积风电机组脱网事故，对电网安全运行和产业发展带来了不利影响。

再次，风电消纳能力需进一步提高。近年来，风电规模化发展带来了风电市场消纳和出力受限等全社会普遍关注的问题。在中国风能资源丰富的“三北”地区，受当地消纳能力限制，特别是冬季供暖期系统调峰能力明显不足等影响，风电出力受限问题较为突出。

最后，风电产业服务体系建设亟须增强。风电机组低电压穿越等并网检测是风电场安全运行的重要基础工作。2011 年全国仅有一家具备资质的检测机构开展风电机组并网检测工作，但由于国内市场上风电机组制造企业有几十家，需要检测的机型超过百种，随着风电市场的扩大，现有风电机组并网检测能力不足已经成为影响风电快速发展的重要因素。

（3）促进风电发展的建议。为解决目前风电发展中存在的问题，进一步推动风电的发展，需要着力从以下几个方面入手。首先，风电建设需进一步加强规范和管理。制定并不断完善风电年度计划审核制度，严格风电项目的审批程序。杜绝风电资源拆分的现象，加强对配套电网统一规划和建设以及对资源的整体开发和集中管理。

其次，为保证风电安全可靠运行，需要风电开发企业、勘察设计和建设单位、电网企业以及设备检测机构进一步提高认识，在项目建设和运行管理中严格按照国家标准和政策规定，加强风电安全运行管理，做好预防和反事故处理，及时排查隐患，保证电网安全稳定运行。

再次，加强电力系统，优化调度，统一使用调峰资源，加强需求侧管理，改善系统负荷特性，提高负荷低谷时段消纳风电比重，提高风电利用规模。

最后，增强现有风电机组并网检测能力，满足风电快速发展对风电机组并网检测工作的需求。国家要继续对信息化建设给予大力支持，加强风电的信息化建设管理，使风电信息能够充分发挥服务产业的作用。

## 三、核电

（1）核电价格相关政策。由于核电企业技术路线的不同以及所处的地域差异，目前各核电企业电价均为单独核算，实行“一厂一价”的经营期电价。经营期电价仍然是在高度集中的电价管理体制下，以个别成本为基础的定价机制，这种定价机制导致了目前核电成本居高不下。因此，出台与中国电力市场化改革进程配套的新的核电上网电价机制势在必行。目前，国家中长期核电发展规划已出台，但与新的核电发展战略相适应的核电价格机制尚未形成。因此，在核电规模建设已经开始的情况下，加紧研究适应核电大发展的电价机制就显得尤为迫切。

（2）核电发展存在的核心问题。目前国内的核电发展还存在较多的问题，主要表现在以下几个方面。首先，核电安全性问题。日本福岛核电事故之后，安全问题是要重点、科学回答的问题。只有解决了安全问题，核电才能持续、快速发展。要权衡核电需求和风险。在核电建设规模、速度和堆型的选择，内陆、沿海核电建设等各种问题上都有权衡和度的问题，同时还要考虑安保问题。

其次，内陆核电站建设问题。目前国际上内陆核电站总的数量大于沿海。但内陆核电站的安全如何保障，必须做出回答。

再次，核电发展力量难以集中、低水平重复问题。

（3）促进核电发展的政策建议。为解决核电发展中存在的问题，进一步推动核电产业的发展，需着力从以下几个方面着手。首先，要积极吸收国外的成熟经验，切实推进核电站的建设。

其次，核电发展的体制是根本问题，要站在国家的立场提出相应的对策。考虑到地下工事建筑技术成熟，建议将核电站反应堆安装到地下，利于事故后果的可控，防止出现大规模核泄漏，降低核电站的事故风险。同时，积极推进新的先进堆型及无灾害堆的研发，还可将水电与核电相结合开发，形成清洁能源电站。

## 专栏二 关于尽快恢复我国核电发展进程的几点建议

（中国能源研究会、中国核能行业协会，2011年）

日本福岛核电事故迄今已经八个多月，日方经过积极努力，已经使发生严重堆芯融化和外泄事故的反应堆温度按预期时间降低到安全范围，事故已经得到了有效控制，进入了按设定程序进行后续处理的阶段。福岛核电事故促使世界各国再次回顾核电安全文化，极大地提高了核电业界的核安全警觉和管理意识。按照国务院的部署，我国核电运行和建设单位开展了全面的核电安全检查，有效地加强和提高了核电发展的安全管理水平，已经具备恢复正常的建设发展进程的条件。近日，中国能源研究会和中国核能行业协会共同在北京举办了后福岛时代中国核电发展研讨会，经过专家研讨，提出了如下的主要观点和建议。

一、各国政府再次审视核电安全和核能政策，普遍改进了全球核电的安全管理水平，绝大多数核电国家认可现有核电的安全程度，坚持发展核电的既定方向。

发生在日本福岛的极小概率严重核泄漏事故，为人类追求更高的核安全提供了不可多得的认知和改进机会。世界主要核电国家都针对福岛事故的原因，开展了本国在运和在建核电项目的核安全检查和评估工作。美国核监管委员会对美国104个在运的核电厂进行为期30、60、90天的三次安全检查，针对地震、洪水灾害、飓风、外部电源丧失和火灾防护，对每一个机组进行具体的安全评估。法国核安全局动用300个工程师、花费4个月时间，针对可能的极端自然灾害，对境内所有在运58台机组和1台在建机组进行了补充安全评估。欧盟各国也开展了针对极端自然灾害，对核电站的安全裕度进行再评估的核电安全压力测试。俄罗斯也参照欧盟压力测试标准，对其国内核电站进行相关检查。

通过对各自核电项目的核安全检查和评估，全球在运、在建核电站安全工作得到了一次系统的检查，针对性地进行了必要的改进，核电站安全保障得到了进一步提升。可以预见，今后核电的安全性将因此得到长足的提高。

美国、法国、俄罗斯、英国等核电国家相继表示，可以保证核电的安全利用，将坚持核能发展立场。美国核监管委员会认为，美国目前的核安全监管机制以及美国核电厂具有的能力，使得在美国不可能发生福岛核电事故那样的事件。美国能源部5月10日公布的未来五年的能源战略规划中，有关核能的发展利用内容仍占重要篇幅。福岛核电事故以后，美国仍然正常新批准了3座核电站延寿20年的申请。截止到今年7月20日，已经批准延寿的核电机组达到71个。法国总统萨科齐重申对法国核电的安全有信心，将继续为发展核电投入资金。法国政府仍计划建造国内第60套核电机组。法国执政党和主要在野党一致认为“走出核电”是不现实的。英国在6月份宣布将在2025年前建成16台机组。俄罗斯政府表示，压力测试结果表明俄罗斯核电站能够抵御14米海啸和9级地震，其反应堆技术满足所有安全要求。

目前，拥有核电机组的31个国家与地区中，只有德国、瑞士以及中国台湾表示不再新建核电站，现有的核电站到期以后也不再延长运行年限。有核电发展意向的发展中国家均未改变原有设想。

二、我国核电厂安全是有保障的。安全检查进一步加强了在运在建核设施的安全管理水平，巩固和提高了核电安全性。

有关部门认真组织了对中核、中广核、国核技等核电企业的安全大检查，通过已经完成的核电安全大检查和相关的安全评估，可以得出的以下基本结论。

（1）我国在运和在建机组的厂址坚持了国际高标准的严格的选址条件，已经避开了可能发生危及核电安全的极端自然事件的可能区域，所有选址不具备产生超强地震和大海啸的条件。核电厂抗震防洪的设计，均已采用了国际上较为严格的标准。

（2）在运 14 台机组运行情况良好，安全状况符合国际最先进、最严格的安全标准。我国的核电机组已经采纳了国际核电不断改进的安全技术，比国外较早时期大批建造的多数核电站已有相当改进，使用了先进的技术（如可靠的部件、数字化的仪控系统），具备更高的安全性。还吸取了美国、法国等国多年核电站运行的经验反馈，尤其是三里岛事故后的一些强制改进措施。此次检查再次有针对性地提出了若干具体改进措施，制订了整改方案，强化事故应急能力，经过整改落实，安全性能还将进一步提高。

（3）在建的 21 台二代改进型机组，以最新建成投产的岭澳二期为代表，技术成熟，吸收了国际国内同类机组多年运行经验反馈，安全性能优于国际上现有同类机组。另有 4 台 AP1000、2 台 EPR 机组属于新的三代核电技术，使用非能动或增加冗余度的安全系统，更加强了对严重事故的缓解能力，安全性能进一步增强。

（4）近几年我国核电建设规模迅速扩大，拉动了我国核电关键设备和装备制造能力建设，使我国掌握了包括核级超大型铸锻件在内的多数核电设备制造技术，二代改进型核电设备的国内配套能力已经达到 80%，并且形成了可以年供应 10 台套以上核电设备的规模能力。核电工程规模的扩大，推动了工程建设质量管理水平的提高，多座核电站同时投建没有出现施工质量下降，单位百万工时质量事故率反而稳步下降，工程质量可以得到保障。

与会专家们一致认为，只要我们始终坚持“安全第一”的方针，按照现有安全规范和标准，确保设计、制造、运行管理质量，坚持高标准核安全文化，提高监管能力，在我国应用的核电技术和选址条件下，可以做到核电安全发展，确保不发生类似的严重核泄漏重大事故。

三、对进一步促进我国核电安全高效发展的几点建议。

福岛核电事故使我国经过长期探索和实践才得以完善和确定的核电发展方向、发展规模、发展速度受到质疑。核电和相关制造、科研事业的发展事关我国能源发展重大战略，是我国科技和产业创新的重要领域，事关大局，需尽快明确战略方向，确定发展目标和发展规划。

（1）坚持发展核电的战略选择。核电是我国未来最重要的非化石能源，是保障我国能源供应和改善能源结构的重要支柱，是减少温室气体排放的关键措施之一。按每千瓦·时发电煤耗 300 克标准煤计算，1 亿千瓦核电每年可以提供折合 2.25 亿吨标准煤的一次能源，可以替代 3.15 亿吨煤炭。在 40 年的寿命周期中，可以替代 126 亿吨煤炭。按中国工程院 2011 年能源战略研究中的分析，我国 2030 年核电可以达到 2 亿千瓦，2050年可以达到4亿千瓦，届时每年可以替代的煤炭分别将达到6.3亿吨和12.6亿吨。40年寿命周期内可以替代的煤炭将达到500亿吨以上。按照目前国际普遍可以延寿20年计，替代的煤炭还可以增加50%。核电的作用其他非化石能源难以取代。1亿千瓦核电需要4亿~5亿千瓦风电，或6亿~7亿千瓦太阳能光伏发电才能有效替代，无论从成本，还是电力系统承受能力和资源潜力来看均十分困难。

今后一二十年内，是我国能源需求持续增加、资源环境和温室气体排放压力进一步加大、能源保障和结构调整双重挑战严峻的关键时期。放缓核电发展速度，必然只能更多地依靠煤炭超强度开发，这将极大地增加我国的资源和环境负担，也难以实现非化石能源比例上升到15%的目标。

核电规模发展还可有效带动产业链上的科研、装备制造、工程建设、核燃料、核电队伍等环节核心竞争能力的持续提升，可以推动我国材料、控制、先进制造、基础研究等多方面的创新发展，有利于我国保持核电大国地位。

（2）完善核电安全的科学评估和监管体系。核电技术系统复杂，核能利用的安全保障体系是一个从核燃料制备到后处理的全过程控制的完整体系。核安全的评估和事故防治处理都需要高度的专业知识、技术和组织保障。各核电大国在长期的核电发展利用中通过实践建立起了完整的核电安全标准，并针对几次难得的事故教训进行了进一步完善。迄今我国采取的核电安全标准已经是国际原子能机构最新的版本，已经优于其他核电大国。

这次福岛核电事故，直接原因是由于地震引发的海啸远远超过该厂址的设计标准，破坏了该核电厂的应急系统，属于超设计的外部因素，并非核电厂本身技术原因。而针对外部电源和内部应急电源同时中断的应急处理机制不够完善、事故初期处理失当也是重要因素。我国核电安全的进一步改善也需要针对可能出现的外部风险，有针对性地进行评估和改进，提高应对可能出现的外部风险的能力。只要对可能的风险有科学的认识，就可以把风险防护做好，使核电安全得到更好的保障。在这次核电安全检查中，已经再次针对性地评估了包括地震、海啸、洪涝、滑坡等可能的外部风险因素。同时根据福岛出现的事故抢救故障问题，也提出了相应应急措施改进方案。下一步需要根据每个厂址的具体检查评估结果采取相应改进措施，通过实际工作，提高安全保障。

核电安全除了技术保障以外，建立高度核电安全文化，健全和不断完善监管体系使各种技术规范和安全措施得到长期、高水平落实，也是十分重要的因素。核安全问题需要用技术和管理机制长期保障，进行长久的努力。

核电安全评估需要科学的评估方法和组织体系，建立针对核电安全问题的专家评估机制和相应的组织机构，应该成为核电安全监管部门的固定职责。我国核电是否安全，通过科学程序，由相应的专家机构定期或根据情况需要进行科学评估并得出结论。

核安全事故一旦出现，影响很大，可能造成重大经济损失和社会负面影响，必须坚决防止。但是核安全事故也并非不可评估比较。这次福岛核电事故迄今没有造成人员死亡，也没有发生核辐射病例，今后出现群体伤亡的可能性已经不大。严重的切尔诺贝利核电站事故可以实际归因于核辐射的死亡人数仅50余人，出现辐射病症状的仅138人。而我国每年煤矿矿难直接死亡人数仍然有两千多人，加上采煤导致的尘肺病死亡人数，每年煤炭生产致死人数在5000左右，采煤致伤残人数每年数以万计。受燃煤大气污染影响致病人数就更多了。如此推算，1亿千瓦核电在40年内至少可以直接避免2万多人的事故死亡，数十万人的伤残。如果考虑核电将首先替代事故风险高的煤炭开采，可以避免的死伤人数将成倍增加。核电安全事故后果风险的评价也需要科学的指标体系。

（3）加强核电安全科学普及，正确引导社会舆论。核电安全文化的建立需要充分的科学知识、事实依据，也需要科学合理的分析判断方法。对核辐射问题的科学认识需要较多的科学技术知识基础，许多专业词汇和概念不容易被大众理解。福岛核电事故引发社会各界对核电安全问题的高度关注，各种信息通过多方渠道广为传播，信息的不对称、核辐射知识的短缺，加剧了大众对核电安全的担忧，为我国核电发展增加了很大的社会阻力。需要加强核安全方面的大众科学宣传普及，同时也要加强舆论引导，防止信息不对称增加不必要的社会阻力。同时，在核电厂址周边相关地区加大科普力度，建立核安全风险福利机制（包括适当的电价优惠等），以多种方式缓解矛盾，赢得更广泛的社会支持。

（4）继续规模投建核电已经具备条件。“十二五”是核电发展的关键时期。核电投建总体上应在“十一五”基础上保持有序发展，避免大起大落、能力滑坡，影响发展战略实施，造成重大经济损失。我国核电安全保障、人才储备、研发能力、设备制造能力、建安能力以及管理能力已经可以支撑核电快速规模发展，2020年建成6000万～7000万千瓦核电装机是适宜的，也是完全可以实现的。建议尽快启动已批准尚未开工的4个项目，早日批准开工华能山东石湾高温气冷堆项目。对核电二、三代技术过渡时期的“十二五”（实际只剩4年）开工项目尽早做出安排，建议每年至少继续安排投建5～6台以二代改进型技术为主的核电机组，保持核电发展的连续性，确保2020年达到6000万千瓦以上的目标。同时，抓紧三代引进项目的消化、吸收和工程建设工作，争取按期建成，视条件在“十三五”期间逐步安排批量建设。

## 四、太阳能

（1）价格补贴及相关政策。2009年我国制定和发布了《太阳能光电建筑应用财政补贴资金管理暂行办法》和《关于实施金太阳示范工程的通知》，分布式光伏发电市场逐步扩大。2011年7月24日，为规范太阳能光伏发电价格管理，促进太阳能光伏发电产业健康持续发展，完善太阳能光伏发电价格政策，国家发展改革委发布了《关于完善太阳能光伏发电上网电价政策的通知》，制定全国统一的太阳能光伏发电标杆上网电价。按照社会平均投资和运营成本，参考太阳能光伏电站招标价格以及中国太阳能资源状况，对非招标太阳能光伏发电项目实行全国统一的标杆上网电价。2011年7月1日以前核准建设、2011年12月31日建成投产、尚未核定价格的太阳能光伏发电项目，上网电价统一核定为1.15元/（千瓦·时）（含税，下同）。2011年7月1日及以后核准的太阳能光伏发电项目以及2011年7月1日之前核准、但截至2011年12月31日仍未建成投产的太阳能光伏发电项目，除西藏仍执行1.15元/（千瓦·时）的上网电价外，其余省（区、市）上网电价均按1元/（千瓦·时）执行。通过特许权招标确定业主的太阳能光伏发电项目，其上网电价按中标价格执行，中标价格不得高于太阳能光伏发电标杆电价。对享受中央财政资金补贴的太阳能光伏发电项目，其上网电量按当地脱硫燃煤机组标杆上网电价执行。太阳能光伏发电项目上网电价高于当地脱硫燃煤机组标杆上网电价的部分，仍按《非化石能源发电价格和费用分摊管理试行办法》有关规定，通过全国征收的非化石能源电价附加解决。中国各光伏电站上网电价如表20-4所示。

这次统一标杆上网电价的公布，受到内广泛关注，甚至被视为中国光伏市场真正启动的起点。全国统一上网电价的出台，必将推动国内光伏应用市场的蓬勃发展，明确了电价标准及建设周期，将会使中国的太阳能光伏电站建设朝着更加有序、良性的方向发展。

表20–4　　中国各光伏电站上网电价

| 电站名称 | 上网电价［元/（千瓦·时）］ | 定价文件发文号 |
|---|---|---|
| 内蒙古伊泰集团有限责任公司205千瓦太阳能聚光光伏示范电站 | 4（含税） | 发改价格［2008］1868号 |
| 上海崇明前卫村太阳能光伏电站 | 4（含税） | 发改价格［2008］1868号 |
| 敦煌10兆瓦并网光伏发电项目 | 1.0928 | 招标定价 |
| 宁夏太阳山光伏并网电站 | 1.15（含税） | 发改价格［2010］653号 |
| 华电宁夏宁东光伏并网电站 | 1.15（含税） | 发改价格［2010］653号 |
| 宁夏中节能太阳山并网电站 | 1.15（含税） | 发改价格［2010］653号 |
| 宁夏中节能尚德石嘴山并网电站 | 1.15（含税） | 发改价格［2010］653号 |
| 江苏省光伏电站上网电价 | 1.7（2010年） | 苏政办发［2009］85号 |

（2）太阳能发电存在的核心问题。我国太阳能发电在近年来取得长足进步，但仍处在规模化发展的起步阶段，还存在较多制约太阳能产业发展的问题。首先，高成本还是太阳能发电产业发展的主要障碍。无论是太阳能光伏发电还是光热发电，通过特许权招标的方式已经使得光伏发电成本比两年前有了大幅度下降，但仍然明显高于常规发电和风力发电，其中标电价及目前执行的光伏发电暂行电价约为火电的3~4倍，风力发电的2倍左右。由于发电成本太高，中国光伏电池产量与装机量形成巨大反差，50%的全球产量，2.2%的全球装机量，这预示着巨大的市场风险。

其次，管理与技术保障体系仍有待进一步建立健全。由于国家尚未明确太阳能发电的管理流程和核准权限，光伏发电和光热发电也缺少技术标准和项目前期工作要求，致使各省（区、市）在推进太阳能发电项目时缺少合适的依据、参考标准不统一、工作进度不一致、地区发展不均衡、建设成果良莠不齐。

再次，太阳能发电市场的扩张仍以政策激励为主要动力。国内光伏与光热发电产业虽已经有较大进展，但主要依靠政策支持才能保持市场的稳定。国内各项支持政策最终目的都是提高技术水平，降低投资成本，从而逐步使太阳能发电的价格接近于常规能源。

最后，电网运行管理方式与配套建设有待加强。中国电力系统以常规可控电源为基础，缺少对风电、光伏发电等具有间歇性发电特征电源的适应性。

（3）促进太阳能发展的政策建议。为解决太阳能发电发展中存在的问题，进一步推动核电产业的发展，需着力从以下几个方面着手。第一，继续通过合适的规模化发展，加速启动和扩大国内市场，促进光电成本的进一步下降。第二，进一步建立健全管理与技术保障体系。第三，需要从发电、输电、配电、储电等各个环节电力系统运行方式和调度方式，建设适合大型非化石能源发电基地和非化石能源分散利用的现代智能电网。第四，进一步完善技术创新与产业服务体系。中国太阳能发电产品基础研究和关键设备制造能力仍有所欠缺，易受国际光伏电池市场的影响。太阳能发电项目技术标准体系尚未完善，缺少系统化闭合的技术标准与管理制度保障产业健康发展。

## 五、生物质能

（1）价格补贴及相关政策。2011 年中国生物液体燃料产业总体保持稳定。生物乙醇方面，国内开始筹划启动万吨级的纤维素乙醇示范项目，意味着中国已经开始进入第二代生物燃料的商业化示范阶段。生物柴油方面，国家进一步加强了生物柴油的相关扶持政策，特别是对生物柴油产业发展的原料市场的规范和激励措施。2011 年末中国实现了在航空运输中首次运用生物燃料的历史性突破，为中国进一步加强生物液体燃料在航空运输等大型高能耗交通工具中的运用推广树立典范。

在 2011 年召开的全国农村能源工作会议上，国家能源局、财政部和农业部向全国首批 108 个绿色能源示范县（简称绿县工程）授牌。同年 6 月，上述三部委对各地上报的 84 个县的实施方案进行了相关评审，评出第一批中央财政予以支持的 26 个县。绿县工程极大地推动了中国农村能源建设步伐，特别是对生物质能领域的支持，是农村能源走向市场化、融入国家能源体系的新起点。

2012 年 3 月 28 日，为引导垃圾焚烧发电产业健康发展，促进资源节约和环境保护，国家发展改革委发布了《进一步完善垃圾焚烧发电价格政策的通知》。以生活垃圾为原料的垃圾焚烧发电项目，均先按其入厂垃圾处理量折算成上网电量进行结算，每吨生活垃圾折算上网电量暂定为 280 千瓦·时，并执行全国统一垃圾发电标杆电价 0.65 元/（千瓦·时）（含税，下同）；其余上网电量执行当地同类燃煤发电机组上网电价。完善垃圾焚烧发电费用分摊制度。垃圾焚烧发电上网电价高出当地脱硫燃煤机组标杆上网电价的部分实行两级分摊。其中，当地省级电网负担 0.1 元/（千瓦·时），电网企业由此增加的购电成本通过销售电价加以疏导；其余部分纳入全国征收的非化石能源电价附加加以解决。

（2）生物质能发展存在的核心问题。从总体来看，中国大多数生物质发电技术尚处于初级阶段，并且在核心技术领域缺少自主知识产权，生物质能技术的产业化和商业化转化程度低，缺乏持续发展的动力。目前中国的生物质能设备制造业还没有形成独立的产业制造体系，亟待培育具有核心竞争力的龙头企业和成熟的产业链，建立国家级产业化支撑机构和专项支持资金，加强公共研究测试平台和标准、检测、认证体系的构建。

中国生物质发电产业发电能力仍然较低，农林生物质资源开发利用不均衡。当前沼气发电工程初试投资较大，沼液回收利用尚未有效解决，另外在工艺和制造技术方面缺乏规范化使用标准。

中国成型燃料整体技术装备水平不高、产品成本仍然偏高。成型机组可靠性较差、设备适应范围窄，限制了其推广应用。生物液体燃料原料供给链的建设有待进一步完善，生产转换成本有待进一步降低，市场转入机制和政策鼓励措施有待进一步明确。

（3）促进生物质能发展的政策建议。为解决生物质发电发展中存在的问题，进一步推动生物质发电产业的发展，需着力从以下几个方面着手。首先，建设独立的中国的生物质能设备制造产业体系，培育具有核心竞争力的龙头企业和成熟的产业链，建立国家级产业化支撑机构和专项支持资金，加强公共研究测试平台和标准、检测、认证体系的构建。其次，不断提高生物质发电产业发电能力，使农林生物质资源开发利用趋于均衡，有效解决沼液回收利用问题。另外，制定工艺和制造技术方面的规范和标准。再次，提高成型燃料整体技术装备水平、降低产品成本。提高成型机组可靠性，不断扩大设备适应范围。进一步完善生物液体燃料原料供给链，降低生产转换成本。